土木工程科技发展与创新研究前沿丛书

PPP 模式下项目实施方案 工作机制研究

王　蕾　杨明臣　貊玉龙　高　丽 编著

武汉理工大学出版社

·武　汉·

内 容 简 介

PPP模式在我国现阶段发展过程中遇到了诸多难题,其中PPP模式下项目实施方案相关的工作机制,诸如确定股权结构、社会资本的收益分配、定价机制、VFM定量评价、社会资本的退出机制、绩效评价等,皆为项目实施过程中亟待解决的关键问题。基于PPP模式新时期发展实践的需求,本书从理论和实践两方面对PPP模式下项目实施方案相关工作机制进行了研究。全书共9章,主要内容包括:绪论、相关概念及理论基础、PPP模式下项目公司股权结构优化模型研究、PPP模式下污水处理项目收益分配研究、PPP模式下供水项目定价机制研究、PPP模式下项目VFM定量评价研究、PPP模式下经营性项目资产证券化退出机制研究、PPP模式下准经营性项目的绩效指标体系构建与评价研究、结论与展望。

本书可供从事工程建设的设计、施工、运维管理等技术人员,以及相关专业高校师生和科研人员参考使用。

图书在版编目(CIP)数据

PPP模式下项目实施方案工作机制研究/王蕾等编著.—武汉:武汉理工大学出版社,
2023.5
ISBN 978-7-5629-6787-3

Ⅰ.①P… Ⅱ.①王… Ⅲ.①政府投资—合作—社会资本—方案制定—中国
Ⅳ.①F832.48 ②F124.7

中国国家版本馆CIP数据核字(2023)第038876号

PPP Moshi xia Xiangmu Shishi Fangan Gongzuo Jizhi Yanjiu
PPP模式下项目实施方案工作机制研究

项目负责人:王利永			**责任编辑**:王利永	
责 任 校 对:夏冬琴			**版面设计**:正风图文	

出 版 发 行:武汉理工大学出版社
地　　　　址:武汉市洪山区珞狮路122号
邮　　　　编:430070
网　　　　址:http://www.wutp.com.cn
经　　　　销:各地新华书店
印　　　　刷:武汉乐生印刷有限公司
开　　　　本:787×1092　1/16
印　　　　张:15.75
字　　　　数:403千字
版　　　　次:2023年5月第1版
印　　　　次:2023年5月第1次印刷
定　　　　价:158.00元

随着我国城市化进程的加速推进,社会公共基础设施和公共服务需求开始大量增加,其中交通、电力、通信、医疗等领域的基础设施建设需求最为突出,因此对基础设施项目的建设也越来越迫切。各级地方政府对基础设施建设都高度重视,积极采取各种措施去应对,不断加大对公共基础设施和公共服务领域的财政预算投入,以发挥基础设施建设对经济发展的促进作用。但同西方发达国家相比,我国的公共基础设施建设发展仍然相对滞后,与我国高速发展的经济不相匹配。另外,公共基础设施项目的建设需要政府投入大量的财政资金,从而给政府造成巨大的财政压力。为有效地缓解各级政府的财政压力,基础设施项目建设领域产生了一种新的投融资模式——PPP(Public-Private Partnership,公私合营)模式。与国外较完善的 PPP 模式实施方案工作体系相比,当前我国无论是在理论研究还是在实践应用方面,都还不够健全,有待完善,推动 PPP 模式在我国的应用和推广是新时期一项重大的经济改革任务。

本书在石河子大学高层次人才科研启动项目"新型城镇化背景下新疆特色小镇 PPP 模式发展系统解决方案及退出机制研究"(RCZK2018C21)的支持下,基于 PPP 模式新时期发展实践的需求,从理论和实践两方面对 PPP 模式下项目实施方案相关工作机制进行了研究,以期使 PPP 项目决策体系更加严密、决策结果更加可靠、成功概率更大,探索公共服务生产、提供和管理体制创新途径,提高项目效益,实现 PPP 项目的健康持续发展。

本书为更好地将 PPP 模式应用于基础设施建设和公共服务方面,第一,基于合作博弈中的 Shapley 模型,以 PPP 模式下项目公司的股权结构为研究对象,构建了 PPP 项目股权结构优化配置模型,即公共部门和社会资本的出资比例,旨在建立科学合理的考虑多因素的股权结构模型;第二,基于博弈理论,通过对社会资本单一承担风险和利益分配之间的关系进行研究,提出了社会资本单一承担风险因素下的收益分配模型,争取为污水处理项目中 PPP 模式的应用提供帮助;第三,基于综合成本法,探寻与 PPP 模式条件下供水项目相匹配的新的居民自来水定价机制,建立与 PPP 供水项目相适应的定价模型;第四,基于敏感性分析方法,针对风险建立涵盖识别、损失评估和分担的风险分析体系,对 VFM 定量评价模型进行改进,使决策结果更为可靠;第五,基于资产证券化,以经营性 PPP 项目退出为研究对象,设计了经营性 PPP 项目社会资本退出机制,旨在带动现存资产,增加经营性 PPP 项目运作效率,吸收更多社会资本加入,促进经营性 PPP 项目的快速发展和退出机制早日完备成型;第六,基于绩效评价理论,并采用经济增加值(EVA)与平衡计分卡(BSC)相结合的方法构建准经营性 PPP 项目的绩效指标体系与评价模型。本书旨在弥补我国 PPP 模式实施方案工作体系中的不足,细化 PPP 模式实施方案的工作体系,以期为解决项目实施过程中的问题提供强有力的理论支撑,保障 PPP 项目的健康稳定发展。

值此成书之际,感怀颇深!感谢各位同仁的帮扶!感谢陈斌、者薇、李云舵、郭雪蕊、刘国良、杨亚萍等同学所做之基础工作,精细严谨!感谢家人的鼎力支持,关怀备至!言辞有尽,敬谢无穷,众人之助不容忘哉,聊表言语,再致谢忱!

本书在编著过程中参考了许多文献资料,在此对各位作者表示衷心的感谢!

由于作者水平有限,书中还存在诸多不足之处,敬请广大读者批评指正。

著 者

2022 年 8 月

C目录
ontents

1 绪 论

1.1 研 究 背 景

随着世界各国经济的复苏,发展速度不断加快,经济规模不断扩大,公共基础设施项目投资总量也在不断增加。关于基础设施存量和 GDP(国民生产总值)的关系,世界银行曾经做过一项调研,最终调研结果显示两者呈一种正相关关系,两者的增长量保持一致的趋势,即当项目投资增量提高一个百分点,GDP 的总量也会随着增长一个百分点。另外,公共基础设施和公共服务领域项目的建设完善程度反映了一个国家经济的发展水平、居民的生活水平及整个社会的福利水平。

随着我国城市化进程的加速推进,社会公共基础设施和公共服务需求开始大量增加,其中交通、电力、通信、医疗等领域的基础设施建设需求最为突出,因此对基础设施项目的建设也越来越迫切。各级地方政府也加强了对基础设施建设的重视程度,采取了积极的措施去应对,不断加大对公共基础设施和公共服务领域的财政预算投入,以发挥基础设施建设对经济发展的促进作用。但同西方发达国家相比,我国的公共基础设施建设发展仍然相对滞后,与我国高速发展的经济不相匹配,因此有理由相信,我国公共基础设施项目的投资发展空间巨大。

另外,随着我国经济的高速发展及民众对高质量生活的追求,也使得我国对公共基础设施和公共服务建设需求较为旺盛。但公共基础设施项目的建设需要政府投入大量的财政资金,从而给政府造成巨大的财政压力。

基于此,为有效地缓解各级政府的财政压力,基础设施项目建设领域产生了一种新的投融资模式——PPP(Public-Private Partnership,公私合营)模式。

PPP 模式源于 20 世纪 80 年代的英国,最初的主要目的是为基础设施项目融资,较多运用于公路、铁路及航空等交通领域项目,随着其职能不断发展,逐渐推广到了给排水、医疗卫生、教育等公共产品和服务领域。英国于 2000 年成立了"英国伙伴关系(Partnerships UK,PUK)"机构,逐渐形成了一系列成熟的 PPP 模式管理制度,在提高基础设施管理模式的服务效率领域,被政府和私营企业广泛采用,随后在西方多个发达国家得以应用,取得了较为丰富的实践经验。PPP 模式是一种在政府和私营企业充分合作的前提下,风险分担、收益分享、优势互补的合作模式。简单来说,就是政府部门和私营企业在提供公共产品方面进行合作,充分发挥各部门的优势以取得更好的成效。PPP 模式将私营企业放在提供公共产品的舞台上,同时也使政府得以摆脱和缓解沉重的财政负担,使得公共产品的供给更加市场化。在国外,PPP 项目发展极为迅速,根据英国知名咨询机构报道,PPP 模式应用较为成功的领域包括公路、铁路、废物处理、水处理、能源等,其中又以公路基础设施项目运用得最为成功,相关运作模式和流程都比较成熟。西方发达国家是当前 PPP 项目的"主战场",其中加拿大、美国、英国、法国、澳大利亚等发达国家发展较为迅速;而发展中国家主要以中国、印度、巴西、哥伦比亚等国家为主,市场发展前景广阔。葡萄牙于 1997 年将 PPP 模式引入国内,并将其应用于包括公路在内的基础设施项目建设领域,经过长期的发展,葡萄牙国内公路里程已经增加了一倍,并且该模式在葡萄牙的其他公共基础设施领域项目中也得到广泛的应用;巴西在诸多基础设施项目建设领域也采用 PPP 模式,2004 年巴西通过了"公私合营"的法案,为实施 PPP 模式扫除了法律障碍,此外,从巴西有关部门了解到,此类项目总投资规模已达到 130 多亿雷亚尔。

伴随着各国经济的发展,PPP 模式也得到了长足的发展,其在公共基础设施建设领域的地位也越来越重要,推动着一个国家或者地区的社会经济发展。无论是在国内还是在国外,不断扩大的 PPP 项目投资规模也佐证了这一发展趋势。

我国自 20 世纪 90 年代初才开始引入 PPP 模式,当时并未出现 PPP 概念的完整界定,更无国家层面的法律或政策调整。其中深圳市沙角 B 发电厂 BOT 项目在运营期满后正式完成移交,是第一个成功移交的项目。随后 PPP 模式在我国先后经历了理论与实践前期探索阶段、试点应用阶段和快速发展阶段,目前正处于规范发展阶段。

2000 年左右我国正式引入 PPP 模式,经过二十多年的探索发展,PPP 模式逐步稳定成型。2013 年,我国提出了特别许可经营模式和政府出资补贴模式,鼓励社会资本加入基础设施的建设和运营;2014 年,国家发展和改革委员会启动了"基础设施和公用事业特许经营法"的立法工作,同年 5 月首次推出批准了 80 个有关基础设施领域的 PPP 示范项目,国家开始深入探索 PPP 模式,国务院和财政部发布多项指导文件,促进了 PPP 项目的迅速落实;2015 年是我国 PPP"元年",国家发展和改革委员会公布了上千个 PPP 项目,各级地方政府先后出台配套政策,促进了 PPP 项目迅速发展和应用推广。此后,各级地方政府纷纷开始推介本地 PPP 试点及示范项目,PPP 模式得到了快速发展。

全国各省和各行业 PPP 项目数量如图 1-1 和图 1-2 所示。从图 1-1 和图 1-2 可知,全国 PPP 项目数量庞大,包括我国大部分省市,涉及多个行业;PPP 项目应用最多的是市政工程,其次是交通运输,还包括片区开发、旅游、环保、教育、水利及医疗等行业。

当前,我国正在实施新型城镇化发展战略,随着我国经济社会的快速发展,城镇化率不断提高,城市和农村对于公共基础服务的需求也在不断增大。据相关统计数据显示,2016 年我国的城镇化率达到 57.35%,2017 年我国的城镇化率达到 58.52%,比 2010 年

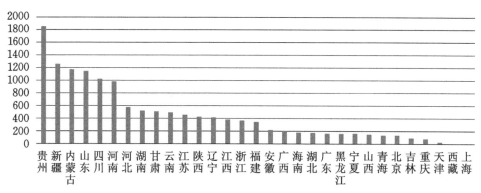

图 1-1 截至 2017 年 6 月 30 日全国各省 PPP 项目数（个）

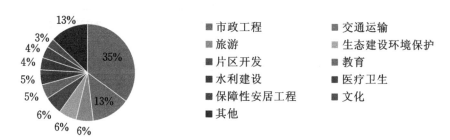

图 1-2 截至 2017 年 6 月 30 日全国各行业 PPP 项目占比

增长了 8.57 个百分点，如图 1-3 所示。据统计，2016 年年底我国就业总人数为 7.7606 亿人，包括城镇就业人数 4.1431 亿人，农村就业人数 3.6175 亿人。2017 年年底我国就业总人数是 7.764 亿人，包括城镇就业人数 4.2462 亿人，农村就业人数 3.5178 亿人。随着城镇化率的快速发展，城镇人口数量迅速增长，预示着公共基础设施的建设将面临更大的压力，需要大量的资金支持新型城镇化的建设，然而据相关数据报告显示，大部分地方政府债务规模较大，风险较高，且地方财政资金管理专业水平有限，如果仅仅依靠政府提供的公共基础设施来满足社会公众的迫切需求，已显得力不从心。因此，政府可以采用 PPP 模式与社会资本进行合作，共同推进城镇化的健康发展，以实现国家新型城镇化发展的战略要求。通过引入社会资本的资金、先进的技术与管理模式，不仅可以有效地缓解政府财政压力、提高公共服务效率，而且还可以拓宽融资渠道、优化资源配置、盘活市场存量，充分发挥市场的作用，从而为社会公众提供优质的公共产品和服务。

2017 年 1 月，中共中央办公厅、国务院办公厅印发《关于创新政府配置资源方式的指导意见》指出，改革开放以来，随着市场化改革的不断深入，市场在资源配置中的作用不断增强，政府不断调整资源配置的范围和方式。在社会主义市场经济条件下，作为国家和国家全民代表的政府对自然资源、经济资源和社会公共资源（如职业资源），即国家和国民的公共资源进行配置。为进一步解决当前政府资源市场价格扭曲、配置效率低下以及公共服务供给不足等明显问题，需要从广度和深度推进市场化改革，大大降低政府对

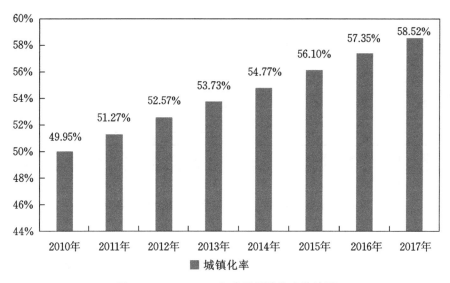

图 1-3　2010—2017 年我国城镇化率统计图

资源的直接配置。同时对配置方式进行创新,引入市场机制和更多市场化手段,提高资源配置效率和效益。

据财政部 PPP 中心统计,截至 2017 年 12 月末,全国 PPP 综合信息平台收录到管理库和储备清单的 PPP 项目共有 14424 个,总投资额为 18.2 万亿元。其中,管理库项目7137 个,总投资额 10.8 万亿元,与 2016 年 12 月末同比净增项目 2864 个,投资额净增 4.0万亿元。项目落地数和落地率稳步上升,PPP 模式在我国基础设施领域受到极大的关注和推广。

在已经实施的众多 PPP 项目中,并不是每个项目的开展都是一帆风顺且取得较好的效果。如何将 PPP 这种新型的投融资模式有效地运用到实际中去,使其在我国的公共基础设施项目建设中发挥重要作用,促进 PPP 模式的健康发展,并没有太多的成功案例经验可供参考。地方政府在实施 PPP 项目建设运营时也是在摸索中前进,不断探索适合我国国情的基础设施建设的投融资模式。

（1）股权结构的合理确定

在成立的项目公司中,公共部门和社会资本的出资比例并无一个明确的标准,这在很大程度上束缚了 PPP 模式在我国的发展。目前,我国 PPP 模式仍处于发展的起步阶段,没有一种成熟的股权结构方案供公私各部门参考,而目前发达国家对 PPP 项目股权结构的研究也不完善,并且因为国情的不同,国外项目的股权结构并不能很好地应用于国内的 PPP 项目。因此,对国内 PPP 项目股权结构的研究显得既重要又迫切。

（2）社会资本和政府部门的收益分配

从目前我国污水处理行业投资发展情况来看,存在固定成本投资占比大和投资回收期长两大现状,其不管是由政府机构建设,还是由民间资本建设,都需要大量的资金投入和强大的资本运作能力。在这样的背景下,设施和管网的维护以及经营管理的低效率已成为我国污水处理行业发展的一大障碍,饮水及水环境差的问题成为全国各个城市面临的普遍问题。由此可见,单纯依靠政府对污水处理项目进行大规模投资显然是不可能的,即使可以对污水处理项目通过发行证券、借债等形式进行融资,但是由于污水处理项目本身具有较长的建设期和运营期,未来的不确定性风险较大,仅仅依靠政府的技术和管理能力无法实现项目的长期稳定运营[1]。

随着 PPP 模式在污水处理领域的大力推广,国家也先后出台了多项措施和政策鼓励环境保护产业的发展,最新修订的《中华人民共和国环境保护法》和有关社会资本参与公共基础设施建设(即 PPP 项目)的法律、法规的相继颁布实施,逐步形成了与市场经济相适应的污水处理市场机制,很好地适应了当前的污水处理市场环境。城市对于水的需求是刚性的,随着我国新型城镇化建设的快速发展,经济发展与环境资源保护之间的矛盾日趋尖锐,环境污染以及环境污染所导致的水资源紧张状态,使得污水处理项目建设必须加快进度。在我国新时期对污水处理提出的新要求下,政府部门财政负担重的局面必须改变,加快建设城市污水处理系统刻不容缓,因此现阶段我国正在引导民间资本进入,努力形成政府、企业共同参与的多元化投资格局。

PPP 模式在引进之初是以风险共担、收益共享、优势互补为出发点走进各类基础设施项目建设中的,然而在大力推进 PPP 模式的进程中,私人投资者往往过于期望较大收益而忽视风险的合理分担,后期被动承担本身无法控制的风险,一方面对于私人企业造成极大损失,另一方面使得政府和私人企业都错误地估计了项目开展所遇到的风险因素和风险程度,使得项目半途夭折。

基于此,本书重点讨论并归纳出私人企业单独承担或可能单独承担的风险因素,再进一步鉴定各风险因素的权重比例,最后确定在最大风险指标下社会资本和政府部门的收益最优分配,最大限度地保证私人企业在单独承担风险下的合理利益,为政府和私人企业合作中的风险、收益分配等提供理论支撑。

(3)利用"物有所值"评价理念进行项目筛选

虽然 PPP 模式可以提高项目效率,降低政府财政压力,但其存在诸如前期谈判时间过长、合作框架不完善、沟通成本与交易成本过高等问题,导致不是每一个项目都适用 PPP 模式进行建设与运营[2]。为解决这一问题,《财政部关于推广运用政府和社会资本合作模式有关问题的通知》(财金〔2014〕76 号)中提出,"除传统的项目评估论证外,还要积极借鉴物有所值(Value for Money,VFM)评价理念和方法,对拟采用政府和社会资本合作模式的项目进行筛选"。财政部《关于印发〈PPP 物有所值评价指引(试行)〉的通知》(财金〔2015〕167 号)中指出,"物有所值评价包括定性评价和定量评价,现阶段以定性评价为主,鼓励开展定量评价。定量评价可作为项目全生命周期内风险分配、成本测算和数据收集的重要手段,以及项目决策和绩效评价的参考依据"。目前,我国的 VFM 定量评价是通过比较 PSC(Public Sector Comparator)值和 PPP 值,计算出物有所值量值或物有所值指数,从而判断项目是否物有所值。但是由于缺乏充足的实践数据积累,我国的物有所值定量评价尚未形成成熟的计量模型,目前仍处于探索阶段。在 VFM 定量评价体系的关键点处理上,我国的《PPP 物有所值评价指引(试行)》(以下简称《指引》)也只是简略带过,并未着重分析,而且 PPP 项目由于投资额巨大,建设和运营周期较长,存在众多不确定性因素,从而影响 PPP 项目物有所值的实现,甚至导致项目无法开展。因此,有必要在深入研究 VFM 评价体系关键点的基础上,建立 VFM 定量评价模型,并对其进行敏感性分析,以完善和补充 VFM 定量评价模型,为项目决策提供可靠依据。

(4)社会资本的退出

PPP 模式作为减少地方债务存量、促进基础设施和市政公用工程建设项目的重要融资方式,受到各界人士的广泛关注。经营性 PPP 项目作为 PPP 模式的主流方向,是目前国家和地方政策精神中主要鼓励提倡的模式。经营性 PPP 模式主要应用于供水、供气和供热等市政领域,而轨道交通和综合管廊等领域由于前期投入较大和资金回收年限长等问题,一般采用准经营模式。随着 PPP 项目在发展中越来越完善,采用经营性 PPP 模式是大势所趋。

在经营性 PPP 项目迅猛发展的同时,一系列问题随之而来,如由于持续时间较长,一些项目社会资本的参与度不高;由于政府与社会资本的博弈,一些项目提前终止了合作,政府的声誉和社会资本均受到损害,也影响了社会公众的利益;由于投资和融资方案的错误,项目和投资者的收益受到损害,项目进展缓慢;由于融资渠道不畅,造成项目亏损和工程中断。当项目遭遇挫折时,退出是一个直截了当的方式。在经营性 PPP 项目的建设期内,社会资本要求退出,大多是无奈之举,是在项目建设过程中难题面前的手足无措,也是对后续运营期内的收益不抱期望。社会资本在运营期内的退出,大多是企业资金回笼的需求,以及企业本身在运营期内的短板限制,社会资本在项目建设领域经验丰富,但在运营管理方面缺乏相应经验,若预期收益较低,自然就产生退出的问题。经营性 PPP 项目在运营期内的退出,是社会资本关注的重点,退出路径的选择更是重中之重。

(5)PPP 项目的绩效评价

根据项目类别不同,PPP 项目可以分为"纯公益性项目""准经营性项目"和"经营性项目"三类,其中准经营性 PPP 项目具有公益性与商业性的双重属性。准经营性PPP 项目过程复杂,涉及利益相关者众多,生命周期长,投资风险不可预测性大。我国现有的法律体系对 PPP 项目实施的保障还不完善,缺乏成功案例,经验不足,导致项目在实施的过程中出现较多的问题,同时由于监管制度的缺失,导致部分社会资本为寻求自身利润最大化而折损公共产品与服务质量。PPP 模式在我国还处于规范管理发展阶段,缺乏有效的监管机制,构建较为全面的准经营性 PPP 项目的绩效指标体系与评价模型是实现有效监管的重要手段,同时绩效评价也是项目全生命周期不可缺少的环节之一。

目前我国对于 PPP 项目绩效评价的研究不多,对于准经营性 PPP 项目绩效评价的研究更是稀少,并且所建立的项目绩效指标体系与评价模型在实践过程中不具有普遍适用性,所得出的绩效评价结果不能够完全、有效地反映出项目的真实绩效水平。因此,在这种形式下对准经营性 PPP 项目的绩效指标体系构建和评价进行研究,可以实现对项目的有效监督管理,提高公共服务供给效率,优化公共服务质量,缓解政府财政压力,同时对促进准经营性 PPP 项目的健康发展,加快新型城镇化建设的步伐,均有重要的理论与实践意义。

1.2 研 究 目 的

国外 PPP 模式发展较早,已形成了较完善的 PPP 模式实施方案和工作体系。但在我国,无论是在理论研究还是在实践应用中,PPP 模式实施方案和工作体系都不够健全,均有待完善。为更好地将 PPP 模式应用于基础设施建设和公共服务方面,本书对 PPP 模式下项目公司股权结构优化模型、污水处理项目收益分配、供水项目定价机制、VFM 定量评价体系、经营性项目资产证券化退出机制、准经营性项目的绩效指标体系构建与评价进行研究,目的是完善我国 PPP 模式实施方案和工作体系中的不足,使得决策体系更加严密,决策结果更加可靠,增加项目成功概率,为解决项目实施过程中的问题提供强有力的理论支撑,保障 PPP 项目的健康稳定推进。

1.3 研 究 意 义

第一,以 PPP 模式下项目公司的股权结构为研究对象,将合作博弈中的 Shapley 模型引入来确定 PPP 模式下公共部门和社会资本的股权结构比例,即公共部门和社会资本的出资比例,旨在建立科学合理的考虑多因素的股权结构模型;第二,通过对社会资本单一承担风险和利益分配之间的关系进行研究,争取为污水处理项目中 PPP 模式的推进提供帮助;第三,探寻与 PPP 模式条件下供水项目相匹配的新的居民自来水定价机制,建立与 PPP 供水项目相适应的定价模型;第四,针对风险建立涵盖损失评估和风险分担的分析体系,构建 VFM 定量评价模型,并对其进行敏感性分析,使决策结果更为可靠;第五,以经营性 PPP 项目退出为研究对象,引入资产证券化概念,作为社会资本最优退出方式,旨在带动现存资产,提高经营性 PPP 项目运作效率,吸收更多社会资本的加入,促进经营性 PPP 项目的快速发展以及退出机制的早日完备成型;第六,对准经营性 PPP 项目的绩效评价进行研究,构建评价指标体系与评价模型。

1.3.1　理论意义

（1）丰富了 PPP 项目股权结构优化配置领域内的理论研究方法。基于利益相关者理论，把 PPP 项目实施过程中各利益相关者在不同建设方式下对项目的成本节约视为其对合作联盟的贡献程度，然后结合各参与方的贡献程度建立基于 Shapley 值的 PPP 项目股权结构优化模型，从而丰富了 PPP 项目股权结构优化配置领域内的理论研究方法，促进了 PPP 项目合作效率的提升。

（2）在污水处理项目中为社会资本如何更有效地承担风险提供了理论依据，增加了项目成功概率。根据污水处理项目的建设形式，PPP 模式在污水处理项目上的选择包含改扩建和新建两种模式。不同模式下的污水处理项目在选择 PPP 模式时各有侧重，因此如何正确地运用 PPP 模式，对项目的建设、运营有着重要作用。此外，PPP 模式下污水处理项目最重要的问题是项目参与方的风险分担和收益分配。对于社会资本而言，其参与PPP 项目的根本落脚点是如何保证私人资本的收益，即如何能够在最小的风险分担下得到最大的利益分配。

我国 PPP 污水处理项目的合作机制仍存在一些问题，公私双方彼此信任度低[3]。PPP 模式下的风险分担分为社会资本和政府共担、社会资本单独承担、政府单独承担三种方式。本书对社会资本在污水处理项目中单独承担的风险因素进行归纳总结，进一步为双方的风险分担提供理论支撑；对当前 PPP 污水处理项目中社会资本单独承担或者可能单独承担的关键风险因素统一阐述、归类和探讨，对关键风险因素进行权重排序，以期能够对 PPP 项目中社会资本的风险管理和收益分配有所帮助。

（3）建立了适应 PPP 模式条件下供水项目的定价模型，进一步丰富和完善了传统定价理论。在我国，随着各级政府对 PPP 模式的推广，作为重要的公共基础设施之一，越来越多的自来水项目采用 PPP 模式建设。但部分供水类 PPP 项目鉴于政治决策、消费者反对等方面的原因，供水价格改革迟迟无法实施，极大地阻碍了 PPP 项目的深度推进和发展。在新时代中国特色社会主义发展的必然要求下，本书通过研究 PPP 模式下自来水供水价格现状，分析此模式下水价的影响因素、形成机制及现有定价办法的不足，运用会计学理论中的综合成本法，并选用适当的综合成本分摊办法，建立与 PPP 供水项目相适应的定价模型，并进一步通过对定价模型的分析，结合供水项目特点，制定出符合 PPP 供水项目的调价机制，从而为解决项目实施过程中的定价问题提供强有力的理论支撑，保障 PPP 项目的健康稳定发展，确保了传统定价理论的与时俱进，同时也为参与 PPP 供水项目建设的相关企业和管理部门提供了水价制定的理论依据。

（4）对 VFM 定量评价方法进行改进，并采用敏感性分析方法完善 VFM 定量评价模型，丰富和发展了我国 VFM 定量评价的理论研究。在确定项目是选用传统模式还是PPP 模式进行建设时，要对项目的物有所值、财政承受能力、风险分配进行评价。财政承受能力和风险分配评价论证的是项目采用 PPP 模式建设的可行性，即项目是否可以采用

PPP 模式。而物有所值论证的是项目采用 PPP 模式的必要性，即项目建设是否应当采用 PPP 模式。因此政府在对项目的建设方式进行决策时，应首先进行物有所值评价，只有结论是应用 PPP 模式物有所值时，才能采用 PPP 模式，否则就应采用其他模式。

由于 PPP 模式在我国应用的时间较短，因此理论研究和实践分析都有较大的空缺。尽管我国财政部颁布了《指引》，但《指引》对折现率、风险分析等关键点只作了简单描述，未进行深入研究。本书针对《指引》存在的局限，分析了折现率的选取原则，细化了 VFM 定量评价体系，丰富了现有的 VFM 理论研究，具有一定的理论意义。

（5）引入资产证券化这一成熟理念，拓宽了退出方式的研究视角。我国经营性 PPP 项目的退出方法还处于摸索阶段，经营性 PPP 项目和资产证券化的有机结合，增强了经营性 PPP 项目的自身优势，丰富了 PPP 项目的退出路径，在经营性 PPP 项目退出机制的探索上更进一步。随着经营性 PPP 项目的推广，社会资本退出的问题日益凸显，科学合理的退出路径是各方的共同追求。本书通过研究资金退出需求，引入资产证券化方式，分析资产证券化的特点及形成机制，并结合现有退出方式的优点，建立了一套适用于经营性 PPP 项目资产证券化的退出机制，为经营性 PPP 项目退出提供相应的理论基础。

（6）丰富和完善了 PPP 项目资产评估理论，完善了绩效评价理论与方法。资产评估在 PPP 项目中应用的研究不多，同时对准经营性 PPP 项目绩效评价的研究也比较少，并且现阶段对 PPP 项目绩效评价的研究多以政府为主导，忽视了第三方机构对绩效评价的介入，没有考虑到政府本身与社会资本利益的评价，得出的绩效评价结果具有片面性。由于目前 PPP 模式结合资产评估研究的还比较少，本书通过进一步透析 PPP 项目的本质，抓住准经营性 PPP 项目的特征，同时结合准经营性 PPP 项目发展的实际现状，从准经营性 PPP 项目的绩效评价战略目标出发，以利益相关者理论与《PPP 项目资产评估及相关咨询业务操作指引》（以下简称《操作指引》）绩效评价要求为指导思想，采用平衡计分卡（BSC）与经济增加值（EVA）相结合的方式寻找 PPP 项目的核心绩效指标，构建一套适用于准经营性 PPP 项目从项目识别到运营阶段的绩效指标体系和评价模型，旨在实现对准经营性 PPP 项目进行全面、科学、准确的绩效评价，反映出项目绩效的真实水平，并且能从中发现项目在实施过程中存在的问题与不足，帮助项目管理者做出更为科学的决策，进一步补充和完善我国准经营性 PPP 项目监管体系中的不足，改进绩效指标体系与评价模型，完善 PPP 项目绩效评价理论与方法，在一定程度上丰富和完善 PPP 项目资产评估理论，拓宽资产评估的业务范围。

1.3.2 实践意义

（1）提出一个切实可行的股权结构分配模型，为减少项目前期决策时间，促进 PPP 项目尽快落地具有重要的意义。本书所研究的股权结构分配模型能够促使各利益相关者不断降低实施项目的综合成本，提高各参与方对项目的贡献程度，从而获得更多的收益，达到多赢的局面。同时，合理的股权结构可以激发社会资本投资热情，提高对社会资源的利用效率,缓解政府部门的财政压力,推动我国基础设施建设领域投融资体制的改革,最终能够更好地为我国的经济建设服务。

（2）在污水处理项目中,为民间资本如何以更加合理承担风险和获得合理收益的角色参与到项目中来提供有力依据。本书以社会资本单独承担的风险因素为基准建立收益分配模型,期望得到社会资本和政府的最优收益分配。在 PPP 模式下,提高项目资本、技术、人力资源等生产要素的运营效率和使用水平,对确保公共服务质量,实现城市资源、环境、经济和社会的整体可持续发展有重要意义。

（3）合理的定价水平是项目作为公共基础设施充分发挥其服务功能的前提条件,科学合理的定价是企业获得合理回报的必要基础,适度合理的水价是人们充分享受服务的保障。供水行业作为社会基础设施的重要组成部分,是政府进行宏观调控,保障水资源安全和实现节约用水目标的重要手段之一,科学的定价理论是水价制定的基本前提,是政府更好发挥其服务职能的重要保障。市场经济条件下任何企业都是以营利为目标,企业的出发点和归宿点都是获利,在 PPP 项目中合理的定价水平是吸引企业参与的前提条件,定价过高或者过低都不利于 PPP 项目的长久运行,基于综合成本法而制定的 PPP 供水项目定价模型有利于保障企业获得长期稳定的合理收入。水是居民日常生活的必需品,且没有其他相关产品能够予以替代,科学合理的水价对提高人们生活质量、养成良好的用水习惯至关重要。

（4）本书构建的基于敏感性分析的 VFM 定量评价模型可以为公共部门评价和决策 PPP 项目提供参考。本书采用定性与定量相结合的方法对风险进行分析,丰富了风险量化和分担的内容和方法。将构建的基于敏感性分析的 VFM 定量评价模型应用于某省天然气工程 PPP 项目,印证了该模型的可行性和适用性,同时也为该天然气项目的前期决策提供参考依据,具有一定的借鉴价值。

（5）本书结合相应案例,提出了一种切实可行的退出方式,证实了经营性 PPP 项目资产证券化退出方式的科学、高效,对促进 PPP 项目的快速发展意义重大。资产证券化为 PPP 项目提供了一种新的融资方式,降低了项目融资成本,提高了融资效率,使社会资本能够提前收回投资,实现"全身而退"。它可以有效地消除社会资本的顾虑,吸引更多的社会资本积极参与,减轻政府部门的财政压力,促进 PPP 项目的蓬勃发展,确保我国基建能力稳健提升,更好地为我国经济社会发展服务。

（6）准经营性 PPP 项目的绩效指标体系与评价模型的改良与构建,为监管部门提供了技术支持,提高了项目的供给效率。本书根据《操作指引》中关于 PPP 项目的绩效评价要求,以利益相关者理论为指导思想,充分考虑 PPP 项目三大参与主体(政府、社会资本、社会公众)的切身利益,对准经营性 PPP 项目的绩效指标体系与评价模型进行改良与构建,可以在技术上为政府相关部门、社会资本、PPP 相关咨询业务提供理论基础与现实依据。基于本书的研究结论,对我国准经营性 PPP 项目的实施过程和绩效评价管理提出了相应的对策与建议,有利于探索公共服务供给和管理体制创新途径,提高项目效益,实现准经营性 PPP 项目的健康持续发展。

1.4　国内外研究现状

1.4.1　国外研究现状

PPP 模式在国外经过多年的发展,其相关理论研究较为丰富,发展较为成熟。PPP 模式提出后,在国外有许多成功的例子,得到了世界各国的广泛关注。而拓宽融资渠道,加快多元化投资在我国基础设施建设中的应用,是我国现阶段缓和经济发展与环境资源之间矛盾的最优选择。在 PPP 模式的研究领域方面,国外的研究主要集中在 PPP 理论发展、PPP 模式、PPP 制度、PPP 特点、PPP 项目运行效率、PPP 项目风险评价、PPP 项目股权结构、PPP 模式下项目成败因素、PPP 模式下收益、PPP 模式下定价、PPP 模式下物有所值、PPP 项目退出机制、PPP 项目绩效评价等方面。

1.4.1.1　PPP 理论发展研究

PPP 模式于 1992 年在英国首次被提出后,迅速在欧美等国家和地区得到发展和应用。受国家(地区)经济发展状况和社会形态的影响,PPP 在各个国家(地区)的发展程度也各有不同。对于 PPP 模式的概念,从英文字面上理解即公共部门与私营机构的一种合作形式,但不同研究机构及学者给出了不同的定义。世界银行给出的定义是:私营机构与政府部门为提供公共服务或产品而确定的一种长期合作关系,政府不承担其中的重大风险及管理责任,政府根据绩效结果向私营机构支付相关费用。联合国培训研究院认为:PPP 模式是一种所有制度化合作方式,涵盖了不同社会系统的倡导者,其实质就是公共部门和社会资本为了提供产品或服务而建立的合作关系[4]。美国国家委员会(2002)认为:PPP 模式是一种公共产品提供方式,是公共部门(地方或州等)与社会资本(企业)在公共产品或服务上的一种合作协议,通过协议的形式,公私部门可以实现在公共服务上的共享,包括利益共享、风险共担。这种方式结合了私有化和外包两者的特点,充分利用私人资本的优势建设、经营项目,并为公众提供服务[5]。欧盟委员会(2003)认为:PPP 是公私之间的一种长期合作关系,改变了传统上由政府提供公共产品与服务的模式,而是由公私一起合作共同为社会公众提供,公共部门与社会资本在责任和风险分担上各取所长,共同为公众提供产品或者服务[6]。加拿大 PPP 项目国家委员会(2007)认为:PPP是公私双方建立合作经营关系以提供服务,风险共担,利益共享,合理配置资源。

1.4.1.2　PPP 模式发展研究

国外部分发达国家已经建立了较为完善的 PPP 模式经营管理体制,PPP 模式在基础设施建设领域发挥着越来越大的作用。国外相关学者对于 PPP 模式的研究由来已久,并且取得了大量的理论研究成果,值得我们去借鉴学习。从 20 世纪 80 年代初开始,越来越多的国家将公共基础设施供给体制改革作为政府改革的重点方向来推进,使得以政府为主导的单一公共基础设施供给模式开始向公私合作模式(PPP 模式)方向发展,市场竞争进入了政府长期垄断的公共基础设施供给领域。

英国的 PPP 模式有两种:一类是特许经营;另一类是私人融资计划[7]。1992 年英国首次推出了私营机构融资计划(PF1)后,并于 2012 年推出了升级版的 PF2 模式,对已有的 PF1 模式进行了改革,提升了交易的透明度与便捷度。在 PPP 项目里,特许经营是通过使用者付费;私人融资计划是通过政府付费。Kwak Y. H.(2009)指出,准经营性 PPP项目收费低、投资大,收益不能覆盖成本;而在经营性 PPP 项目中,收费明确,收益可以覆盖成本,因此越来越多的项目采用这种模式[8]。加拿大是国际公认的运用 PPP 模式最好的国家之一,PPP 模式对加拿大的经济发展与进步起到了积极的推动作用。

Hart(2003)在其研究中详细论述了 PPP 模式的特征和基本框架,对 PPP 项目的建设期和特许经营期的特点进行了深刻解读,特别强调了建设期和经营期在项目全生命周期内的重要地位[9]。Haralambides 等(2011)指出,PPP 模式是能够有效避免市场失灵和政府失灵的新型公共产品和基础设施的供给模式,PPP 模式中蕴含着委托-代理、公共管理等相关理论,有利于实现政府和社会资本之间的双赢,打破长期以来由公共部门提供公共产品和服务的现状,推动公共产品和服务供给模式的革新[10]。Scharle(2002)分别从博弈论、语言学、理论数学以及实验心理学四个方面对 PPP 模式进行了深入的分析讨论,详细论述了采用 PPP 模式的目的、意义和必要性,使得项目参与各方对 PPP 模式的结构及特点有了更深层次的了解,同时指出,作为政府一方的公共部门主要考虑公众利益,且对 PPP 项目的短期利益更感兴趣[11]。

在基础设施建设领域,PPP 模式发挥着越来越大的作用。在国外相关研究方面,涉及 PPP 模式的探索由来已久,并且取得了大量的成果[12]。C. Secretariat(2010)剖析了PPP 模式的前期准备阶段和筹资阶段,并为每个环节研究了相应的管理体系[13]。T. T.Beyene(2014)提出了基础设施的质量、公共产品服务和地方政府资金相互影响对立的矛盾[14]。Teshome Tafesse Beyene(2015)证实了 PPP 对促进政府部门高效办事和优质服务很有效[15]。

1.4.1.3　PPP 制度研究

对 PPP 模式的研究随着 PPP 模式的发展而不断变化。在发展前期,专家学者们主要对 PPP 模式的有关理论进行研究;在 PPP 模式发展到一定阶段后,相关研究又主要集中在对 PPP 项目相关制度的研究上。PPP 模式最早起源于英国某污水处理项目,社会资本和当地政府签订特许经营协议,采用特许经营的模式运行该项目,这是 PPP 模式最早的雏形[16]。在对 HSV 模型进行分析研究的基础之上,Oliver Hart(2003)深入分析了PPP 项目的基本框架,并强调将项目的建设期与运营期进行捆绑,同时指出关于服务质量的协议越详细越清晰时,对 PPP 项目的质量监督更加容易,从而使得 PPP 项目运行效率也更高。从更高的制度层面来看,Hammami 等(2006)发现,政府出台制定合理有效的法律法规以及抑制腐败对促进 PPP 项目顺利进行是至关重要的[17]。Estache(2006)指出,PPP 模式的持续发展与法律政策的稳定性息息相关的,法律政策若无法保持稳定,可能会导致 PPP 项目的失败。[18]

1.4.1.4 PPP 特点研究

对于 PPP 模式的优点,Tang L.等(2010)认为,采用 PPP 模式可以缓解政府的公共预算约束,提高公共产品的供给效率,强化政府职能[19]。Chou Jui-Sheng 等(2012)认为,采用 PPP 模式使得私营企业可以提前介入项目,利用社会资本的优势提高产品和服务质量,合理配置资源[20]。早期学者如 Akintoye(2008)在研究中认为,采用 PPP 模式不仅可以提升政府的监督管理职能、缩减政府的投资额、提高政府的管理效率等,同时也减少了政府对项目风险的承担,社会资本先进的管理、技术、设备等可以为公众提供更优质的服务[21]。Dirk Daube 等(2008)分析了 PPP 基础设施建设项目的融资形式,对比了传统模式和 PPP 模式下融资的差异性和风险,概括了 PPP 融资的优点和缺点[22]。然而 Chen 和 Doloi 等(2018)指出,PPP 模式在实际操作过程中所存在的财务制度复杂、前期成本耗费较高、合同管理体系及相关法律体系不完善、风险的不可预测性较大等因素阻碍了 PPP 项目的发展与成功[23]。

1.4.1.5 PPP 项目运行效率研究

对于影响 PPP 项目运行效率的因素及相应激励措施的研究也是 PPP 模式研究的重点之一。对 PPP 项目各阶段的外部性进行研究分析,Bennett 等(2006)发现,当存在正向的外部性时,PPP 模式能够使得项目各参与方在各阶段更加紧密地协作[24]。Iossa 等(2008)对影响 PPP 项目效率的因素进行研究分析,发现各实施阶段所存在的外部性是重要的影响因素之一[25]。在分析了公共部门与社会资本之间的投资关系后,Marian Moszoro 等(2008)认为,激励社会资本转移技术的方法就是降低公共部门的投资比例,从而能够使得 PPP 项目的建设运营成本降低[26]。在不完全合同融资理论的指导下,Bettignes 等(2009)探究了社会资本的合意性,发现合同不完全是导致策略性违约的重要原因,并指出社会资本忽略公共部门倾向及消费者剩余,将会导致 PPP 项目运行效率低下[27]。在委托-代理理论的指导下,Bentz 等(2004)探讨了在提升 PPP 项目质量过程中所存在的服务成本及道德风险问题[28]。

1.4.1.6 PPP 项目风险评价研究

众多学者深入研究了 PPP 模式存在的风险。从 PPP 项目风险研究有关成果当中可知,对 PPP 项目风险的研究处在不断发展之中,如从一开始对 PPP 项目中风险因素进行识别、评价到对 PPP 项目风险分担机制的研究,使得对风险的研究逐步细化。Savas E. S.(2002)认为,PPP 模式中政府和社会资本建立合作关系来提供基础设施和服务,可以使公、私两方共同承担面临的风险[29]。Li Bing,Akintoye A 等(2005)认为,风险的分担和控制是公共项目采用 PPP 模式建设最重要的事项,政府部门应主要承担政治和政策方面的风险,建立合理的风险分担机制,使得风险被最有能力管理它的一方来管理,确保项目顺利进行[30]。Al-Sobiei(2001)最早通过 ANN 法对公私合营项目中的各种风险指标进行了识别[31],并且以某具体项目为例,详细分析了 PPP 项目所面临的不确定性因素。Grimsey 和 Lewis(2002)总结了各方评价风险的指标、方法和主要面临的风险[32]。利用模糊数学法建立 PPP 项目风险分配模型,Lam 等(2007)认为,该类风险分配方法过程较为复杂,而且适用性有限[33]。在详细考察了风险因素对某具体项目的影响之后,Moles 和 Williams(1995)指出,社会资本对影响项目预期收益以及收益率的风险会更加关注,金融机构则会对影响市场和金融机构的名声的风险更加关注[34]。在对某铁路项目进行实证分析的基础上,A.Ng 与 Martin Loosemore(2007)提出了公共部门和社会资本双方之间的风险分担机制及相应的管理建议[35]。Patrick(1999)分析了 BOT 模式存在的相关风险因素并对各个因素提出了相关对策与建议,他们认为项目所有的参与方都应该合理地承担相应的风险,项目的风险管理是 PPP 项目成败的决定因素[36]。Jahn Kassim 等(2010)通过分析马来西亚的 PPP 基础设施的案例,找出了建设过程中运营和融资方面存在的风险,分析了 PPP 项目成功和失败的经验[37]。Albert P. C. Chan 和 F. Y. Yeung 等(2010)指出,PPP 项目中公私双方之间公平合理有效的风险分担是 PPP 项目成功的关键[38]。在对 PPP 项目中公共部门与社会资本之间的风险分担机制研究的基础之上,Francesca Medda(2007)构建了一个讨价还价博弈模型,分析了公共部门和社会资本在风险分担行为上对策的选择问题[39]。

1.4.1.7 PPP 项目股权结构研究

对 PPP 项目股权结构优化方面的研究是提高 PPP 项目运行效率的重要课题之一。在特定偿债备付率的前提下,以最大化内部收益率为目标,用一个简化的模型为决策者在项目评估阶段进行股权结构优化提供支持,Bakatjan 等(2010)利用线性规划的方法对 PPP 项目股权结构进行了优化[40]。基于资本资产定价模型,计算项目的 NPV 和 ROE,Antonio Dias 和 Ioannou(1995)利用 ROE 作为目标函数,来构建最优资本结构,即债务资本和权益资本的最优比例[41]。利用 Monte Carlo 模拟的方法对 PPP 项目风险因素进行模拟分析,Yun 等(2009)采取多目标决策的方法,构建出了可以同时满足债权人和社会资本平衡股权水平的决策模型[42]。通过构建一个公共产品效用判别模型,Besley 和 Ghatak(2001)研究指出公共产品的所有权应分配给能够用其产生最大收益的一方[43]。在研究分析采用 PPP 模式提供公共产品的问题时,Hart 等(1997)发现事后再谈判对解决所有权问题有显著改善[44]。在探究所有权对参与方的激励作用时,Laffont 和 Martimort(2002)分析指出,有效的所有权分享能够显著提高代理人的工作积极性[45]。

1.4.1.8　PPP 模式下项目成败因素研究

Patrick(1999)分析了公共部门 BOT 模式的风险因素并提出了相应的解决对策,同时,他认为项目的各个利益相关方都应该对风险进行合理分担,并且公共项目成败的关键因素是风险管理的成功与否。Peter Scharle 等(2002)在项目利益分配的研究过程中,采用博弈论的方法,结合合作机制、核心竞争力、利益均衡三个领域的综合博弈,分析了公共部门和私人投资者合作参与项目的过程,并出于对具有社会属性的公共部门和具有经济属性的私人投资者的综合考虑,提出了项目利益分配方案。Jonathan P. Doh 和 Ravi Ramamurti(2003)认为,PPP 项目的成败在很大程度上依赖于政府的角色定位,发起人、规则制定者和消费者在项目中的作用由政府发挥,政府在降低项目风险方面发挥了很好的作用,从而确保了项目的成功[46]。

1.4.1.9　PPP 模式下收益研究

Vega(1997)认为,项目的风险模型应根据具体情况确定,风险的性质和规模将根据项目和环境而变化。Tiong 和 Alum(1997)发现私营企业承担过多的风险是因为政府将过多风险转移给他们,其中包括一些私营企业无法控制和管理的利率风险和汇率风险等。Pierson 和 McBride(1998)提出,PPP 是公共部门与私营企业之间的长期合同,经特许权协议后,私营企业进行城市基础设施的建设和管理或者通过基础设施向公众提供各种服务。Darrin Grimsey 和 Mervyn K. Lewis(2002)站在投资者的角度,对影响投资者直接收益和资金成本的因素进行了研究,其中对银行和其他金融机构对于项目投资影响的程度进行了重点分析,将 PPP 模式项目风险划分为政治风险、金融风险、建设风险、运营风险、技术风险、残值风险、不可抗力风险、完工风险及环境风险九大类,构建了项目的风险分析框架,认为通过不同的方法可以对不同项目参与者的风险进行识别和评价。Li Bing,Akintoye A.,Edwards P.J.(2005)等将 PPP 风险划分为由采购过程中的各种利益关系引起的微观层面风险、由项目内部因素引起的中观层面风险以及由外因引起的宏观层面风险[47]。Loosemore M.等(2006)提出,了解风险的能力、控制风险的能力、风险的应对资源和承担风险的意愿是利益相关者应具备的能力,即 PPP 模式的项目风险分担原则。Loosemore M.认为,针对风险分担的基本标准应该包括风险承担意识、风险处理能力、相应的技术和资源,以及意愿和风险回报[48]。

1.4.1.10　PPP 模式下定价研究

国外对于自来水产品价格的研究,主要在考虑供水行业垄断性的基本特征下进行,普遍认可依据成本定价的方法。Jaber(2002)通过研究提出了自来水的平均成本定价法,指出自来水的平均成本包括水利工程供水成本、供水企业利润和基本税金三部分,相关成本数据来源于供水企业的年度财务报表,利润水平参照社会平均利润率或特定行业的政府管制利润率。Steven Renzetti 等(2004)在总结前人研究的基础上提出利用全成本法进行自来水产品的定价,全成本定价与边际成本定价相类似,其不同之处在于全成本法还能够更加全面地将自来水在生产过程中的资源损耗和环境恶化成本考虑在内,其结论具有更高的科学性[49]。Veena Aggarwal(2013)针对印度的几个不同城市存在的供水短缺和自来水的低效利用等问题指出,自来水价格改革有必要引入科学的税收体制以确保水价制定的民主性和科学性,通过实证分析指出包括政府补贴、自来水意外损耗的转嫁和计量水表数据准确性等相关问题应引起各方的充分重视[50]。

国外关于 PPP 模式定价理论的研究主要从两个方向展开:第一种是研究某一特定行业,通过分析特定行业的属性与特征,针对具体的行业给出合适的定价办法;第二种是结合 PPP 模式的特有属性,设计一种具有普遍适用性的 PPP 定价模型,指导所有 PPP 项目定价。Anderson(2004)等学者针对停车场作为公共产品和私人产品的两种不同属性,给出了相对应的定价策略,主要是在两种不同的属性条件下,对比项目所产生的社会经济效益和服务能力,建立相对应的停车场定价模型,并且通过研究认为,在停车场项目的实施过程中引入竞争机制,更有利于停车场作为准公共资源发挥其社会公共服务价值,能够更有效地解决停车场的供需矛盾[51]。Li(2009)指出,在 PPP 项目实施过程中应兼顾公私双方的合理利益预期,PPP 项目特许经营合同在定价部分可设置可变收费费率,通过可变收费费率来平衡 PPP 项目公私双方的利益所得,保障项目的平稳健康发展。Hilde Meersman 等(2010)对 SMC(短期边际成本)在政府与社会资本合作模式中使用的可行性进行了细致分析论证,认为对项目的收益分配方式和成本结构进行详细分析是研究 PPP 模式定价问题的前提条件,因此从理论上考虑只要 PPP 项目在实施过程中具有清楚的属性边际效应,短期边际成本定价法就可以运用在其中[52]。Emil Evenhuis,Roger Vickerman(2010)对交通类 PPP 项目的定价进行了深入分析,并利用公私双方在交通类 PPP 项目中合作伙伴关系的特点和便于激励的经济属性,分析了交通类 PPP 项目使用边际成本定价法时可能产生的问题,并进一步探寻解决问题的方法[53]。

1.4.1.11 PPP 模式下物有所值研究

随着 PPP 模式在全球范围内的推广应用,许多国家开始把目光放在物有所值评价体系上,不断深入研究以期进一步完善物有所值评价体系。英国是第一个提出物有所值理念的国家,其财政部在《物有所值评价指南》中对 VFM 的定义是,"以较低的成本和较高的效率实现用户对产品或服务的需求"。澳大利亚 VFM 定量评价体系采用定性分析与定量分析相结合的方法,物有所值评价包括前期阶段和招投标阶段:在前期阶段,主要采用定性分析;在招投标阶段,主要采用定量分析,将 PSC 体系和实际 PPP 模式最终投标价进行比较,确定项目是否物有所值[54]。加拿大采用的 VFM 定量评价体系与澳大利亚的类似,都是定性分析和定量分析相结合[55]。德国于 2004 年成立联邦竞争中心,对初始、前期、招标、执行四个阶段的采购分三个步骤进行物有所值评价并判断是否采用 PPP 模式:定性描述、定性与定量相结合的粗略 PSC 值、最终的 PSC 值,根据中标价来衡量项目采用 PPP 模式是否物有所值[56]。新加坡是在基于私营企业比公共部门可以更有效率地提供产品和服务的基础上,借助私营企业之间的市场竞争和投标报价来获得物有所值[57]。

国外学者对物有所值评价也有众多研究。Grimsey(2005)全面研究了英国 PFI 项目物有所值评价的计算过程,将物有所值评价方法分为三类,即竞争性招标法、成本效益分析法和公共部门基准值(PSC)法[58]。Shaoul(2005)认为,应从多方面分析判断采用 PPP 模式是否物有所值,而并非只依据经济成本指标,并且在物有所值理论中考虑社会效用,认为 VFM 与 3E(经济、效率、效用)有关联[59]。Coulson(2008)对比英国财政部不同年份的 PFI 招标准则,论证了物有所值定性分析和定量分析,分析研究了定量评价中关键因素如风险、利润率、折现方法的处理方法[60]。Iqbal Khadaroo(2008)对指标进行分级,并结合权重的方法,提出单位效益成本的概念,使得物有所值评价综合了定性分析和定量分析的决策因素,并提出在物有所值定量评价前,应先完善项目规划、服务标准和协议细则等假设,使得物有所值定量评价更能反映真实情况[61]。

PSC 评价体系相比于物有所值定量评价的其他两种方法,即成本效益分析法和竞争性招标法,有更广泛的应用和研究,主要集中在对方法进行完善、提高其准确性和适用性。Grimsey(2005)等研究了不同国家、地区的物有所值和 PSC 评价体系,从学术和实践两方面指出,不同国家的 PSC 体系由于文化、政治、经济的差异性而在各自使用过程中存在问题,并提出了相应的改进方案。Henry Kerali(2006)通过矩阵风险对 PSC 体系的风险分担进行研究,得出了计算 PPP 项目全生命周期内的现金流量和费率的方法,并进行实例分析,验证了 PSC 体系的可行性[62]。Douglas Lamb 和 Anthony Merna(2004)着重分析了 PSC 体系的关键因素,认为不同 PPP 项目的 PSC 体系应有所差异,其风险分配也有所区别[63]。Chris Shugart(2008)通过分析近年来 PSC 在应用中存在的问题,讨论了如何确定 PSC 的折现率,该研究对发展中国家的物有所值评价有很大的参考价值[64]。Shunso Tsukadal(2015)认为不同行业的物有所值评价应有所不同,并提出一种新的物有所值评价方法——影子投标定价法[65]。Broadbent 等(2003)认为 PPP 项目具有建设和运营期长、不可控因素多等特点,提出物有所值定量评价体系要及时根据 PPP 项目的变化进行调整[66]。M. H. Sobhiyak 和 M. R. Bemanian(2009)对伊朗首个 PPP 项目进行了详细研究,认为私营企业与政府部门承担的风险相差太多,建议将部分风险从政府部门转移给私营企业,充分利用市场竞争来实现项目的物有所值[67]。Akintoye 等(2002)认为,在使用 PSC 法进行物有所值定量评价时,除了成本和收益等因素可以被量化,以及便于用货币来衡量的前提外,更要注重服务质量和政策目标对于物有所值定量评价的影响[68]。

1.4.1.12　PPP 项目退出机制研究

西方学者在资金退出机制方面的研究,主要考虑退出的原因和时间的选择。Gompers(1999)分析出造成社会资本退出的重要原因是 PPP 项目收集情况不完整,随之认定这对社会资本撤离会产生重要的影响[69]。Werner Neus 等(2002)认为退出时机会产生时间效应,也就是随着时间的推移,撤资的意愿会增加,各方资金收回的时机和选择途径应令人满意[70]。Chen(2015)阐述了 PPP 进展缓慢和公共部门失信、没有很好的退出方式之间有着不可分割的关系,并建议建立一个透明的市场[71]。

再融资对项目的推动有重要意义。Zhang Xueqing(2005)认为,再融资是指在运营时项目的投资者通过更改资金本质、分配比例,打破以前的资金安排,实现融资目标[72]。Xiao Fu(2009)把再融资看成在合同期内,利用筹资方式的变动以达到更高的价值。

运用资产证券化进行融资方面,Benveniste、Berger(1987)表示使用资产证券化来筹资可以使风险转移,可以达到更好的经济效果[73]。在探讨怎样才能抵抗证券化风险的时候,Benveniste、Berger(1987)觉得采用一些特别的调整措施,能够使得风险在投资者与原始权益人之间再一次分配,特别不想承受风险的人把它转移到那些想承受风险的人身上,运用资产证券化这样的方式不会把之前的风险散去,而是进行再一次的组合分配。Schwarcz(1994)认为,资产证券化通过资产重组和信用增级降低了风险,并以结构化的方式重新分配相应资产现金流,然后重新组织风险并返回给参与者。为了发行标准化证券产品,应该对资产池的各种资产存在的差异通过技术处理手段消除风险[74]。Moszoro(2010)认为,社会资本的有效配置和管理技能的有效转移,都可以通过资产证券化来实现,同时他也认为资产证券化实际上是 PPP 项目的再融资,因此可以把 PPP 的基础资产进行证券化处理,使得越来越多的资本进入 PPP 项目中。

1.4.1.13　PPP 项目绩效评价研究

国外近两年才逐渐出现了关于 PPP 项目绩效指标方面的研究,大多数学者从不同的角度出发,多以单方面的利益为主去构建绩效指标体系与评价模型,对各参与方的行为过程、利益对绩效产生的影响有所忽视,因此仍然不能全面准确地反映项目的综合绩效。

"绩效评价"最早起源于英国的文官制度,是一项较为系统的工程。从最初的单目标财务评价逐渐发展为全面、系统、多方法的绩效评价。Chan(2004)认为,绩效评价不仅要考虑项目的成本、时间、质量,还应考虑项目使用者的期望与满意程度以及环境、功能、健康和安全等关键绩效[75]。项目绩效评价是和企业绩效评价理论相互交叉共同发展起来的,自 20 世纪 90 年代初,项目绩效评价这一概念开始引起广泛关注,随着大量学者的深入研究,其逐渐形成了系统的理论与方法,并在多个领域得到成功应用,最具有代表性的主要有:物有所值(VEM)评价法、关键绩效指标评价法(KPI)、平衡计分卡(BSC)。

Collins Ameyaw 等(2015)构建了 VFM 理论模型,认为 VFM 是 PPP 项目绩效评价最常用的方法[76]。Augustinova(2013)结合 PPP 模式的特点,认为 PPP 模式在公共基础设施项目领域里面是一种实现物有所值(VEM)的有效方式,在项目前期进行招投标时,对 PPP 项目实行物有所值评价是实现财务发展的重要标准,在 PPP 项目的全生命周期内都要进行关键绩效指标评价[77]。

关键绩效指标评价法(KPI)在英国应用较为广泛,从项目的战略目标出发,寻找实现战略目标成功的关键影响因素,对项目的实施过程进行关键指标绩效考核。为了调整英国建筑行业,实现行业年均绩效改进的目标,英国相关研究机构针对建筑业项目制定了关键绩效指标法,主要目的是鼓励建筑行业的各参与方对自身实施真实有效的绩效评价,并从中发现问题,及时采取措施,以帮助优化成本、工期、质量、安全、生产效率。国外学者 Takim 和 Akintoye(2002)在前人研究的基础上提出了建设项目的 KPI 评价模型,该模型主要从两个角度对 KPI 绩效指标下定义,即效率和效能。把满足项目要求、预算要求、技术的可靠性、安全、利润率及和谐管理等指标归为效率,把客户的满意度、产品的使用性能、社会责任、生态友好等指标归为效能[78]。

20 世纪 90 年代初,美国的两位教授提出了平衡计分卡(BSC)这一新的绩效评价方法,围绕项目战略目标,将其分为财务、顾客、内部流程、学习与创新四个维度,并把这四个层面联系在一起考虑,然后将这四个层面再进行具体化,使不同层面的小目标与组织的整体战略目标结合在一起,进行指标评价体系的构建。

经济增加值(EVA)由斯图尔特咨询公司(Stern Stewart Company)正式提出。EVA 理论是对会计隐性亏损影响利用财务报表中经营利润和投资成本的调整进行消除。EVA 的思想源于经济利润的概念。净利润是 EVA 的基础,而 EVA 的核心思想是营业利润扣除所用资本的项目成本大于零时,才说明是真正盈利。后有研究者 Bennett (2010)提出了 EVA 与 BSC 相结合的绩效评价方法,对平衡计分卡在原有的基础上进行了创新,认为 EVA 可以实现短期的项目财务效益,而 BSC 可以实现长期的战略目标,两者结合具有取长补短的优势[79]。

1.4.2 国内研究现状

PPP 模式引入我国已近三十余年,是我国基础设施建设领域供给方式改革的巨大成果之一,为推动我国经济发展起到了非常重要的作用。随着我国经济的日益发展,人们对基础设施的需求也在不断增加,PPP 模式在我国基础设施和公共服务中的运用也如火如荼进行。长期以来,国内大量学者从不同角度对 PPP 模式进行了理论和实践的深入研究,取得了可观的成果,为 PPP 模式在我国的长远发展提供了重要的理论保障。

1.4.2.1 PPP 模式应用

20 世纪 70 年代到 80 年代,以政府引导的单一公共基础设施供给模式慢慢转化为政府与社会资本为共同提供公共产品或服务而建立的"全过程"合作模式(PPP 模式),将政府的一部分支出通过"特许经营权"的方式转移给了市场主体——社会资本,从而发挥了财政资金的引导作用,推广了 PPP 的应用。

在 PPP 模式的介绍方面,李秀辉等(2002)详细阐释了 PPP 模式的产生过程和基本内涵,并依据公有化程度的不同从低到高依次介绍了 BOO 模式、BOT 模式、BTO 模式和 LBO 模式,进一步说明了 PPP 模式相较于传统供给模式的优势,指出了 PPP 模式在实施过程中应注意的基本问题,最终佐证了 PPP 模式应用于我国公共基础设施行业的可行性,并对 PPP 模式在我国的发展给予了相关建议[12]。以鸟巢等项目为具体实例,柯永建、王守清等(2009)归纳了具体项目中政府的各种激励措施,且对社会资本进行了全方位的综合评价[80]。郝伟亚等(2012)在对北京地铁四号线等 PPP 项目分析评价的基础上,分析其核心要点并且总结相关经验教训,对未来城市轨道交通建设运营中引入 PPP 模式提出了相关的战略建议[81]。王雪青等(2008)在深入分析了将 PPP 模式应用到基础设施建设领域的优势之后,也指出了其可能存在的问题[82]。何寿奎和傅鸿源(2007)从政府职能转变、风险共担机制和监督机制着手,分析了采用 PPP 模式面临的挑战并提出相应对策,对监督管理、科学管理、投融资结构管理等给出了可行的建议[83]。吕宝生(2009)从市政类 PPP 模式出发,根据不同的投资主体将 PPP 项目分成非经营性和经营性两种类型[84]。邓连喜(2007)总结,经营性 PPP 项目具有较高的营业收入和较强的成本回收能力,能够较高程度地吸引社会融资[85]。

陈柳钦(2008)指出 PPP 模式是一种新型的融资模式,并从结构、特点、内涵和作用四个方面对 PPP 融资模式进行了详细分析,深度阐述了 PPP 模式的运作流程和目标,分别列举了英国、美国、法国和中国著名的 PPP 项目案例,然后从案例分析中找出了 PPP 模式的优势及其成功实施的必要条件,最后从不同方面详细论述了 PPP 模式在融资过程中应注意的基本问题[86]。刘志强和郭彩云(2005)阐述了 PPP 模式的内涵、结构和优势,总结出 PPP 模式可以增强社会资本进入基础设施领域的积极性,缓解政府的财政压力,促进投融资机制在基础设施建设中的改革[87]。来庆泉(2006)研究了轨道交通工程中 PPP 项目的投融资条件,分析了轨道交通类项目 PPP 模式的关键条件,并结合轨道交通工程的特点,建立了轨道交通工程 PPP 项目的投融资模型[88]。PPP 项目不仅是在经济融资上的创新,也是政府在公共设施管理方面的改革。总的来说,PPP 模式在我国发展比较乐观,也是未来发展的方向。只要在推广过程中不断完善运行机制,改正 PPP 模式实践过程中存在的问题,这种融资方式就能稳定高效地运作。

高颖(2015)以用户付费类交通项目为研究对象,分析当项目服务的社会需求量发生重大变化时政府采取何种需求量补偿机制,以期实现社会资本利润和使用者收益的帕累托最优,研究分析了价格上限变动和价格上限不变两种情况,通过对比发现当政府部门重新设定价格上限时,存在有效的需求量补偿范围来实现帕累托改进[89]。孙本刚(2006)研究了非营利性 PPP 项目,对非营利性项目的运营特点和政府补贴依据进行了分析,并结合项目自身特点,概括了三种适用于非营利性项目的运营模式。

贺静文等(2017)通过大量的资料搜集和文献分析,总结归纳出了 25 个 PPP 项目争端谈判的影响因素,并运用因子分析法对各影响因素进行深入分析,最终得到 5 个影响PPP 争端谈判的关键因素,为更好地解决 PPP 项目争端谈判提供了重要理论依据,具有一定的借鉴和指导作用[90]。

黄伟(2017)主要研究了 PPP 模式在产业新城开发领域内的应用。其首先对 PPP 模式背景进行了相关介绍,简单概述了其定义、特征、意义和实施流程;然后通过对 PPP 模式的付费模式、融资渠道、风控手段和运作方式的详细分析,建立了公共服务设施与 PPP 模式的集合体"产业新城开发"之间的关系;最后介绍了三个产业新城 PPP 模式开发案例,并基于案例分析结果提出了在我国基本国情条件下的 PPP 模式应用于产业新城的建议[91]。唐玉华(2019)主要对特色小镇的区位选择、产业定位、开发模式进行了分析,提出了 PPP 模式应用于特色小镇需要注意的问题,同时说明了引入 PPP 模式的必要性[92]。

贡爽(2017)主要对 PPP 模式在基础设施建设中的应用进行了研究。其首先对 PPP 模式的概念和国外发展现状进行研究,找到了 PPP 模式解决基础设施建设过程中出现的问题的依据;然后以长春市城区地下综合管廊为例,深度分析了作为重点基础设施的地下管廊引用 PPP 模式的发展路径,重点对项目实施过程中的运作模式、交易结构、边界条件、监管架构、交易体系和风险应对作出详细阐释;最后从政府建设、机制建设和制度建设三个方面对我国的 PPP 模式发展提出了建议[93]。李海科(2017)主要是将 PPP 模式应用于污水处理厂建设的优势进行了分析,从资金和效率两个方面考虑引进 PPP 模式的必要性[94]。李茂亿(2017)从 PPP 模式应用于农村生活垃圾治理方面进行了研究,主要分析了 PPP 模式在项目准备前期不够充足、项目边界难以清晰界定、地级市与县级市的项目推进实施困难、专业人才与机构缺乏等问题,然后从市场、风险、管理上给出了相应的意见与对策[95]。

在法律层面,樊阳(2017)首先对 PPP 模式起源的法律关系进行了详细阐释,进一步指明了 PPP 模式在我国的立法现状,重点介绍了国家发展改革委和财政部出台的各类法律和规范,并指出 PPP 法律存在的分散性、相互冲突性以及低层次性等问题;然后通过对国外 PPP 立法的分析借鉴,从法律制度、监管机构、争端解决、实施机构、操作规范和政务公开等方面对我国 PPP 立法提出完善意见,为建立具有整体性、层次性和综合性的 PPP 法律体系提供了重要参考[96]。袁竞峰、邓小鹏等(2007)在分析了国外 PPP 模式立法状况及目前我国法律法规现状的基础上,对我国 PPP 模式未来的法律制度建设提出了相关建议[97]。赵新奎(2018)主要是从制度上研究了 PPP 模式在实施过程中所出现的相关法律问题,提出了切实可行的具体解决方案[98]。

1.4.2.2 PPP 项目风险研究

PPP 项目成功的关键因素之一就是对风险进行科学、合理的管理。现有研究中有许多关于风险评价的方法及模型。

（1）PPP 模式的风险因素识别

PPP 模式刚进入国内时,对于风险的研究尚处于起步阶段,国内学者主要针对 PPP 模式中的风险因素进行识别,我国学术界在风险识别中常用的方法包括专家调查法、头脑风暴法、德尔菲法。

对于 PPP 项目存在的风险,王守清和李启明等对风险分配的因素和原则进行了研究。其中刘新平、王守清(2006)对 PPP 项目风险分配的因素进行研究,包括项目自身特点、双方承担风险的意愿和对 PPP 项目融资模式的理解误区,提出风险要由最有控制力的一方来承担,承担的风险和回报要成正比,风险承担要有上限,不能无限连带责任承担[99];朱冰、李启明(2005)则提出了风险分配的九项原则,包括归责原则、公平原则、有效控制原则等[100]。

韩振(2018)主要从商业银行的视角,对 PPP 项目在融资过程中所存在的风险进行了识别,并对项目特征风险、社会资本风险、政府方资本风险、商业银行内部风险及其他风险,结合实际案例进行了定性与定量分析,最后给出了相关建议与对策[101]。

亓霞、柯永建、王守清(2009)通过对未成功的案例或出现问题较大的 PPP 项目进行全方位的比较分析,从中识别出导致这些项目失败或出现问题的主要风险因素[102]。

王弈桥等(2016)采用 SEM 模型的方法,通过采集历年的历史数据确定各风险因素的权重大小和影响路径,最后确定影响 PPP 项目风险因素的大小[103]。

在已有的研究基础之上,霍丽伟(2010)运用文献分析法归纳了 PPP 项目中可能面临的 45 个风险因素[104]。郭永(2005)从数学建模的角度出发,将神经网络模型应用于 PPP 项目的风险分析,对 PPP 项目风险因素进行识别和量化[105]。

梁冬玲(2014)在博士学位论文中提出现今学者在分析 PPP 风险中忽略的隐性风险,阐述了 PPP 项目涉及的各个利益相关方所需承担的隐性风险,建立了基于演化博弈论的隐性风险意愿分析模型[106]。

田莹(2014)采用文献归纳法,总结出 14 篇文献中出现频次大于或等于 4 次的风险因素,并利用问卷调查法,通过专家打分确定出关键风险程度排序,进一步对关键风险因素进行分析识别,通过对关键风险因素进行标记,追踪项目进行中关键风险因素的影响程度,为项目的成功落地打下基础[107]。

马晓勇等(2013)在其论文中详细介绍了层次分析法,通过使用层次分析法的 yaahp 软件构建了风险因素评价模型,利用实例对钻井中各类风险影响因素进行了定量分析[108]。

江新、赵静(2012)通过对每个项目的沟通结果分析研究了项目组风险;然后应用层次分析法(AHP)并根据网络中的风险定量计算了最大风险损失;最后基于项目风险网络的传输形式并且在假定风险彼此独立的条件下(同时考虑到管理风险偏好),建立了 AHP-NET 风险评估模型[109]。

(2)PPP 模式的风险因素评估

对 PPP 模式中存在的风险因素进行评价,是对风险深层次的探讨,重点探讨在实际项目中的应用方法,例如模糊综合评价法、层次分析法和蒙特卡洛模拟法等[110]。

在识别 PPP 项目实施过程中所面临的风险后,依据 PPP 项目的特征建立 PPP 项目风险评价指标体系。在此基础上,陈敬武等(2006)、李辉等(2008)采用模糊综合评价的方法对风险因素进行分析[111-112];利用讨价还价博弈理论,在参与方地位非对称和不完全信息条件下,李林等(2013)结合具体项目提出了 PPP 项目风险分配的方案[113]。

针对目前风险难以准确量化的问题,何亚伯、徐冰、常秀峰(2016)利用熵值法确定了各级风险指标的权重,且通过灰色关联模型评价了项目的整体风险[114]。何涛(2011)分别从纵向宏观层面、中观层面及微观层面分析了交通基础设施项目中的风险因素,通过分层次的方法将 PPP 风险因素进行了详细的分析[115]。

高云莉、王庆春、王楠楠(2013)将同一风险因素对不同目标的影响以不同的权重表示,利用基于合作的项目风险评价模型对项目的整体风险进行评价,同时为消除所有变量不统一带来的不便,将修改后的模糊层次分析法用于确定影响目标权重的风险因素。此外,不同目标风险中相同风险因素的权重反映了相同风险因素对不同项目目标的影响,通过考虑项目风险因素对目标的影响和项目各参与方的合作性对项目风险的影响,使项目风险的评价更为准确[116]。

胡丽、张卫国(2015)通过综合考虑,将投资比重、风险分摊系数、合同执行度和贡献度作为影响 PPP 项目利益分配的 4 个关键性因素,对 PPP 项目利益分配模型进行重组之后形成了基于修正的 Shapley 值的初步模型。为协调各利益相关者之间的利益冲突并在各利益相关者之间达到平衡治理的局面,通过此模型的实际运用均可以实现[117]。

张雷(2015)提出现有研究过多集中于对 PPP 模式的优点阐述上,因此必须重视对可能导致项目失败的风险进行研究,其通过对 PPP 项目的各种风险因素进行风险分担,提出加强风险管理和培养 PPP 人才的风险应对建议[118]。

1.4.2.3 PPP 项目资本结构研究

根据查看的相关文献来看,目前关于 PPP 项目股权结构优化的研究较少,而关于项目资本结构的研究较为丰富,其中部分研究会涉及股权结构的内容。在相关研究领域,不少学者借助 NPV 进行分析,如叶苏东等(2000)基于传统的 DCF 方法,提出了考虑风险因素的 NPV-at-risk 法,为社会资本参与决策提供了可靠的参考[119]。通过对 PPP 项目公司潜在股东构成进行梳理分析,基于委托-代理理论,盛和太(2013)对固定资产投资类、核心设备技术类、综合运营管理类等项目在发起阶段和运营阶段的合理股权结构进行研究分析,推导出股权结构选择和调整方法,为国内 PPP 项目的实际操作提供了参考依据[120]。针对 PPP 项目的再融资行为进行相关研究,刘宇文(2012)通过引入 Leland 模型对燃气、高速公路、机场等 7 个行业的最优资本结构进行分析,对现有负债水平进行对比研究,得出了影响 PPP 项目最优资产负债率的主要因素[121]。孙慧等(2011)运用博弈论的模型和方法,研究政府和社会资本在新建和运营一条高速公路过程中,政府和社会资本的最优股权结构问题,并将 PPP 模式和传统 BOT 模式进行对比,认为两种模式的最优收费价格相同,但政府在 BOT 模式下的收益远远低于 PPP 模式下的收益[122]。

1.4.2.4 PPP 模式收益分配模型

国内对 PPP 收益如何分配已经有了大致的分析轮廓和收益分配原则,可以初步建立相应的收益分配模型,对社会资本和政府的合理收益进行划分。

孙建平、李胜(2005)建立了项目内部收益率及净现值评价模型,该模型是运用蒙特卡洛技术将工程投资、利益及利率作为输出模拟变量建立的[123]。

卢颖、赵冰梅(2007)有针对性地规范了企业综合竞争力要素的定量评估在企业管理效用提升中的重要性,建立了企业综合竞争力的典型模糊综合评估模型,对评价过程中的模糊因素如技术能力、人力资源等方面作了研究,最终给出了隶属函数和确定权重值的方法,并将样本企业综合竞争进行模糊评估,为企业竞争的综合量化评估方法提供依据[124]。

王颖林、刘继才、赖芨宇(2013)利用 Nash 博弈对策理论确定净收益函数模型,该模型体现了分价值函数的合并规则和公私双方共同分担风险的原则[125]。

范恒蔚(2006)深入分析非营利性 PPP 项目的政府补偿模式,针对 PPP 项目的建设期和运营期建立两种不同的补偿机制,提出了确保社会资本在项目全生命周期内获取合理收益的建议。

寇杰(2016)主要是从政府角度对 PPP 项目存在的风险分担和收益分配问题展开理论和实证分析,最后得出政府激励强度受私营企业风险规避变动的影响呈现边际效用递减趋势,在较低的风险规避水平下,政府方的激励力度对私营企业能力的水平影响比较大,因此为确保 PPP 项目的供给效率,需要政府提高激励强度[126]。

1.4.2.5 PPP 模式项目效益评价

风险分担与收益分配是 PPP 模式顺利开展的两大主要因素,我国众多学者对收益的最优分配及风险分担与收益分配两者之间的关系进行了深入研究,以期使得 PPP 模式的落地更加顺利。

崔邦权(2012)研究了我国现阶段的污水处理项目特征,针对污水处理项目中的效率风险、公平风险、公共安全风险、腐败风险和政府合法性风险进行了分析,提出了各个风险的承担方。最终建立了以投资额、风险系数和对收益增加的贡献为三个影响因子的收益分配模型,得到了纳什均衡最优解,为政府部门和私营企业之间关于项目一开始风险的合理分担提出了理论建议,保证了项目的顺利进行[127]。

喻雯雯(2011)以我国的基础设施为总体研究范围,将传统的基础设施建设和 PPP 模式下的基础设施建设进行了比较、总结与归纳,得出了 PPP 模式在我国基础设施领域内应用的前景与意义。此外,她还在风险等级的划分上引进了 ISM 方法,并基于演化博弈论的理论基础,建立了基于 ISM 风险等级划分的收益分配模型,为 PPP 模式的收益分配提供理论依据[128]。

曹仪民、袁文薇(2010)在关于小城镇管道建设污水处理厂的研究中发现,政府现阶段资金严重不足,为解决政府现阶段的困难和打开社会公共服务建设的局面,分析了 BOT 融资模式在污水处理等公共设施建设项目中的优势,最后运用实例举证提出了吸引民间资本解决资金不足的方法就是充分利用 BOT 融资模式[129]。

1.4.2.6 供水产品定价理论发展研究

国内对于 PPP 相关产品和服务的定价研究起步较晚,定价时主要考虑项目自身特点及项目参与方的利益均衡,目前尚未出现具有广泛社会认可度的较为成熟的 PPP 产品定价体系,各方面研究有待进一步深入。

张维、张帆等(2018)结合常用的报酬率规制、价格上限规制和竞争标尺规制等价格规制方法,建议从行业区域、利润率、成本等方面采用三种模式进行垃圾处理 PPP 项目定价决策[130]。

刘佳(2013)认为自来水供给行业具有明显的垄断性、准公用性和公益性等特征,水价制定不能完全依赖市场,政府需要对水价进行必要的干预;并以国内某市供水行业为例,指出国内某市水价的变动、形成和调整缺乏明显的理论和制度框架,存在成本高估、运营管理模式低下等一系列问题;最后分别从创新成本定价模式、制定价格分类体系、完善政府补偿机制、建立价格管制机构和完善价格约束机制等五方面提出对策建议[131]。

李宝琼(2014)以交通类 PPP 项目为例,进行产品价格调整方式的研究,以期寻求使社会资本、消费者和政府均满意的价格,提出了基于 PPP 模式参与各方满意条件下的价格调整机制。此机制包括 PPP 产品和服务价格调整实施的触发机制、调整方法、调整幅度和调整期限,实质上是对 PPP 项目价格风险的多方分担,以期达到政府、社会资本和公众的利益均衡[132]。

苏素(2001)通过对社会产品属性及其配置方式分析,认为在市场经济条件下市场定价是社会产品定价的主要途径,应坚持市场在价格制定过程中的基础性作用;然后通过博弈论分析指出,政府直接管制定价不利于公用企业的成本监控,不符合市场经济的基本要求;最后进一步提出了公用事业间接管制定价法的方法构想及具体操作流程,为公用事业产品定价提供了重要的理论依据[133]。

王守清等(2017)以我国 PPP 项目控制权配置方案的大数据统计和众多专家调研的结果为研究的基础条件,提出参考度的概念,从多个角度分析了 PPP 项目控制权分配的原则与机理,指出 PPP 项目在实施过程中存在很多诸如政策法规缺乏针对性、监管权分配模糊等问题,并从项目监管、有效合作和制度体系等三个方面给出解决问题的办法和建议[134]。

郭斌等(2017)以 PPP 模式中的准经营性项目为研究对象,系统分析了影响项目产品定价的众多因素;然后利用系统动力学的基本原理筛选出影响产品定价的关键因素;最后以博弈论为支撑,以收益和风险的对等为前提,构建了基于完全信息状态下的博弈定价模型[135]。

佟庆远(2017)认为居民用水价格的制定会受到"晕染"模式的影响("晕染"模式是指某一城市或地区居民用水价格在制定过程中会受到其周边主要城市现有供水价格的影响),并研究搜集了全国四百多个城市的居民用水价格相关数据,通过对相关数据进行方差分析和回归分析发现,临近地理区域对居民用水价格制定有显著的相关性[136]。

王丹阳(2015)的研究从城市供水作为准公共产品的价值理论出发,指出了水价构成的基本要素,将阶梯供水定价模型作为重点进行了详细的论述和分析,认为阶梯式水价优于单一制水价,并进一步围绕 PELES 模型进行深入研究,最终建立了较为科学适用的三阶式水价测算模型[137]。

张爽(2011)采用定性分析和定量分析相结合的方法对自来水定价进行深入研究,以可持续发展作为自来水定价的原则,并在此原则条件下,将自来水定价分为工程水价、资源水价和环境水价三部分,然后重点分析研究了边际成本定价法和完全成本定价法两种定价办法的特点和各自的优缺点;最后对我国自来水行业定价给出了相关建议[138]。

李永香(2008)详细分析了现有供水价格制定理论的优缺点,进一步根据水资源价格制定的复杂性和模糊性,综合利用模糊数学法和层次分析法,并结合水资源独有的社会公共特性,构建了水资源价值模糊综合定价模型,为水资源价值综合评价问题的解决提供了科学的理论指引[139]。

刘晶(2012)通过研究认为,供水产品价格直接影响水的供求关系,关系到每一位自来水产品的消费者,并且影响着经济发展和社会稳定。研究还认为,在市场经济条件下,水产品等相关公共产品的价格应由其生产成本决定,进一步对目前在水产品定价领域应用较多的定价理论进行了比较和分析,并结合自来水产品供应特点给出了改进的定价模型,最后指出了现有自来水定价办法的不足之处,并结合实际问题在定价上给出了相应的政策建议[140]。

1.4.2.7　PPP 模式在供水行业的应用分析

曹丽娜(2017)通过分析认为,我国众多城市都存在供水量不足、供水管网破旧老化等一系列问题,PPP 模式进入城市水务建设领域后相关问题得到了一定程度的解决,但PPP 项目落地难和公私之间地位不平等等问题仍旧困扰着水务行业发展。她细致地分析了 PPP 模式的理论框架和流程,并对 PPP 模式在国内外水务项目中的应用进行了深度比较,得到了与我国 PPP 水务行业发展相适应的操作流程、运作模式和一般路径,并通过对实际案例的进一步分析得到了 PPP 水务项目的新运作模式和流程,为广大水务项目的运营和管理提供了宝贵的经验借鉴[141]。

周阳(2010)认为,我国城市水务行业通过采取提高行业效率、提升管理水平和引进跨国投资等一系列措施后,行业发展状况得到了明显改善,但在一定程度上也存在着公众利益受损的风险。其在对 PPP 模式条件下水务行业的准入与退出、水质与服务、成本及水价等政府规制因素细致分析的基础上,进一步借鉴西方发达国家的相关政府规制经验,从建立独立规制机构和完善相关法律规范等方面提出了 PPP 模式下我国城市水务行业发展所需政府规制的改进意见[142]。

王蕾蕾、李敏(2016)首先细致地介绍了 PPP 模式应用于城市水务行业的可行性,并指出了水务行业采用 PPP 模式后明显的财务特征;然后通过对实际案例的分析指明了PPP 模式下公私双方具体的合作方式,以及在特定的合作方式下 PPP 水务项目所采用的运营模式;最后明确了水务行业运用 PPP 模式可能存在的风险,为水务建设项目的健康发展提供了风险提示[143]。

1.4.2.8 综合成本法应用研究

现阶段对于综合成本定价法的研究主要集中在电力市场领域,且多对综合成本法的优缺点及适用条件进行分析,并结合边际成本法对输配电定价进行优化。

刘梦娜(2011)利用综合成本法和边际成本法,对不同市场环境下费用分摊办法的差异进行了详细说明,并进一步对输配电市场中费用分摊的模型和方法进行了详细分析,提出了适用于输配电领域的费用分摊模型[144]。

张爱萍等(2009)的研究是在我国电力市场的持续发展背景下进行的。该研究对国内外输配电定价办法进行了详细介绍,对综合成本法的优缺点及适用条件进行了深度说明,指出在实际操作过程中可将综合成本法和边际成本法结合使用,充分利用各自的优点[145]。

何莉等(2011)指出,报价优化是电力运营企业提高竞争力的重要办法,综合成本定价法是现阶段我国电力市场定价的主要方法,采用此方法定价简单直观且生成的电价稳定,但当煤和石油等发电主要相关材料价格剧烈变动时,定价难以真实反映能源的价值[146]。

1.4.2.9 PPP 模式物有所值

目前国内对物有所值的研究主要是介绍物有所值的理论方法,多在总结和借鉴国外研究的基础上,针对物有所值在国内的评价方法和适用性方面存在的问题提出如何进行改善,以使物有所值可以更好地在国内应用。物有所值的概念最早由申玉玉、杜静(2008)引进,并对物有所值的内涵和初始计算方法进行了详细的介绍,全面分析了 PSC 和全生命周期成本[147]。姜爱华(2014)从管理学、经济学多领域着手,对物有所值的内涵进行考察,强调物有所值理论的重要性[148]。孙慧等(2009)总结了国外的相关经验,假设政府也可以自行建造、投资、运营项目,分析和论述了成本效益法和 PSC 计算法[149]。基于引入社会资本比传统建设模式更有效的假设,高会芹等(2011)分析了新加坡的社会资本方如何在市场竞争中获得物有所值,并指出了这种非 PSC 指标评价法的优缺点。彭为等(2014)研究了物有所值评价中的假设条件,对物有所值理论深入解析,指出其在可行性上的不足,并提出了优化意见。邱泰如(2013)从物有所值的扩大概念及如何实现入手,论证政府要在采购上实现物有所值所需要采取的措施[150]。刘广生等(2013)研究了物有所值的适用性,从如何科学、有效地实施物有所值入手,提出基于 PSC 评价法的实施保障[151]。通过设计物有所值定性评价表,袁竞峰等(2012)采用专家评分法对有可能影响物有所值的因素打分,提供了一个详细的物有所值定性分析参考[152]。

而在物有所值定量计算方面,众多学者也展开了深入研究。从 PSC 方法过多的假设、项目周期、基准折现率的选取、PSC 结果的局限入手,刘广生等(2013)指出目前 PSC 评价方法的不足之处,建议确定 PSC 构成指标要结合我国的财务可行性分析。袁竞峰等(2012)分析了目前的物有所值评价方法,针对定量评价的不足提出了改进措施,完善了 *PPP* 值和 *PSC* 值的计算过程,使物有所值评价方法在我国可以更好地应用。陆晓春等

（2014）认为在物有所值定量计算方面，要参考我国工程项目的费用估算法，将 PSC 法与商业案例清单法（OBC 法）相结合，简化风险的计算，提高 PSC 计算的可操作性[153]。胡嵩（2013）对国外案例进行研究，得出折现率与物有所值成正比的结论，建议折现率的确定要依据《建设项目经济评价方法与参数》等文件[154]。李佳嵘等（2011）比较了我国财务分析中项目投资现金流量表与初始 PSC 的构成，得出政府管理费占竞争中立调整值的80%。钟云、薛松等（2015）从定性和定量两个方面对水利工程的 PPP 项目进行 VFM 评价，在定量方面，通过对比 PSC 和 PPP 来评价项目是否物有所值，并对 PSC 的构成和计算方法进行重点介绍[155]。

1.4.2.10　PPP 项目退出机制

（1）PPP 项目退出障碍

十八届三中全会以来，中央和地方相关政策相继出台，推动了 PPP 模式的快速发展，学者在实践和理论两方面开展了新的 PPP 研究浪潮，但其中关于退出机制的研究却非常少。在我国，由于缺乏完备的 PPP 项目退出途径，导致社会资本参与积极性受阻。

周晓亚等（2018）认为，PPP 模式在我国已经推广扩大，如何解决社会资本退出难题非常关键[156]。张锐（2014）把资本退出陈述为：对一些不便于流动的资产，采用一些措施使之成为方便交易的资产[157]。

王善才（2017）从不同的 PPP 模式中规划出适合的退出机制，解决了企业和政府的后顾之忧。他认为 SPV（Special Purpose Vehicle）作为一个经营实体其终极目标是盈利，但不是暴利，其既要符合社会预期和基本需要，又要满足企业的盈利属性，使企业利益最大化，实现政企的双赢目标。退出机制的多样性设计可以对社会资本的参与热情起到很大的提升作用，避免出现短期行为，是整个 PPP 设计中的重要一环[158]。

沈军（2017）认为，当前我国 PPP 法律体系尚未建立完成，PPP 模式退出机制尚不完备，特别是在市政工程建设方面，PPP 项目涉及数个环节，时间比较长，而且投资较大，因此寻找适当的退出方式，是将社会资本引入 PPP 项目的关键[159]。

张国（2018）结合多个案例对 PPP 模式的资金退出问题进行了研究，着重分析了当前资金的常用退出方式和适用情况。他从风险承担、资金退出、相关规范和项目合同四个方向展开相关研究，针对社会资本方的资金退出问题给出合理意见，为今后资金退出规范的落地提供了一定的参考[160]。

（2）资产证券化应用分析

通过采用资产证券化方式，可以有效解决资产运作问题，是很好的融资途径和退出路径。资产证券化有很多的展现方式，最常见的是利用证券化方式融资，这种方式可以发挥资产证券化最大的优势[161]。

陈晓红和黎璞（2003）在对企业资产证券化进行分析时，对中小企业证券化过程中的 SPV 形式和信用增级评级方法进行了总结分析，并指出随着工作细致程度的提高，资产证券化用于融资是可以实现的[162]。

陈洪(2007)通过深入地解析国内的证券化退出方式,指出证券化在实践运用过程中存在的问题,并针对相关问题给出了具体的操作方法,这对国内资产证券化的开展起了一定的促进作用[163]。

彭欢宇(2010)分析资产证券化的时候,把它和另外的集资途径进行比较,证实了资产证券化拥有众多长处。他将某一公路项目当作分析目标,以此公路的收费收益权作为基础资产,设计了一套切合实情的证券化产品[164]。

(3)资产证券化与 PPP 模式结合的优势

资产证券化是拓宽 PPP 项目融资渠道的一种金融手段,是促进国内 PPP 项目可持续发展的重要举措。

在 PPP 中,主要是一些有明确收费方式的项目,在以后有很稳固的资金收入,这就为资产证券化创造了很大的条件。PPP 模式涉及资金多,资金回收的时间较长,在运营阶段风险很大,阻碍了社会资本参与的主动性。然而资产证券化这种退出方式具有较强的流动性和较低的融资成本,可以大大减小企业投资风险[165]。

朱世亮、赵菁(2015)指出了 PPP 和资产证券化结合的含义,将两者结合不仅可以解决目前政府资金短缺的问题,而且还能为城乡发展做出贡献[166]。

2016 年,国家发展改革委颁布了相关文件,促进了公私合营政策的落地。文件表明加强 PPP 项目与市场结合,通过资产证券化完备 PPP 项目的退出路径[167]。随后,国家发展和改革委员会与国家证券监督管理委员会一起发布了关于资产证券化工作的通知,通知中明确了基建领域政府和社会资本合作尽快提上日程,鼓励 PPP 项目中带入资产证券化。这能够有效地解决 PPP 项目资金运作问题,增快企业投资资金的回收速度,引来大量社会资本投入 PPP 模式。通知中的内容为经营性 PPP 模式吸引社会资本和提高运作效率提供了较好的基础[168]。

郭宁等(2017)指出,资产证券化作为当前国际上广泛应用的一种退出途径,不仅将筹资成本大幅度减少,还能转移和降低资金风险,让有意愿的人进入 PPP 项目[169]。

侯丽等(2017)通过研究表明,国内 PPP 项目发展受到的最大限制是筹集资金的阻碍,所以改变筹集资金的方式,将资产证券化运用到实际中,可以使得 PPP 项目高效稳定运作[170]。

基于此,本书根据项目的经营性特征引入资产证券化退出机制。首先,研究 PPP 项目的经营性特征,分析其与资产证券化的契合度;其次,分析退出路径中资产证券化退出的优点,论证资产证券化的退出机制是可行且必要的;最后设计一套退出流程,且针对过程中的问题提供保障方案,以期为资产证券化退出机制提供参考和借鉴。

1.4.2.11 PPP 项目绩效评价

目前,我国众多学者对于 PPP 项目绩效评价的理论研究越来越多,取得了一定的成果,但仍处于探索阶段,尚没有形成统一的体系,不够全面,评价结构也不充分,而专门对于准经营性 PPP 项目的绩效评价研究更少。其研究主要体现在以下方面:

（1）绩效指标体系方面

吴小军（2016）基于 VEM 视角，在现有的绩效研究现状基础上，提出从财务、效率及风险三个维度构建 PPP 项目绩效指标体系[171]。赵新博（2009）结合绩效评价理论和 PPP 项目的本质特点，对 PPP 项目绩效的评价范畴进行了清晰的界定，通过项目过程核心模块化分析，构建了关键绩效指标体系[172]。马露婷（2016）在广泛收集文献资料的基础上，总结出了绩效的影响因素并对其进行分类，同时采取问卷调查的方法收集相关数据，在此基础上运用因子分析法和回归分析法，识别了显著影响 PPP 污水治理项目绩效的因素[173]。杨凤娇（2016）基于 PPP 项目的全生命周期并结合绩效管理理论，通过资料研究初步识别了 24 个影响因素，然后在此基础上运用成分分析法和关键因素相关值法进一步筛选，提出了 PPP 项目全生命周期绩效管理水平的相应措施与建议，具有一定的参考价值[174]。

（2）评价方法方面

王珮（2017）通过更加细致、深入的分析，进一步完善了 PPP 项目绩效的评估方法，通过重新构建基于平衡计分卡的 PPP 项目绩效评估模式，为资产评估行业参与 PPP 项目绩效评估的相关咨询业务提供了依据[175]。李伟丽（2011）运用 AHP 和模糊综合评判相结合的方法确定了 PPP 项目绩效的评价方法[176]。赵新博（2009）利用物元分析法对 PPP 项目的绩效进行评价。倪恒意（2016）通过对 PPP 项目进行问卷调研来收集数据，然后采用统计软件对数据进行线性回归分析，从而验证了研究假设和模型[177]。

（3）指导思想方面

倪恒意（2016）主要是基于 VFM 的评价思想对 PPP 项目中的合作关系、交易费用和绩效的关系进行了研究，并结合实际案例进行验证，在研究上作了补充与拓展，同时为在实践中提高 PPP 项目绩效提供了可靠的路径。袁竞峰等（2012）以 VFM 为导向，采取关键绩效指标方法，并结合大量文献，构建了 PPP 项目的 KPI 概念模型，并以此作为 PPP 项目的 KPI 识别平台，构建绩效指标体系[178]。綦淇（2016）提出了我国在 PPP 模式运作当中存在的诸多问题并分析其原因，同时借鉴英国 PPP 模式的经验，并基于 VFM 视角，结合 PPP 模式投融资特点构建了绩效评价体系，但仍存在片面性[179]。

1.4.2.12 准经营性 PPP 项目研究

我国 PPP 项目纷纷进入落地期，PPP 模式在准经营性项目中的应用也越来越多，但是各学者针对准经营性 PPP 项目的研究还比较少，其现有的研究主要集中在风险、投融资结构、资金退出机制、收益分配等方面。牟玲玲等（2018）共识别出准经营性 PPP 项目一、二级风险影响因素 40 个，利用 DEMATEL 模型对一级风险因素的影响程度进行分析，基于 ISM 模型划分层级结果，运用模糊综合法确定二级风险因素的重要性，分别得出直接影响因素与间接影响因素、根源影响因素[180]。孟宪薇、韩锡沙（2018）主要是对准经营性 PPP 项目融资风险进行了研究，利用德菲尔法构建各风险因素的关系矩阵，运用社会网络分析法构建网络模型，进行定量分析，得出了影响准经营性 PPP 项目关键风险因素[181]。姜林、黄蕾鑫(2018)通过问卷调查法与结构方程模型分析,得出项目自身因素、政府因素等 6 个因素与准经营性 PPP 项目融资结构存在正相关关系,且项目自身因素最为明显[182]。宋丁(2016)针对准经营性 PPP 项目社会资本退出机制的缺陷问题进行了研究,通过理论与案例相结合的方法对准经营性 PPP 项目的资本结构进行分析,完善了资产证券化退出的路径[183]。李珍珍(2017)主要采用了物有所值(VFM)的评价思想建立 VFM 定量评价模型,与定性 VFM 相辅相成进行评价研究,得出基于内部收益率的 VFM 定量评价方法是促进准经营性 PPP 项目落地的有效依据[184]。曹盼盼(2017)采用问卷调查法和因子分析法对初步识别的指标进行优化,最终得出准经营性基础设施 PPP 项目治理水平指标体系[185]。

1.4.3 国内外研究综述

1.4.3.1 PPP 项目的股权结构研究

通过对国内及国外 PPP 模式的研究成果进行对比分析可以看出,目前 PPP 模式在国内与国外处在不同的发展阶段。在国外,PPP 模式经过多年的发展,建设运营机制相对成熟,而国内则处于发展的初级阶段,这也导致国内外所研究的重点不同。目前国外对 PPP 模式研究的重点已倾向于对 PPP 模式制度化的设计;而在国内对 PPP 模式的研究,不论是理论层面还是实践应用层面的研究均呈现出较快的发展趋势。随着 PPP 模式在我国的快速发展,诸多问题也逐渐显现出来,其中 PPP 项目股权结构研究便是一个关键问题。PPP 项目的股权结构研究是 PPP 项目治理机制的重要组成部分,直接影响着 PPP 项目的运行效率。随着 PPP 模式在我国基础设施领域的应用更加广泛,对股权结构问题的研究依然是重点之一。

从 PPP 项目股权结构优化研究的现状可以看出,不论是从实践层面还是从理论层面,国内外专家对 PPP 项目股权结构优化的研究还是凤毛麟角,还没有形成成熟的、完善的、可操作的利益相关者股权分配机制。科学有效的股权结构分配机制,可以激励公私双方更好地合作开展项目,提高 PPP 项目的运行效率,进而实现项目的顺利开展,实现公私双方效益最大化的双赢局面。

现有 PPP 项目股权结构优化的理论研究多集中于常规公司层面特别是上市公司,而对 PPP 项目在公司层面的研究则较少。现有的对 PPP 项目股权结构的研究中,学者分别对其进行了定性化和定量化研究,而在数量有限的研究中,定性化的研究占据了绝大部分,定量化研究则较少。在这些研究当中,多数学者又从 PPP 项目的资本结构入手,重点考虑的是权益资本金和负债的比例关系,但对股权结构中公共部门和社会资本的出资比例关系的研究则十分缺乏。基于此,希望本书能在股权结构这一问题上有所突破,让理论研究更加符合实际,更好地为 PPP 项目实践服务。

1.4.3.2 基于风险分担的 PPP 模式污水处理项目收益分配

国外对 PPP 模式的研究大多集中在风险分担和项目如何成功上,对于污水处理这类具体项目的应用研究较少。因此研究在污水处理领域 PPP 模式的相关问题,对加快污水处理行业的发展,早日解决水资源短缺的问题有重大作用。

现阶段,我国对 PPP 模式的相关研究已经逐步成熟,包括对风险分担和收益分配的研究已经有了较清晰的轮廓,政府部门逐渐意识到自己在整个项目中扮演的角色,并陆续出台相关政策扶持 PPP 项目;此外,社会资本积极主动投入项目的建设运营中,期望打开自己企业的广度和认知度,这些都加速了 PPP 模式在中国的发展。但目前对于社会资本的收益研究还不多,具体开展的项目也少,大多数研究还处于理论阶段。在现有的研究文献中,部分文献针对风险分担提出了单一承担风险和非单一承担风险;部分文献针对双方共同承担风险提出了收益分配,尚未有文献将两者结合起来。因此本书站在社会资本的角度,以社会资本为主要影响因素建立收益分配模型,保障社会资本的利益,对于 PPP 模式的加速推进和成功开展具有实践意义。

1.4.3.3 PPP 模式条件下供水行业定价的研究

国内外对于 PPP 模式的研究已存在多年,且研究取得了较为瞩目的成果;对于供水行业定价特别是 PPP 模式条件下供水行业定价的研究较少,尚未产生具有广泛行业认可度和适用性的定价办法;综合成本法应用的研究领域主要集中在输配电行业,在供水行业的研究较少。因此,将综合成本定价法理论运用于 PPP 模式下的供水行业具有相当的必要性。

1.4.3.4 PPP 项目的 VFM 定量研究

国外对 PPP 项目的 VFM 定量研究已经到了相对成熟的阶段,而国内的 VFM 定量评价还处于起步阶段,相关研究较少。本书尝试从 VFM 评价的关键点风险分析入手,对 VFM 定量评价体系的两个重要构成 PSC 和 PPP 进行改进,建立 VFM 定量评价模型,并对其进行敏感性分析,评价项目的风险程度并提供对策,规避或减少风险的发生,为项目决策提供可靠依据。

1.4.3.5 PPP 项目资产证券化退出研究

通过分析上述国内外研究现状可知,资产证券化在国内的研究时间相对较迟,大部分是关于资产证券化概念方面的研究,对资产证券化融资方面的研究较少。在国外对 PPP 模式研究较早,对资产证券化进行融资研究比较透彻,法律法规也比较成熟,这对我国 PPP 项目资产证券化退出机制研究有很好的指导意义。

1.4.3.6　PPP 项目绩效评价

国外学者对于 PPP 模式与绩效评价的研究相对比较成熟,在应用研究上多集中于项目应用的优缺点以及风险影响等因素上,对绩效评价多采用平衡计分卡(BSC)与关键绩效指标法(KPI)等评价方法,而对于 PPP 项目绩效评价模型的理论研究还不太完善,缺乏结合 PPP 项目的类型、社会效益、实施过程等问题去深入地研究 PPP 项目绩效指标这一体系中存在的要素及其相互联系,缺乏全面性和系统性。

目前国内关于 PPP 项目的绩效考核指标和评价研究还相对较少,尚处于探索阶段,对于 PPP 项目绩效评价的研究基本上是单方面的指标体系构建和评价研究,多以政府为视角,很少以第三方机构的角度去审视,缺乏客观性、公正性,评价的结果不够全面。同时所建立的指标体系与评价模型不具有普遍适用性,缺乏结合不同类型的 PPP 项目去设计绩效指标体系,不能有效地反映绩效的真实水平。

基于此,本书通过国内外文献研究,从中发现之前对 PPP 模式与 PPP 项目绩效评价研究存在的不足之处,并在此研究成果的基础上,结合准经营性 PPP 项目的本质特征与国内 PPP 项目具体实践状况,在绩效指标的选取上侧重点有所不同。根据《操作指引》绩效评价要求与利益相关者理论,建立 EVA-BSC 的准经营性 PPP 项目绩效指标体系和评价模型,并进行定性与定量分析,以实现对项目进行科学、全面的绩效评价,从而可以反映出项目的真实绩效水平,为政府和企业对准经营性 PPP 项目全过程的监管提供参考和依据。

1.5　研究内容与研究框架

本书共有九部分,每部分的主要内容如下:

第一部分,主要介绍本书的研究背景及意义,梳理国内外关于 PPP 模式的理论研究现状及进展,明确本书的研究目的、研究内容及研究框架,点明研究方法,总结研究创新。

第二部分,相关的概念及理论基础,主要阐述 PPP 模式理论基础,界定相关核心概念,然后对 PPP 模式的相关理论进行了梳理,包括公共产品理论、公平理论、公共选择理论、演化博弈论、利益相关者理论、Shapley 理论、交易成本理论、新公共管理理论、项目区分理论、水价基本构成理论、综合成本法、资产证券化理论、绩效评价理论、经济增加值理论、平衡计分卡理论等基本理论,为本书的研究提供理论基础。

第三部分,基于贡献程度的 Shapley 值 PPP 项目股权结构优化模型研究。首先清晰明确地界定了 PPP 项目的核心利益相关者,分析核心利益相关者组成战略合作联盟并通力合作的基础;然后对 Shapley 模型应用于 PPP 项目股权结构配置可行性进行分析;明确 PPP 项目股权结构优化的目标,同时分析能够反映伙伴关系、利益共享、风险分担三个 PPP 项目重要特征的最优股权结构;接着建立基于 Shapley 值的股权结构优化模型,同时对各参数进行了定量化的研究分析；最后通过实际的 PPP 项目对以上建立的基于 Shapley 值股权结构优化模型方案进行实证研究分析。

该部分对 PPP 项目合作博弈的 Shapley 模型进行分析，并确定在 PPP 项目中以各参与方贡献程度的大小作为股权结构优化的目标，建立基于贡献程度的 Shapley 值 PPP 项目股权结构优化模型。以某县污水处理厂 PPP 项目为实例分析对象，验证 Shapley 模型在实际项目中的适用性。该部分的研究框架如图 1-4 所示。

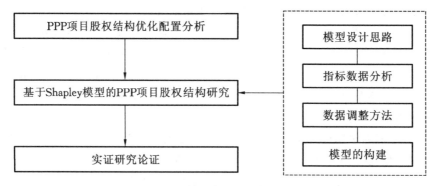

图 1-4　第三部分研究框架图

第四部分，基于风险分担的 PPP 模式污水处理项目收益分配研究。首先在分析现有研究成果的基础上，依据污水处理项目的自身特点并结合我国国情，探讨在改扩建和新建要求下所期望达到的项目建设目标，最终总结出改扩建和新建下的污水处理项目所适用的 PPP 模式；然后基于对大量文献的阅读和梳理，对 PPP 模式下污水处理项目进行风险识别，挑选出现频率达到一定数量的风险因素并排序，并针对污水处理项目的风险特征进行归类释义，为今后污水处理项目在 PPP 模式中的风险归纳做出一定贡献；接着对污水处理项目中社会资本最大风险进行评估，着重分析社会资本单独承担的风险因素，即在污水处理项目风险特征归类释义的基础上，确定出由社会资本单独承担或者可能单独承担的风险因素，再采用问卷调查法、专家打分法和层次分析法确定社会资本的最大风险因素；最后研究社会资本基于最大风险因素的收益分配，在社会资本最大风险因素基础上研究收益分配，为污水处理项目社会资本风险分担和收益分配提供有力参考。

该部分针对相关文献进行文献分析和归纳总结，得到 PPP 模式下污水处理项目的风险识别结果；采用问卷调查的方法听取专家及相关学者的意见，对风险因素深化梳理，再利用层次分析法确定社会资本在项目中的最大风险因素，选定最大风险指标；运用博弈论思想，以社会资本最大风险指标作为决定利益分配的主要因素，将社会资本和政府作为谈判双方，构建效用函数，求得纳什均衡解，建立收益分配模型，分析出政府和社会资本的最优收益分配方案；结合实例验证分析得到的结论，期望对 PPP 模式的应用前景有所帮助。该部分的研究框架如图 1-5 所示。

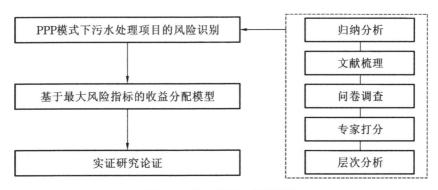

图 1-5　第四部分研究框架图

第五部分,PPP 模式下供水项目定价、调价模型的构建研究。首先逐一介绍综合成本的主要构成要素,通过对各要素的分析计算得到了综合成本,并选用约定路径法对综合成本进行分摊,形成基于 PPP 模式条件下供水项目的定价模型;然后结合综合成本法和 PPP 模式的特点给出与之相适应的价格调整模型;最后是实证研究,将综合成本法定价模型应用在具体的案例上,验证定价模型的现实可行性。

该部分首先对水价形成过程中的相关影响因素进行分析,然后是定价模型的构建,接着再建立价格调整机制,最后将综合成本法定价模型应用在新疆某供水项目的具体案例上进行实证分析。该部分的研究框架如图 1-6 所示。

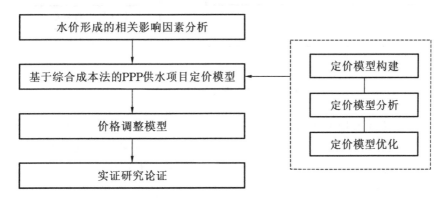

图 1-6　第五部分研究框架图

第六部分,基于敏感性分析的 PPP 项目 VFM 定量评价模型研究。首先对 PPP 项目流程和 VFM 评价方法进行研究,分析我国目前 VFM 定量评价体系的缺陷,对 VFM 定量评价的关键点进行研究;然后考虑资金的时间价值,对 VFM 定量评价模型的两个重要组成——PSC 值和 PPP 值的构成进行识别和计算(对 PSC 值的构成——初始 PSC 值、竞争中立调整值和风险承担成本进行分析,对关键点风险分析,建立涵盖风险识别、损失评估和分担的风险分析体系;对 PPP 值的构成——对测算的 PPP 合同价、政府投资成本和自留风险成本进行研究），构建 PPP 项目 VFM 定量评价模型；接着利用敏感性分析的方法对 VFM 定量评价模型进行改进，选用单因素敏感性分析，以 VFM 量值作为经济评价指标，确定选取不确定性因素的原则，给出 VFM、敏感性系数、临界值的计算过程，判断 PPP 项目实现 VFM 的风险程度，并提出相应对策保障项目的实施，最大限度地保障 VFM 的实现；最后将基于敏感性分析的 VFM 定量评价模型应用于某天然气工程 PPP 项目，利用项目资料计算其 *PSC* 值、*PPP* 值、*VFM* 值、敏感性系数和临界值，评价该 PPP 项目实现 VFM 的风险程度，验证该模型在实践中的可行性和适用性，并为该 PPP 项目前期决策提供依据。

该部分首先介绍 PPP 的主要流程，对 VFM 评价方法进行分析，进行《操作指引》缺陷和关键点分析；然后建立 VFM 定量评价模型，分析 VFM 的实现形式；接着再对 VFM 定量评价模型进行敏感性分析，判断 PPP 项目 VFM 实现的风险程度，为项目决策提供可靠依据；最后采用实证分析，验证基于敏感性分析的 VFM 定量评价模型的可行性和适用性。该部分的研究框架如图 1-7 所示。

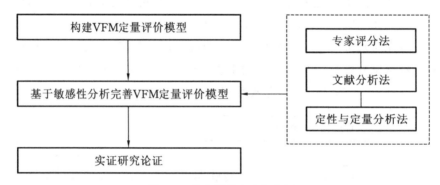

图 1-7　第六部分研究框架图

第七部分，经营性 PPP 项目资产证券化退出机制研究。经营性 PPP 项目在退出方面暴露出很多问题，必须设计一套退出机制以解决退出时面临的问题，协调政府和投资方的利益并实现均衡。首先从经营性 PPP 项目中公共资本和社会资本的退出需求进行分析；然后对现有的经营性 PPP 项目的退出路径进行优缺点分析，得出资产证券化退出路径的优势；接着分析国家政策和社会发展对资产证券化的推动，促使资产证券化规范化和规模化发展；最后进行经营性 PPP 项目资产证券化退出的可行性和必要性分析，进而设计经营性 PPP 项目资产证券化退出方式。设计退出机制时，首先对资产证券化工作流程进行概述；然后分析基础资产池选择、SPV 建立、信用增级、证券定价和产品发行这些具体步骤；接着研究资产证券化在实际运用过程中面临的困境，包括实施时机和期限、具体操作以及实际效果，并给出相应的改善措施；最后通过研究垃圾处理的经营性 PPP 项目，在既定项目背景下，根据资产证券化产品结构的特点，按照具体步骤进行产品设计。通过对产品的现金覆盖倍数和信用增级措施进行分析，论证经营性 PPP 项目资产证券化退出的可行性。

该部分首先研究公共资本和社会资本的退出需求,对现有退出路径进行对比分析,得出资产证券化的优势,根据相应分析得出资产证券化是大势所趋,是必要及可行的;然后,从工作流程和具体步骤方面进行经营性 PPP 项目资产证券化的实际设计,对其面临的困境进行分析并提出相应改善措施;最后针对某垃圾处理项目,从项目背景、产品结构图、产品设计、资产分析和信用增级措施等方面进行实证研究,得出结论。该部分的研究框架如图 1-8 所示。

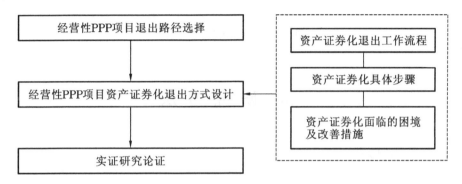

图 1-8   第七部分研究框架图

第八部分,准经营性 PPP 项目的绩效指标体系与评价模型研究。准经营性 PPP 项目的实施过程与绩效评价方面存在很多问题与不足,根据《操作指引》对绩效评价的要求,并结合利益相关者理论,紧紧围绕准经营性 PPP 项目绩效评价的战略目标,在平衡计分卡原有的四个维度的基础上结合 EVA 指标将其拓展为五个维度。通过文献阅读法与专家访谈法初步建立绩效指标体系,然后利用 TOPSIS(逼近理想解排序法)与方差的方法对指标进行双重优化筛选,保证了指标的可靠性与科学性,最终构建出较为科学、全面的准经营性 PPP 绩效指标体系。确定准经营性 PPP 项目绩效评价模型,运用熵值法确定各个指标的权重,在 EVA 与 BSC 相结合建立的指标体系的基础上,运用模糊综合评价法建立准经营性 PPP 项目的绩效评价模型。选用具有代表性的 A 自来水厂准经营性 PPP 项目进行绩效评价研究,验证基于 EVA 与 BSC 相结合建立的准经营性 PPP 项目绩效评价模型的可行性与可操作性。

该部分首先从 EVA 与 BSC 的绩效评价理论出发去解决问题,构建准经营性 PPP 项目的绩效指标体系与评价模型,然后选用实际项目进行验证,得出相关结论,提出对策与建议。该部分的研究框架如图 1-9 所示。

第九部分,研究结论和展望。总结主要的研究结论,提出进一步的研究展望,为后续的研究指明方向。

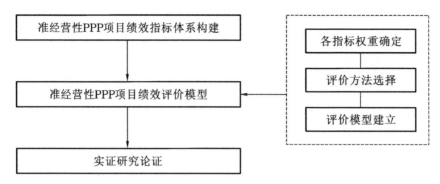

图 1-9　第八部分研究框架图

1.6　研　究　方　法

本书主要采用的研究方法如下：

（1）文献分析法

通过阅读和分析相关文献,明确 PPP 模式相关概念及理论,深入分析行业优势,进行因素梳理和分析,对相关文献进行研究与评述,为研究的顺利进行提供丰富的材料基础。

（2）对比分析法

通过比较现有退出路径,把资产证券化退出路径的优势表现得非常清晰。

（3）问卷调查与专家访谈法

理论需要实践来检验,充分利用调查问卷与专家访谈的形式,为绩效指标优化和权重确定的研究提供充足的数据支持。

（4）系统分析法

综合分析 PPP 模式下供水项目各参与方之间的合作博弈关系,利用综合成本法理论确定供水 PPP 项目的定价参数。基于综合成本法模型提出项目的投资收益标准,并综合考虑供水需求变化、项目风险、用户支付意愿等因素,设计出 PPP 模式下供水项目自来水定价模型。同时综合分析 PPP 模式下的准经营性项目各参与方之间的合作博弈关系,利用绩效评价的相关理论进行深化分析。

（5）定性分析与定量分析相结合的方法

对于 PPP 项目风险因素评估指标体系采用定性分析,对于 PPP 项目中社会资本单独承担或者可能单独承担的各个风险因素赋值细则的建立采用定量分析,使得定性与定量相结合。此方法应用在问卷设计过程中,首先对各风险因素进行定性评价,然后对各风险因素的关键性进行定量评价,从而得到权重较大的风险因素。

（6）层次分析法

层次分析法也是定性与定量相结合的方法,应用在对污水处理项目社会资本最大风险因素的确定中。首先对收集的问卷进行分析得到关键程度较高的风险因素,再利用层次分析法确定不同风险因素的权重,最后选定最大风险指标。

(7)实证研究

本书是应用性的研究,旨在为决策者提供更加科学完善的决策支持,需要与实践紧密结合。通过理论研究和实证案例相结合,举出实例进一步证明本文得出的结论,验证模型及结论的可行性及适用性。

1.7 研究创新

(1)将合作博弈论中的 Shapley 模型引入确定的 PPP 项目股权结构之中,并尝试将风险因素纳入项目的综合成本估算当中,通过估算各参与方不同合作模式下的成本节约,计算各参与方的投资收益以及各参与方对 PPP 项目合作联盟的贡献程度,然后根据各参与方对合作联盟的贡献程度来确定公私双方的股权结构。该方法不仅丰富了股权结构研究的体系,也为 PPP 项目的顺利实施提供了参考。

(2)选取国家基础设施之一的污水处理行业作为研究范围,以社会资本独立承担的风险因素及风险承担后的利益分配作为研究对象,得到社会资本和政府最优利益分配方案。在社会资本单一承担的风险因素中,选定权重排序靠前的三个因素作为收益分配模型的影响因子,通过求解模型,最终得到以社会资本单独承担风险因素为基础的社会资本和政府收益的最优分配方案,从而为 PPP 模式污水处理项目的合同签订打下理论基础,也为社会资本在 PPP 模式中合理承担风险与获得合理收益提供保障。

(3)结合 PPP 供水项目的特点,将会计学中的综合成本定价理论运用到 PPP 供水项目的定价中,得到 PPP 供水项目定价模型,推动了 PPP 供水项目定价理论的持续发展。本书属于产品定价研究,针对 PPP 供水类项目实践中日益突出的定价问题提出解决办法,合理化解了政府、社会资本、使用者之间的定价争端,保证了 PPP 项目在全生命周期内的健康稳定运行。

(4)构建基于我国国情的 PPP 项目 VFM 定量评价模型,利用敏感性分析的方法对VFM 定量评价模型进行改进。通过分析财政部颁布的《操作指引》,结合理论研究和实践分析,对影响 VFM 定量评价的关键风险点进行研究,着重考虑风险识别、损失评估和分担的步骤、方法和内容,运用专家评分法、集值统计法计算风险承担成本,精确 VFM 量值,丰富了我国的 VFM 定量评价理论体系。将敏感性分析引入 PPP 项目 VFM 定量评价模型中,帮助管理者识别需要重点监控的指标,最大限度保障 PPP 项目 VFM 的实现,达到在 PPP 项目全生命周期内对 VFM 实行动态监控的目的。

(5)将经营性 PPP 项目与资产证券化相结合,从而提出一种新的退出机制。把资产证券化理念运用到经营性 PPP 项目中,使社会资本退出达到最优。结合当前社会资本退出存在的问题,提出了把资产证券化运用到解决经营性 PPP 项目的退出问题上面,明确经营性 PPP 项目资产证券化退出方式是切实可行的,为社会资本实现合理退出打下坚实的基础。

(6)选取准经营性 PPP 项目作为研究范围,以 PPP 模式下准经营性项目的绩效指标体系与评价模型为研究对象,通过分析总结现有的 PPP 项目绩效评价理论研究成果与项目实践中存在的监管问题,对 EVA 与 BSC 理论进行进一步研究,探索两者结合的评价方法应用到准经营性 PPP 项目绩效评价中的合理性与适用性。结合项目实际情况,提出将 EVA 指标引入 BSC 的财务维度中,将 BSC 的四个维度拓展到五个维度,使准经营性 PPP 项目的绩效指标体系更加完善,丰富了绩效评价理论。针对准经营性 PPP 项目在实践中日益突出的问题,提出相应的对策与建议,有利于解决政府、社会资本、社会公众之间的监管问题。通过 EVA 与 BSC 相结合的方法对项目进行绩效评价,可以更加有效地反映出项目在实践过程中的真实绩效水平,有利于项目效率的提高。

1.8　本 章 小 结

本章首先从 PPP 项目的研究背景进行分析,基于 PPP 模式新时期发展实践的实际需求,提出 PPP 项目实施相关工作机制研究这一问题,分析研究目的与意义,通过研究大量的国内外文献,进行研究内容与研究框架、研究方法与研究创新的凝练,为全书的后续研究厘清思路、选择方法、制订计划,确保后续研究有章可循。

2 相关概念及理论基础

2.1 相关概念界定

2.1.1 PPP 模式的概念

PPP(Public-Private Partnership)模式,即政府与社会资本合作模式,是指在特许经营的基础条件下,政府和社会资本进行合作向社会提供公共服务和产品的一种合作模式[186]。公私双方通过契约对各自的权利和义务作出明确界定,以确保合作的顺利进行,最终实现一种比预期任何一方单独行动更有利的效果。这种长期合作关系的建立一般是通过签订合同实现的,在建立 PPP 模式后,社会资本和政府联合,能将彼此的优势都展示出来,并且一起分享经济收益和承担风险[187]。

对于 PPP 模式的概念有广义和狭义之分。在广义上讲,PPP 模式是一个综合性的概念,凡是政府和社会资本进行合作的内容涉及公共产品或服务的都属于广义 PPP 模式的范畴,其内涵不仅仅局限于项目的融资,而是从项目识别到项目移交的全生命周期,包括了设计、投融资、建设、运营、维护、移交等不同的合作环节。从狭义上讲,最具代表性的模式就是设计-建造-融资-运营(Design-Build-Finance-Operate,DBFO)模式,在该模式下,比较注重政府通过商业而非行政的方法对项目加强控制,以及与社会资本进行合作中的风险共担、利益共享、优势互补[188]。

PPP 模式最早兴起于 20 世纪 80 年代的英国,随后在世界范围内得到广泛推广。鉴于各国经济成分、发展阶段和基本国情的差异,各国的不同机构对 PPP 模式的定义也存在一定程度的差异。在 PPP 模式的研究中,来自不同国家的众多机构和学者根据各自国家的基本情况和经济发展状况以及实际需要,都对 PPP 模式的概念进行过梳理,详细定义了 PPP 模式。例如,联合国培训研究院、联合国发展署、欧盟委员会、美国 PPP 项目国家委员会、中国香港效率促进组、加拿大 PPP 项目国家委员会、中国财政部、中国发展和改革委员会等机构,以及 Kernaghan[189]、叶晓甦和徐春梅[190]、贾康和孙洁[191]等学者,具体定义内容见表 2-1。

表 2-1　不同机构及学者对 PPP 模式的定义

机构及学者	概念描述
联合国培训研究院	PPP 模式是一种涵盖了不同社会系统倡导者之间的所有制度化合作方式,公共部门和社会资本建立一种合作关系,共同完成某项大型公共基础设施项目,来满足社会大众对公共产品的需求(包含两层含义:为满足公共产品需求而建立的公共部门和私人之间的各种合作关系;为满足公共产品需求,公共部门和私人之间建立伙伴关系进行的大型公共项目的实施)
联合国发展署	PPP 是指政府、营利性企业和非营利性组织基于某个项目而形成的相互合作关系的形式
欧盟委员会	PPP 是指以基础设施项目为依托建立的公私合作关系,为社会大众提供公共产品或者服务;公共部门与社会资本在责任和风险分担上各取所长,共同为公众提供产品或者服务
美国 PPP 项目国家委员会	PPP 模式是一种公私双方周密合作、充分利用社会资源建设和运营基础设施项目,为民众提供优质公共产品或服务的模式,是一种公共产品提供方式,它介于外包和私有化之间并结合了两者的共同特点
中国香港效率促进组	PPP 模式是公私双方通过发挥各自的优势,以达到服务公众的目的
加拿大 PPP 项目国家委员会	PPP 模式是公共部门和社会资本通过签订特许经营协议,明确规定相关资源的分配、风险分担及利益共享的一种合作机制
中国财政部	政府和社会资本在关于基础设施及公共服务领域合作方面,形成的一种长期伙伴关系。在这种模式下,主要由社会资本承担设计施工和运营维护方面的任务,投资收回途径主要是"使用者付费",并以"政府付费"方式作为补充;政府方面主要负责质量监管和合理定价,最大限度地保障公共利益
中国发展和改革委员会	政府部门采用特许经营和购买服务等方式与社会资本形成的一种利益共享和风险共担的合作关系就是 PPP 模式,通过这种方式提高公共产品和服务的供给能力及效率
Kernaghan	PPP 模式是指公共部门和社会资本为了各自的目标所形成的一种相互协作的伙伴关系
叶晓甦、徐春梅	建立项目全生命周期内契约性的合作伙伴关系
贾康、孙洁	PPP 是指在政府公共部门与社会资本合作过程中,让社会资本参与提供公共产品和服务,从而实现公共部门的社会效益并同时也为社会资本带来经济收益

表 2-1 是部分机构及学者对 PPP 模式概念及含义的描述,虽然各个机构及学者对 PPP 概念的表述不尽相同,但其所表现的实质基本上是类似的,就是政府与社会资本在信任、公平和共赢基础上,充分发挥各自的优势,通过相互合作、制度安排,建立长期合作伙伴关系,从而为民众提供公共产品与服务,满足民众对公共产品的需求[192]。政府部门由传统上的公共服务提供者转变成了监督管理者、合作者、购买者,进行了职能上的转变,使之从繁杂的日常管理和经营活动中解脱出来,将更多的精力投入监管过程中,有利于公共产品和服务的质量得到更好的保障。本书认为 PPP 模式实际上是在公共服务和基础设施领域,公共部门和社会资本通过契约,建立长期良好的合作伙伴关系,明确双方的合作方式,风险分担、利益共享,建立收益分配机制,从而提高公共产品和服务的供给质量、数量及效率。

公共部门在与社会资本共同参与 PPP 项目的合作过程中,并没有减少其应当承担的社会责任,也没有把社会责任转移给社会资本,同时还在监督管理与政策保障等方面发挥其优势。对于社会资本而言,不仅可以获得项目最大的效益,且不必承担项目全部的风险。在 PPP 项目的整个建设运营过程中,公共部门和社会资本双方可以形成一种风险共担、利益共享的双赢局面。

当前,我国正在大力推行 PPP 模式,此举一方面能改善政府资金不足的现状,另一方面能够优化资源配置,提高运营效率,加速使城市建设在经济、环境和社会可持续发展方面走上正确轨道。PPP 模式加入公共产品与基础设施的行业大军中,政府与私营企业的分工提高了提供公共产品的效率,保证了公共产品的质量,使得项目参与者的状况都得以改善。

PPP 模式中以下几种协议形式较为常见:(1)服务合同,即在 1～2 年内私人经营者提供限制性的专家级经营活动;(2)管理合同,即私营企业承接项目 2～5 年内部分或者全部的经营管理活动;(3)租期合同,即私营企业在 5～10 年内对基础设施进行经营和维护活动;(4)特许权合同,即在 20～30 年甚至更长时间内,政府授权私营企业对基础设施的所有使用性资产进行运营及维护管理。

2.1.2 PPP 模式的特点

通过 PPP 模式,公私双方建立具有可操作性的合作伙伴关系,对各自的权利和义务作出明确界定,对项目运作过程中可能遇到的风险及时提醒并提前规避,确保项目顺利进行,最终实现一种比任何一方单独行动更有利的效果。

从 PPP 模式的本质特征可以看出,充分发挥市场在资源配置上的基础作用是 PPP 模式最突出的特征之一,政府等公共部门为了获取公共基础设施的社会效益,而社会资本为了获得合理的经济效益,双方紧密协作。公共部门以政府特有的资源为基础吸引社会资本参与到公共基础设施项目的建设及运营管理当中去,弥补了政府部门的不足,提高了公共产品质量及公共服务效率。项目收益是社会资本参与 PPP 项目的根本动力。

2.1.2.1　PPP 项目参与主体多元化

PPP 项目一般由公共部门发起,以相对丰厚的投资回报吸引社会资本的加入。项目各参与方都参与项目的建设、运营,各参与方都有各自的目标。以较少的投入获得更高的社会效益,为民众提供高质量的公共产品与服务,是公共部门实施 PPP 项目的主要目标;而社会资本的目的是获取项目的经济效益。由于参与 PPP 项目的主体众多,各参与者的目标存在较大的差异,导致 PPP 项目的运作过程极其复杂,这种复杂性也导致项目特许经营协议在设计上的复杂性,主要表现在项目的风险分担机制和收益分配方案等问题上。

2.1.2.2　PPP 项目收益方式多样化

PPP 项目的投入资金额巨大,采用 PPP 模式建设运营某基础设施项目,首先,公共部门可以极大地缓解自身的财政压力;其次,社会资本可以通过参与 PPP 项目获取合理的投资收益。PPP 项目的收益形式多种多样,概括起来主要包括两方面,即直接收入和间接收入,其中消费者支付的服务费用是 PPP 项目的直接收入,而公共部门根据项目特点及项目经济评价结果承诺给社会资本不同形式的补贴,这些补贴将构成 PPP 项目的重要的间接收入。项目补贴的主要形式有政府专项补助、税收减免及价值追索等。

2.1.2.3　PPP 项目一般含有特许经营协议

PPP 模式下,政府和社会资本是平等合作关系,双方在平等协商的基础上以合同的形式确立双方的合作关系,即以合同为媒介,把 PPP 项目作为双方共同的目标,实现互利共赢。在 PPP 项目中,由于公共基础设施项目存在着社会效益,因此,政府等公共部门一般会以项目的特许经营权作为给社会资本的补偿,目的是为了提高社会资本参与公共基础设施项目建设的积极性,通过授予 PPP 项目公司特许经营权,社会资本可以从垄断经营中获得相应的经济回报。在 PPP 项目建设运营过程中,通常情况下公共部门会与社会资本签订特许经营协议,允许其在经营期限内垄断经营,以此作为对社会资本参与 PPP 项目建设运营的回报。

2.1.2.4　PPP 项目风险分担更合理

在 PPP 模式中,政府与社会资本需要对实施过程中所存在的风险进行合理分配,这是区别于传统上政府投资或社会资本投资需要全部承担各自风险的显著特征。在 PPP 项目实施的过程中,项目风险可以在政府部门和社会资本之间相互转移,风险将由最有控制能力者去承担,为了最大限度地降低风险发生所带来的损失,可以采取在 PPP 项目实施过程中引入保险机构的措施,根据相关协议,保险机构可以承担公私双方均不能较好掌控的风险。通过对 PPP 项目的实践研究可知,社会资本一般承担 PPP 项目中融资、建造、运营等风险,而公共部门一般承担宏观经济类的风险,这也充分体现了 PPP 项目风险分担的合理性。公共部门和社会资本两方面所承担的风险由对风险把控能力较强的一方去承担,如此可以增强 PPP 项目抗风险的能力,对降低 PPP 项目的风险损失具有至关重要的意义。如准经营性 PPP 项目在运营过程中存在不稳定的营业收入,达不到基本的预期收益,政府可对其加以现金流补贴,从而减少经营风险。

基于 PPP 项目自身所具有的以上特点,在设计实施方案时,需要结合 PPP 项目的这些特点,构建出合理的利益相关者实施方案。

2.1.3　PPP 模式的基本结构及流程

在 PPP 模式下,由于项目的实施需要大量的资金、先进的技术及运营管理等方面的经验,而公共部门在这些方面存在不足,所以需要政府部门以其所特有的资源优势来吸引社会资本参与到项目建设运营中去。公共部门和社会资本在此基础上组建 PPP 项目公司,且在各利益相关者的共同参与下完成 PPP 项目的建设、运营,并获得由此带来的社会效益和经济效益。PPP 模式结构如图 2-1 所示。

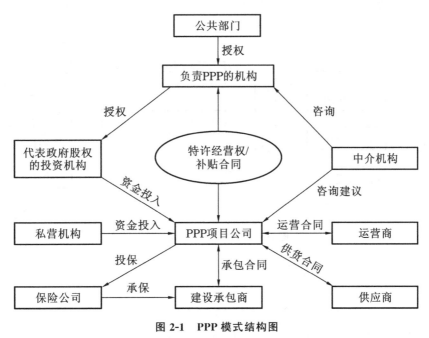

图 2-1　PPP 模式结构图

PPP 模式的主要运作流程为:首先政府等公共部门会根据社会经济发展的需要及民众对基础设施项目的需求对项目进行初步的论证,通过后立项;然后对社会资本进行筛选,选择符合项目条件的社会资本,与其签订特许经营协议后,共同进行项目确认、可研分析等项目前期工作,确定项目的风险分担方案及股权分配方案;最后公共部门和社会资本共同组建 PPP 项目公司,负责整个项目的建设、运营。在 PPP 项目全生命周期内,政府和社会资本相互协作,共同负责项目的整个流程。PPP 模式的主要运作流程如图 2-2 所示。

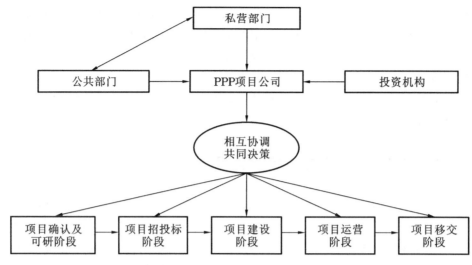

图 2-2　PPP 模式主要运作流程

PPP 项目的操作流程可分为三个阶段，即识别阶段、准备阶段和执行阶段，具体操作流程如图 2-3 所示。

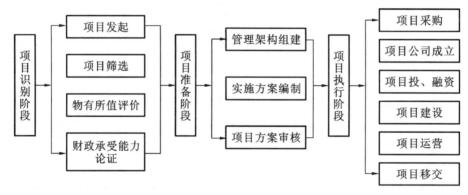

图 2-3　PPP 项目操作流程图

PPP 项目在识别阶段一般由政府发起，也可以是社会资本方，在实践中多以政府发起为主。

首先经过筛选、物有所值评价、财政承受能力论证等过程后，确定项目实施的可行性。

然后进入项目准备阶段，通过成立 PPP 项目领导小组确定项目实施结构，进行实施方案的编写，并交政府审核。

接着政府审核通过后，项目进入执行阶段，可以通过竞争性谈判或公开招标等形式选择符合要求、比较有优势的社会资本进行合作，并签署合同，明确双方责权关系，共同出资组建准经营性 PPP 项目公司（SPV），编写融资方案。

最后进入项目的建设、运营过程，在此过程中可以对项目进行绩效监测，也可委托第三方专业机构提供服务。在准经营性 PPP 项目的绩效监测过程中需要根据闭环周期对项目公司进行全面考察,并出具绩效监测报告。

运营期结束后进入项目移交期,在移交时需要对项目进行性能测试、资产交割、绩效评价,保证项目的可持续性。

2.1.4 PPP 模式的优点

政府通过引入社会资本参与到基础设施项目的建设当中,发挥其在项目融资、建设和运营等方面的优势,PPP 模式经过国内外多年的实践,其有关方面的优势已显现出来,本书总结出以下几点优势:

2.1.4.1 使政府相关职能转变,提高了政府的项目管理水平

公共部门从以往公共产品的提供者、生产者变为项目参与方和监督管理者,促进了政府相关职能的转变。政府等公共部门在 PPP 项目中可以充分参与项目管理、项目监督,从而提高公共部门对项目的管理水平,且公共部门通过项目监督确保了项目质量。

2.1.4.2 缓解了政府财政压力

随着城镇化的快速推进,面对社会公众对于公共基础设施的迫切需求,再加上地方政府高额的债务,在财政方面已经显得力不从心,通过引入社会资本,可以有效缓解政府的财政压力。

2.1.4.3 实现各参与方的共赢

PPP 模式提高了对整体社会资源的利用率,缓解了政府财政资金短缺的问题,这也是 PPP 模式诞生的根本出发点。将 PPP 模式应用于公共基础设施建设,可以大大减少公共部门的直接预算投入,减轻政府的财政压力,如此公共部门可以将有限的资源投向更多的领域,加速经济社会的发展。PPP 模式为社会上大量的私人投资者参与公共基础设施项目提供了一条途径,使社会资本获得更大的利润。

2.1.4.4 实现利益共享

平等合作是 PPP 模式中政府与社会资本合作的基础,对于经营性 PPP 项目所产生的现金流属于双方共享的范畴。但是 PPP 项目具有较强的公益性,不以获取暴利为目的,对于社会资本在项目中获得的高额利润需要由政府控制,不得任意增加政府财政压力与社会公众的经济负担。

2.1.4.5 有效分担项目风险

在 PPP 模式下,PPP 项目的风险由所有参与者分担,应重视项目合作过程中的风险

分担机制及项目的资金价值,使所有合作伙伴实现共赢。

2.1.4.6　实现了各方资源的有效整合

在 PPP 项目中,社会资本具有资金、技术、项目管理经验等方面的优势,弥补了公共部门在这些方面的不足,而公共部门拥有政治方面的优势以及其他资源,公共部门与社会资本充分发挥自身的优势,为项目的顺利实施提供强有力的保障。

2.1.4.7　保证了物有所值

在 PPP 项目正式实施之前,首先需要对实施方案进行物有所值及财政压力方面的论证,只有通过论证的 PPP 项目方可向政府报审。检验 PPP 项目是否能够实现"物有所值",需通过与政府传统投资公共服务项目进行对比评价,论证采用 PPP 模式是否能够提高供给效率。

2.1.5　PPP 项目的分类及特征

由于世界各国对 PPP 模式的定义不尽相同,通过查阅资料了解,根据不同的特征,国际组织和各国对 PPP 项目的分类达十几种。其中根据现金流分类是各大研究机构和学者经常提及并被广泛采纳的方法。依据整个项目全生命周期中营业收入能否覆盖投资成本、是否有收费机制的特点,将 PPP 项目划分为非经营性 PPP 项目、准经营性 PPP 项目以及经营性 PPP 项目三大类[193]。PPP 项目分类如表 2-2 所示。

表 2-2　PPP 模式基础设施项目分类

项目分类	是否有现金流	能否覆盖成本	是否需要政府提供支持
经营性项目	有稳定现金流	正常运行后,现金流可以完全覆盖成本	不需要政府资金支持,能够自主运营取得利润
准经营性项目	有一定的现金流	项目总收益不足,不能够完全覆盖成本	政府需要通过项目特许经营和部分补贴或直接投资的方式提供资金或资源
非经营性项目	没有现金流	项目无收益,不能够覆盖成本	不能通过市场机制配置资源,需要政府投资或是购买服务来推广

2.1.5.1　非经营性 PPP 项目

非经营性 PPP 项目缺少"使用者付费",没有现金流。缺乏消费者付费的收入来源,仅仅依靠政府投资,则投资成本无法收回。其收益来源主要是政府财政资金,一般可通过政府购买服务,采用BOO、委托运营等模式实现PPP项目,如园林绿化、文化广场等。

2.1.5.2 准经营性PPP项目

对于那些有营业收入来源,但是经营收费不足以完全覆盖投资成本、存在经营风险的项目,需要政府通过财政补贴或其他方式维持项目运营,一般采用BOT、ROT等模式实施,这类项目称为准经营性PPP项目。准经营性PPP项目由于同时具有经营性和公益性的特点,因此运营期间收益不能够完全覆盖项目的投资。

准经营性PPP项目和其他类型的PPP项目有所不同,主要有以下特征:

(1)存在一定的排他性和竞争性。准经营性PPP项目对于消费者有明确的收费机制,项目所提供的产品或服务只针对付费的人,因此具有排他性;其项目所提供的产品与服务是有限资源,不是所有的人都可以付费使用,当有人在使用时就会对其他人进行限制使用,因此具有竞争性。

(2)强烈的正外部性。从公共产品理论观察,非排他性是产生外部性的原因,也就是说准经营性PPP项目具有较强的外在社会效益、经济效益、生态效益,能够推动社会经济的发展。

(3)具有一定的公益性。准经营性PPP项目的公益性主要表现在:不以牟取暴利为目的,收费价格受到政府的管控,不能任意给消费者带来经济压力。在取得合理投资回报的同时,也要保证所提供的公共产品或服务的质量。

(4)具有一定的商业性。准经营性PPP项目的主要收费来源是使用者付费和政府补贴。通过明确的定价机制向使用者收取费用所带来的营业收入去维持公司的运营,同时也要看管理者的商业策略,提高附加利润,因此具有一定的商业特性。

(5)融资能力低。准经营性PPP项目不同于经营性PPP项目,本身的营业利润受到限制,具有很强的公共服务性质,不得随意调控价格来提高投资回报,因此回收成本缓慢、投资回报率低,导致社会资本参与的积极性不大,融资困难。

2.1.5.3 经营性PPP项目

经营性PPP项目有明确的消费者付费收益来源,且项目营业收入不仅可以覆盖项目投资成本,还存在净利润。政府给予项目特许经营权,一般采用BOT/BOOT等模式。

从表2-2可以看出,能否经正常运行取得本金和利润是区分经营性项目和准经营性项目的关键,经营性PPP模式由于收费机制明晰,因此所产生的收益可以全部包住投资资金。在正常运行的条件下,经营性PPP项目能够收回本金并获得利润,不依靠政府给予的补贴,能有效缓解政府的资金压力。

2.1.6　物有所值评价相关概念

2.1.6.1　VFM 概念

VFM(value for money)，又称物有所值，最早由英国财政部提出，其在《物有所值评价指南》中对 VFM 的定义是，"在商品或服务满足用户需求的前提下，在全生命周期内成本与质量(或可用性)的最佳组合"[194]。我国财政部对 VFM 评价的定义是，"从定性和定量两个角度，判断采用 PPP 模式代替政府传统采购模式是否更经济的一种评估方法"。

2.1.6.2　PSC 概念

PSC(Public Sector Comparator)，又称公共部门比较值，是政府采用传统模式建设和运营模拟项目的总成本现值。PSC 是政府部门通过详细的评估体系和完整的计算方法，在一系列的假设条件下，结合以前项目的成本数据计算得到的数据。假设条件有五项：
(1) 由政府融资，项目的所有权和经营权归政府所有；
(2) 政府采取最有效率的管理和方法向公众提供产品或服务；
(3) 项目全生命周期内的现金流可以被准确预测；
(4) 项目全生命周期内的风险可以被准确预测；
(5) 折现率可以反映政府的资金使用成本。

2.1.6.3　PPP 值概念

PPP 值是政府采用 PPP 模式建设项目时，在全生命周期内的支出成本现值。

2.1.7　资产证券化的概念

资产证券化主要是将流动性较差的资产在未来产生的收益中作为支付的依据，采用结构重组手段提高信用等级，在此基础上发行资产支持证券(Asset Backed Securities，ABS)的过程。

在 1977 年，当《华尔街》杂志社记者采访美国投资银行家 Lewis S. Ranieri 时，他就抵押贷款过手证券的问题发表了自己的看法，"资产证券化"(Asset Securitization)这个概念第一次出现在公众面前，然后在金融界广泛地流传。在资产证券化的结构组成和产品种类持续更新扩展后，可以用来进行证券化操作的基础资产的范围也越来越广，资产证券化概念的定义也在逐渐改变。

资产证券化这个概念在刚开始使用的时候，根据进行证券化操作的基础资产的种类不同，在表现形式上分成了两种：基础资产是住房抵押贷款的称为住房抵押贷款证券化(Mortgage Backed Securitization，MBS)，基础资产是除住房抵押贷款以外的其他类型的资产称为资产证券化（ABS）[195]。住房抵押贷款证券又发展为个人类型（Residential Mortgage Backed Securitization，RMBS）和商业类型（Commercial Mortgage Backed Securities，CMBS）；其他类型抵押贷款发展为资产支持商业票据（Asset Backed Commercial Paper，ABCP）、贷款和信用卡等[196]，如图 2-4 所示。

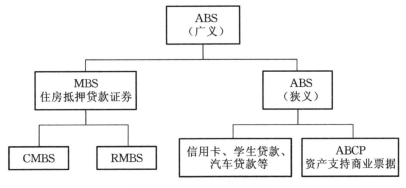

图 2-4 资产证券化的分类

国内资产证券化跟随着基本国情发展，迄今为止没有形成统一的定义和一致的监管规则，而是形成了三种主要模式：一是信贷资产证券化，主导人是中国人民银行和银监会；二是企业资产证券化，主导人是证监会；三是资产支持票据（Asset Backed Medium Notcs，ABMN），主导人是银行间交易商协会[197]。在这三种模式之中，资产支持票据优势比较突出，近几年来发展比较好。

资产证券化在实施过程中应该遵循如下基本操作流程：第一，将缺乏流动性的资产汇集打包形成"资产池"转移至 SPV，这不仅能够阻断风险，而且还能真正地当作商品销售；第二，SPV 对买入的资产进行专项设计并经过信用增级和评级单位处理；第三，发行和销售，承销商把证券发行给投资人，将取得的资金按照合同承诺给予活动行为主体；第四，服务人员负责基础资产池的回收和分配，将收回的本息现金流交给社会资本方，从而使社会资本方在较短的时间内回收部分或全部资金，实现退出的可能性。资产证券化应用时的基本机构和运作流程如图 2-5 所示。

经过一系列的机构联合运作后，证券化能发挥出重要作用。证券化可以对风险进行有效的隔离，确保政府和社会资本的利益。而且通过一系列基础资产的重组优化后，资产证券化可以在很大程度上减小融资的综合成本，其所具有的强大融资能力能够在较短时间内缓解项目的资金压力。

经营性 PPP 项目中资产证券化把流动性差但能在未来产生持续资金的资产作为支柱，通过结构性重组后建立良好的资产池，并通过资产池发售证券化产品。可以作为经营性 PPP 项目的基础资产分为三种，即股份权、债券与收益权，PPP 模式里资产证券化最普遍、最成熟的方式是把收益权作为基础资产。因此，下文主要阐述以 PPP 项目收益权作为基础资产实行证券化。

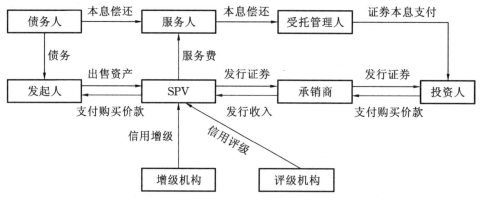

图 2-5 资产证券化的基本机构及运作流程

2.2 相关理论基础

2.2.1 公共产品理论

社会产品有两类:公共产品和私人产品。17 世纪,英国政治哲学家霍布斯在《利维坦》这本书中首次提出公共产品的概念,其在书中指出,国家的本质其实是一种为人民提供各种服务的公共产品。随后,大卫·休谟[198]、亚当·斯密[199]和约翰·穆勒[200]等各行业的学术研究人员分别在自己的研究范围内对公共产品作出了定义。

1954 年,保罗·萨缪尔森提出了现代公共产品理论。他撰写的《公共支出理论图解》和《公共支出的纯理论》这两篇论文刊登在《经济学与统计学评论》杂志上,加快了公共产品理论快速传播和被普遍接纳的步伐。文中对公共产品进行了严格定义,"每个人对这种物品的消费不会造成其他人对该物品消费减少的物品"。

公共产品意味着消费这些产品或服务不会导致这些产品或服务的消费量下降。公共产品效用有三个特征:效用的不可分割性、受益的非排他性和消费的非竞争性。

(1)效用的不可分割性

公共产品是面向整个社会提供的,不能将其分割成若干可以买卖的单位只对部分人提供,具有共同收益或联合消费的特点。而私人产品的效应可以分割成若干单位,只提供给付款的人,即谁付款谁受益。

(2)消费的非竞争性

消费的非竞争性指每个人都有使用公共产品的权限,并且任何人使用都不会影响、妨碍、排斥其他人同时使用公共产品,也不会影响其使用产品的数量或质量。非竞争性指某些人购买或使用公共产品,不会影响其他人同时消费该产品及从中获得的效用;而

对于私人产品,一般如果有人消费了该产品,那别人就无法再消费该产品。非竞争性包括两个含义:

① 边际生产成本为零,即消费者的增加不会增加公共产品的任何生产成本;

② 边际拥挤成本为零,即每个消费者消费产品的数量和质量不受其他消费者消费的影响,公共产品可以同时消费,且不存在拥挤现象。

(3) 受益的非排他性

每个人使用某项公共产品不排除其他人使用的可能性,因而较易出现"搭便车"问题,比如公园。公共产品一旦被提供,会有众多的消费者共同消费这一产品,无法限制其他人消费该产品。非排他性包括三个含义:

① 任何人都不能阻止其他人使用公共产品;

② 任何一个人无法拒绝对公共产品的消费;

③ 每个人不分时间先后都可以消费到恰好的数量。

这三个特征区别于私人产品,私人产品是与公共产品对立的,也就是说完全由个别消费者所占有和享用的产品就是私人产品,即私人产品具有所有权且所有权属于个人。同时具有上述三个特征的产品是纯公共产品,兼有公共产品与私人产品特征的为准公共产品(图 2-6)。

图 2-6　私人产品和准公共产品以及纯公共产品的划分

对排他性和竞争性程度大小进行区分,可将公共产品细分为准公共产品和纯公共产品。纯公共产品的特性决定了其所能包含的公共产品范围很小,如国防、国家安全等特殊的公共产品,而准公共产品具备公共产品和私人产品的特性,同时还具有有限的非排他性和有限的非竞争性[201]。在现实生活中,准公共产品也具有一定的非排他性和非竞争性,市场灵活的动态机制变化使得其公共产品领域很难达到"帕累托最优",但若由私营企业提供公共产品,就会出现公众信服度不高的收费困难和"搭便车"问题,所以无论是公共部门还是私营企业,都不能单独提供足量的产品满足社会公众的需要,且存在效率低下、分配不公等因素,使得公共产品不能达到最优的供给状态。因此,需要公共部门和私营企业共同为社会提供公共产品,PPP 模式就是一种全新的公共产品供给模式。PPP 模式充分利用私营企业的竞争机制和运营效率以及政府的有效监管,实现公共利益和私人利益的最大化。政府部门和私营投资方首先通过签订合同建立合作关系,引入私营企业的资金、管理经验等,公共部门发挥资源供给优势,然后双方在合作过程中确定风险分配的原则,最终达成双方都能接受的合作条件,这其实也是双方的一场博弈。所以,PPP 模式完全可以被应用到公共基础设施工程建设中。

在供应公共产品时,社会上的私营企业承担一定的比例,和公共部门联合运作,可以全面展现各自擅长的领域,加快产品供应速度,使公众在公共领域的合理诉求得以满足。

2.2.2　公平理论

公平理论又可以称为社会比较理论,它是由美国心理学家约翰·斯塔希·亚当斯(John Stacey Adams)在 1965 年提出,该理论是用来研究激励理论与动机之间关系的,他认为员工的激励程度一般来自于自己通过参照薪酬对象并纳入主观感受的比例。

公平理论指出,人们在日常工作中的工作积极性,同人们在工作中得到报酬的数目及报酬的分配都有着密不可分的关系。

大多数人习惯把自己通过劳动获得的报酬与身边其他人进行比较,并将比较结果作为是否公平的衡量标准。这种非常主观的比较,对人的公平感影响很大,而公平感的多少又决定了员工工作动机和工作行为。工作动机的激励过程可以看作是人与人之间的比较、公平的判断与指导行为的过程。正是按照这种理论,如果以联盟成员的贡献大小来进行成本或收益分担,则可以提高联盟成员的合作积极性。PPP 模式即应用这种理论来进行风险和收益的分担。

2.2.3　公共选择理论

公共选择理论(Theory of Public Choice)是当代经济学领域中一个相对较新的理论分支与学说[202]。公共选择理论的主张有三点:

(1) 组织类型的理性选择,即民众在选择提供公共服务机构时会惯性地选择政府,但是在提供特定服务时应由市场来抉择,市场展现出来的公私竞争可以使民众更多地了解他们,促使民众做出理性选择。

(2) 服务组织小型化。各国研究表明,愈小的组织其所提供的服务愈精细,注重民众需求度愈高,但公共选择理论另外指出组织小型化的“小型”不代表越小越好。

(3) 分权化和自由化。分权化是允许组织在职能和管辖区域内重叠交叉进而使得民众有自由选择的机会,但要谨防资源的浪费。

美国经济学家詹姆斯·布坎南说:“公共选择是政治上的观点,它以经济学家的工具和方法大量应用于集体或非市场决策而产生。”这句话说明公共选择理论是经济学和政治学的一个交叉学科,具体地说,公共选择理论以"经济人是理性的"为基本前提,认为个人追求自身利益时会过分追求自身利益最大化而忽视公共利益,在追求自身利益时会通过将经济资源或者经济手段注入政治领域,削弱公众利益。所谓政府失灵,是指政府为了弥补市场失灵的目的而在提供公共产品方面成为一个有效和公平的第三方,但结果却是政府在向公众树立商品品牌追求自己的利益,最终损害社会效益,即像理论所描述的政府活动是有效的但却并不总是成立的[203]。

公共选择理论认为,参与社会经济活动的政府,在项目投入的时候必然要考虑自身利益或效用最大化。政府在垄断公共产品供给的同时,也面临着巨大的经济压力,如果能够在满足一定的条件下,让私营机构参与到公共产品的生产和供给当中,或者改由私营机构提供某些公共产品或者将其转化为私人物品,打破供给垄断,实现多元化供给模式,这对缓解政府资金压力有着显著的帮助作用,PPP模式正是在此背景下应运而生的。

2.2.4 演化博弈论

演化博弈论是传统的博弈论进一步优化的结果。传统的博弈论提出,其博弈核心在于如何在"策略互动"的局势中寻找局中人的最佳行为方式,并使得这个有着最佳行为的人获得最优利益,指出了人类是完全理性的;演化博弈论指出了"策略互动"的局势是一个动态的过程,因此寻找最佳行为方式的过程是一个多次博弈的结果,理性主体很难准确地计算其最佳收益,大都是经历过失败或者通过他人辅助达到一种动态的较稳定状态。

一般的演化博弈论具有如下特征:

(1)解释某一群体随着时间的演变达到的某种状态以及如何达到;

(2)某一群体在发生变化时,其影响因素呈现出随机性和突变性以及一定程度的规律性;

(3)一般群体在演化的动态过程中存在惯性。

在此特征基础上,演化博弈论的基本概念包括参与人、行动、信息、战略、支付、均衡和结果。其中,参与人、战略和支付是描述博弈过程的要素,行动和信息是参与人进行博弈的原材料,博弈的最终目的是通过结果预测一个均衡。纳什认为,不需要假定参与者对整体博弈结构有完整的认识,也不需要参与者具备任何复杂推理的愿望和能力,只需假设参与者在介绍时就能够积累各种各样的纯粹经验信息进行比较,纳什均衡就可达到,即博弈的最终结果是指各参与人在某种规定意义上达到了一个新的战略组合从而形成了"帕累托最优"。

在PPP项目推进的过程中,政府方引进PPP无疑是加大了推广基础设施建设的作用。私营企业加入基础设施的建设大军是为了获取收益,双方签订PPP合同的过程是一个演化博弈的过程,只有达到了最优,项目才可以顺利开展,否则很可能造成项目中途夭折。演化博弈论在近几年的发展中被广泛应用到经济学领域中,PPP 更是现阶段我国大力主推的项目模式,因此演化博弈论与 PPP 项目结合运用的"帕累托最优"研究是具有发展潜力的前沿领域。

通过公共产品的理论分析,得出污水处理项目在界定范围上属于公共产品中的准公共产品的结论。公共选择理论指出,随着市场经济的发展,私营企业更加了解民众的需求,越来越多的民众在一定程度上更倾向于选择私营企业,使得政府无法再独自垄断公共产业。同时,公平理论也指出,不论是个人还是合作的形式,付出与收益都具有公平性。根据公平理论,在 PPP 模式下,政府与私营投资的付出和回报是公平的。最后如何在 PPP 模式下,使得政府与私营投资方获得双赢引入了演化博弈论。通过演化博弈论,将政府和私营企业假定为博弈的双方,双方不断进行博弈,最终确定出最佳的行为方式,使得双方达到相对最理想的收益。

2.2.5 利益相关者理论

利益相关者理论是罗利于 1997 年首次提出的,他认为利益相关者理论的运用首先要明确两个核心问题:一是对利益相关者的界定;二是对利益相关者进行划分。解决好这两个问题就可以从中找出利益相关者的关系。

2.2.5.1 利益相关者的定义

利益相关者的定义研究由来已久,主要有两种观点:一种是以弗里曼为代表的,他认为利益相关者是这样一个个人或群体,组织的目标会受到这样的个人或群体的影响,同样组织目标的实现过程中也会对这样的个人或群体产生影响[204],这属于广义概念的定义;另一种是以 Clarkson 为代表的,他认为利益相关者是指那些参与了经营活动的个体或群体,他们会在生产运营过程中提供资金、人力、物力等资源,且需要承担一定的风险,即利益相关者需在合作联盟中风险共担、资源共享、利益共享。

对于企业来讲,包括股东、员工、供销商、用户等合作伙伴,也包括政府、社区、居民、媒体等,甚至包括生态环境、子孙后代等受到企业影响的客体。企业中的利益相关者与企业的生存、发展有着紧密的联系,他们为企业承担了运营风险,为企业的经营付出了自己的辛劳,因此,企业在制定决策或设定战略目标时必须要考虑他们的切身利益,而不是狭义上仅仅指股东。国内学者全面综合国外研究者观点,提出了具有代表性的定义:那些为组织内部经营活动进行了一定程度的专投,并为其行为活动承担了相关风险的个人或群体,其行为活动与企业的战略目标相互影响,这类人称为利益相关者。这个定义包含了两个方面:一是企业与利益相关者相互影响;二是投资的专用性[205-206]。

利益相关者的概念虽然并不相同,但是界定利益相关者的核心要点却是相同的,那就是利益相关者必须要对企业经营活动产生影响,同时还需承担运营过程中可能发生的风险。掌握这一点,才能够将 PPP 项目的各利益相关者界定清楚,且为 PPP 项目股权结构研究打下理论基础。

随着利益相关者理论的不断发展与延伸,其逐渐被运用到项目的管理中来,起到了很好的借鉴作用。对于准经营性 PPP 项目利益相关者来讲,首先是政府和社会资本进行了以项目为载体的相关合作,在经营活动中,政府承担了监督管理者的角色,而社会资本承担了项目建设与运营的活动,双方共同承担了项目的风险与利益。在项目经营的活动过程中,社会资本所提供的公共服务或产品的直接使用者——社会公众,受到了直接或间接的影响,同时也给社会、生态、经济造成了一定影响。因此,政府、社会资本、社会公众是准经营性 PPP 项目的核心利益相关者,在制定绩效评价战略目标与构建绩效指标体系时应该重点关注他们的利益需求与满意度。

2.2.5.2　利益相关者的分类

在明确利益相关者概念的基础之上,需要对其进行分类,有关方面的理论研究不胜枚举,在此不做具体的展开。本书根据相关的概念只对 PPP 项目的利益相关者进行分类,将其分为三类:PPP 项目核心利益相关者、PPP 项目一般利益相关者、PPP 项目边缘利益相关者。具体分类如图 2-7 所示。

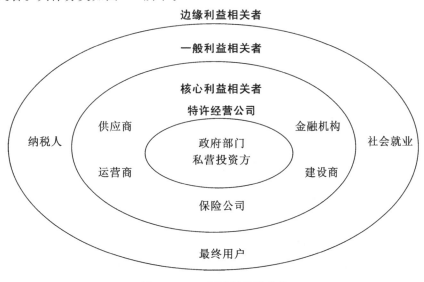

图 2-7　PPP 项目利益相关者

(1) PPP 项目核心利益相关者,是 PPP 项目诸多参与者当中最重要的构成部分,PPP 项目成功与否与核心利益相关者对项目运作水平的高低有着非常大的关系。

(2) PPP 项目一般利益相关者,它与项目之间的关系不是特别紧密,而是较为密切。一般利益相关者也是 PPP 项目的重要参与者,不仅可以承担 PPP 项目的部分风险,而且还可以为 PPP 项目提供技术及运营管理方面的支持。

(3) PPP 项目边缘利益相关者,对 PPP 项目的影响不大,但其往往会受到项目被动的影响。

2.2.6 Shapley 理论

Shapley 值法最早由美国加州大学洛杉矶分校的教授 Shapley L. S.在 1953 年提出,是用于解决多人合作时收益分配问题的一种数学方法,它将成本或者收益按照所有的边际成本进行分摊,即每个参与者所获得的收益额等同于各参与人对合作联盟贡献度的平均值。其在 1953 年发表的 *a value of n person game* 一文中给出了 Shapley 值的详细计算方法。

一般对 Shapley 值的阐述如下[207]:

$$\varphi(V) = \{\varphi_1(V), \varphi_2(V), \cdots, \varphi_n(V)\} \tag{2-1}$$

$$\varphi_i(V) = \sum_{\{S | i \in S\}} w(|S|)[V(S) - V(S-i)] \quad (i = 1, 2, 3, \cdots, n) \tag{2-2}$$

$$w(|S|) = \frac{(S-1)!\ (n-S)!}{n!} \quad (i = 1, 2, 3, \cdots, n) \tag{2-3}$$

式中　$\varphi(V)$——联盟博弈$[N, v]$的 Shapley 值;

　　　$V(S) - V(S-i)$——参与者 i 加入合作联盟 S 前后联盟利润的变化,用来表示参与者 i 对联盟 S 的贡献程度;

　　　$w(|S|)$——参与者 i 的权重系数,在 n 个参与者的任意排序中,i 仅属于联盟 S 的概率;

　　　$|S|$——联盟 S 中的参与人个数;

　　　$\varphi_i(V)$——参与者 i 的 Shapley 值,参与者 i 对联盟 S 的贡献 $V(S) - V(S-i)$ 的加权平均,在其他参与人员不变的条件下,i 对联盟所做的贡献用他能给联盟或团队带来的经济效益衡量。

2.2.7 交易成本理论

"交易成本"一词最早由科斯(R. H. Coase)于 1937 年提出,后经诺贝尔经济学奖获得者威廉姆森研究完善,建立了"交易经济学"理论,开始对交易成本进行细化研究。

科斯曾提出:企业在何时会自产某些必要的产品和原料,何时会通过市场购买以满足企业的生产需求?通过研究交易成本经济学,科斯指出,市场运行需要一定的交易成本,因此,从市场购买服务或者产品也需要成本。若交易成本太过高昂,企业只能自己生产所需的产品或材料;而若交易成本比较低,则通过市场购买更划算。由此可知,企业选择何种方式取决于交易成本的高低。同理,政府何时自己生产公共产品或服务,何时利用市场来提供产品或服务,也是基于交易成本的高低。若交易成本比较高,则直接由政府提供公共产品;若交易成本低廉,那政府就采取 PPP 模式提供公共产品。威廉姆森将交易成本划分为两部分:

（1）事前交易成本，包括契约签订、明确双方权利及义务的费用；

（2）解决契约的费用，包括从改变条款到退出契约这段时间内的协调成本、约束成本、适应性成本和建设运营成本等。

2.2.8　新公共管理理论

新公共管理改革始于 20 世纪 60 年代，为解决西方发达国家实行的"福利国家"制度引发的经济膨胀和政府服务无效率等问题，将市场竞争机制引入公共管理领域，以提高公共服务水平和质量[208]。

PPP 模式与新公共管理理论有相同观点：

（1）注重政府绩效，通过公私合作和民营限制政府职能；

（2）将管理职能与业务执行相隔离，政府应该是政策和规则制定者，而不是执行者；

（3）鼓励私营企业进入公共服务领域，引入竞争机制提高公共产品的质量和效率，同时缓解政府的财政压力。

2.2.9　项目区分理论

运用项目区分理论，对 PPP 模式中的可经营系数进行计算，根据计算结果将 PPP 项目划分成三种类型：非经营性模式、准经营性模式以及经营性模式。某个项目的市场价值 V 除以其建设成本 C 就等于其可经营系数 a，即：

$$a = V/C$$

其中市场价值 V 一般通过下式计算得到：

$$V = \sum_{i=1}^{n} \frac{NI_i}{(1+R)^i} \tag{2-4}$$

式中　NI——项目未来净收益；

　　　　n——项目经济寿命；

　　　　R——类似项目收益率。

根据公式（2-4），对某一 PPP 项目的可经营系数进行计算，将计算结果与标准数值进行对比，从而对项目进行分类：

（1）当 $a=0$ 时，项目现金流入为零，项目中没有收费措施。这类 PPP 项目通常是政府资金投入，属于非经营性模式。

（2）当 $a \geq 1$ 时，项目市值大于或等于其投资成本，社会资本在该项目中有赚取利润的可能。它可以全部由社会资本投资，并由市场监管，无需政府干涉，属于经营性模式。

（3）当 $0 < a < 1$ 时，项目具有较少的现金流入，但不能够完全保住项目成本。一般来说，它由政府和社会资本一起投资完成，属于准经营性模式。

然而，项目区分理论的划分边界条件也不是一成不变的，环境和宏观经济政策及税收可能影响项目的属性。打个比方,如果开放性公园需要购买门票,就从非经营性转变为经营性;相反,如果收费的大桥取消了过路费,就从经营性转变为非经营性。不同性质的项目之间的区别及转换方式如图 2-8 所示。

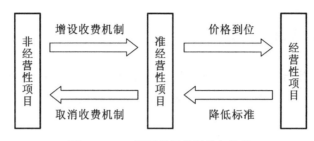

图 2-8　PPP 项目性质的区分与转换

2.2.10　水价基本构成理论

目前,水价制定办法尚未在法律层面形成全国性的统一标准,不同行业和不同地区的用水价格存在较大差异。从全国范围看,目前存在两种较为主流的自来水价格制定办法:一种是三部水价法,即认为水作为一种商品其价格由资源水价、工程水价、环境水价三部分构成[209];另一种是《城市供水价格管理办法》规定的自来水定价办法,该办法明确指出,自来水价格制定应采用阶梯式水价或容量水价和计量水价相结合的两部制水价办法。

2.2.10.1　三部水价法

(1)资源水价

资源水价主要包括水的产权性、稀有性和功能性。产权性即水作为一种自然资源其产权归属国家,国家对水资源的开发利用有着严格的政策管理,水资源的利用必须严格遵循政策和法律要求;稀有性是指水资源并非如太阳一样取之不尽用之不竭,在一定的时间和空间范围内水资源的储量是有限的,水资源的开发利用必须在节约、高效、可持续的条件下进行;功能性体现在其自身的利用价值上,作为一种不可替代的资源,它在人类生存和发展过程中发挥着极其重要的作用。水的产权性、稀有性和功能性共同构成了水的资源价格,是水价制定的重要组成部分。

(2)工程水价

工程水价是指将水从自然资源转变为水商品所需要付出的必要社会劳动成本,主要包括在此转化过程中所发生的成本和必要的利润,具体包括年运行费、利润、税金和折旧等内容。在市场经济条件下,这也是所有商品所共有的社会属性,是构成商品最后价格的主要部分。

(3)环境水价

环境水价是指伴随水资源的开发和使用而产生的污水治理和水资源环境保护费。

目前,我国大多数城市由于受到多种影响因素的制约,实际水价的制定并未完全包括污水处理费和水资源环境保护费,只是象征性地收取较为少量的污水处理费,水价的制定没有真正地体现水资源的环境水价,长此以往将会对我国的水资源环境乃至生态环境造成严重的影响。

2.2.10.2 两部制水价

两部制水价由基本水价和计量水价构成,是现阶段我国采用较多的水价计价方式。其中,基本水价以补偿自来水生产企业的直接工资、管理费用以及一定比例的折旧费和维修费的基本原则计算,是一个固定价格,与具体水资源的使用量无关;计量水价是对除基本水价之外的材料费、水资源费和其他相关税费的测算。两部制水价能够确保水产品的生产者获得稳定的基础收入,充分考虑了广大用户的用水负担,有利于引导消费者节约用水。

2.2.10.3 阶梯式水价

阶梯式水价是目前我国另一种采用较多的供水价格制定办法。阶梯式水价是对自来水进行分量计价和超定额累计加价的自来水收费办法的俗称,即依据自来水的使用量从低到高划定若干个不同的价格水平,分别计算各个用量阶段的水费,累加得到最终水费价格[210]。用水越多,水价越贵,是阶梯式水价的基本特点。阶梯式水价采取以量定价的办法,有利于充分调动消费者的节水积极性,同时也能够满足低收入群体的基本用水需求。2014 年,国家发展改革委和住房城乡建设部联合出台指导意见,要求各省、自治区、直辖市继续深入推广阶梯式水价办法,力争实现阶梯式水价在全国主要城市的全覆盖。

2.2.11 综合成本法

2.2.11.1 综合成本法的含义

综合成本法是一种使用较为广泛的产品定价办法。在垄断性经济活动中,产品基本上都是基于成本来定价的,综合成本法亦是在这种背景下得到保留并取得进一步的发展。综合成本法又名嵌入成本法,其本质为会计学中的成本核算,能够保证经济活动的收支平衡。将综合成本法运用于供水行业的重要依据是供水行业在一定区域范围内的垄断经营性,其垄断经营地位决定了政府对它的管制,从而决定了定价应该基于成本[211]。其具体实施过程为首先计算出某一项目每年的综合成本,然后按照某种既定的分摊办法将综合成本分摊到具体的产品使用者上,从而得到针对不同区域(不同用户)的产品价格。

2.2.11.2 综合成本法的应用范围

目前,国内外学者对于综合成本法的研究较多集中在输配电领域,在定价方法和电价模型的构建上取得了较为丰硕的成果,为将综合成本法应用于供水类 PPP 项目的研究奠定了深厚的基础。

自然垄断是指由于市场的自然条件而产生的对于某种产品或服务的垄断,如果对此类行业、部门进行充分市场竞争,则可能会导致资源的浪费或者市场经营秩序混乱现象的发生。综合成本法目前主要应用在垄断领域里,供水行业的自然垄断性是采用综合成本法的基本条件,其垄断经营地位决定了公共部门对其价格进行管制,从而决定了自来水的定价应该基于成本。

2.2.11.3 综合成本法的优缺点

综合成本法的计算过程较为简单,且实施过程中一般不会出现较大的价格波动,虽难以反映出资源的未来价值,但能确保项目实施过程中的收支平衡。结合综合成本法和供水行业的特点分析,可知综合成本法应用于供水行业可行性较强,且其定价机制易于被各方所接受。综合成本法的优点为:价格计算过程较为简单;所需数据采集比较容易;价格稳定,不易产生大幅度波动;可操作性强,易于被各方接受(本质上是会计学中的成本核算),能够保证收支平衡。缺点为:以事后分析为主,难以反映系统资源的未来价值。

2.2.12 资产证券化相关理论

由于基础资产和法律环境等不同因素,资产证券化在实践运用中以各种各样的形式实施,但是其理论基础都是一样的。证券化相关理论主要包括现金流分析这一核心原理,以及资产重组、风险隔离和信用提升这三个基本原理[212]。

2.2.12.1 现金流分析原理

资产证券化核心原理之所以是现金流分析原理,主要是因为现金流在资产证券化中有不可估量的作用。现金流是资产证券化融资的实施基础,它在基础资产中的可预见性是证券化的一个重要特征。正是由于现金流在基础资产中的可预见性,在此基础资产上发行的证券化产品才能合理定价,相关机构才能经过现金流分析后对产品进行科学有据的信用等级评定。现金流分析的问题包括资产估价和资产风险与收益分析以及资产现金流结构分析。

常用的资产估价方法主要有现金流贴现估价法和相对估价法以及期权估价法。现金流贴现估价法是将某项资产预计在将来产生的所有现金流换算成现值后的总和作为该项资产的实际价值;相对估价法主要是参考同类资产的价值对某一新资产进行估值;期权估价法主要是对有期权特性的资产,根据其期权定价模型来估算其价值。所以,对一个具体项目而言,采用何种估价法才合适是一个值得探讨的问题。

资产证券化产品的偿还特征以及流通期限是根据其基础资产的现金流流量和期限设定的。因此,在进行证券化产品设计过程中,只有把基础资产现金流特征分析清楚,才能研制出不仅满足融资要求而且切合项目实际情况的产品。

2.2.12.2 资产重组原理

资产重组的第一步就是选择基础资产,但是并不是所有资产都适合当作基础资产。实践经验表明,适合作为证券化基础资产的资产通常具备相应的特征:(1)资产已经存在一段时间,相关数据比较容易取得,且历史记录良好,基本无违约或损坏;(2)资产可以产生稳定且可预测的现金流,其抵押物比较容易变现而且价值高。

在实际操作过程中,某项目若想进行证券化融资,其资产并不需要具备所有特征,只要契合某几个特征并不违背其他特征即可。

在进行资产重组时,与其他证券化适用范围不同,资产证券化的基础资产选择范围特别广泛。资产证券化的基础资产一般不是某公司的所有资产,而是其资产中特别适合采用证券化融资的部分,将其从整个资产中提炼出来后出售给一个相应机构进行证券化操作。基础资产也可以是多个有共同特征的资产组成的资产池,其资产不局限于某一地域的某家企业,可以从全国各地没有联系的不同企业的资产中选择。资产重组的不同,将对资产的现金流的收益和风险造成很大影响,从而影响到证券化产品购买者的收益。

2.2.12.3 风险隔离原理

风险隔离原理在实践过程中的运用是实现资产破产隔离的关键。当联合组建特殊目的机构(SPV)后,资产所有者向 SPV 售卖基础资产,这种销售行为必须真实有效,必须保证一旦资产的初始所有者破产被清算,售卖给 SPV 的基础资产部分不在清算的范围之内。在经过真实出售后,用于资产证券化的基础资产和初始所有者之间就形成了破产隔离。破产隔离是一种比较强烈的风险隔离形式,也是证券化售卖过程中一项相当重要的特点,还是保证交易完成的关键。基础资产真实出售和 SPV 的成立是达到破产隔离的两个关键操作。破产隔离可以将基础资产的初始所有者的破产风险和证券化产品的交易分隔,这是资产证券化特有的区别于其他融资途径的重要特征。

2.2.12.4 信用提升原理

提升信用等级的方法有外部提升和内部提升的区别。毋庸置疑,资产信用等级的提高会造成其市场价值相应升高,信用提升从而成为资产证券化运用中的点睛之笔。通过分析从实践中得到的经验可知,只要不是相关政府部门的资产证券化产品,在发行前都会采用某种提升信用等级的方法,这些方法中不仅有内部提升方法也有外部提升方法,比如利用少部分的现金流形成的自我担保就是一种内部提升方法,借助第三方提供的信用担保则是一种常用的外部提升方法。绝大部分证券化产品都会选用内外两种信用提升的手段,具体采用哪种操作方式根据融资成本确定。为了降低融资的成本,同时也为了吸引更多的社会投资者,对证券化产品进行信用增级是必不可少的。只有提高了产品的信用等级,才能扩大产品的销售量,从而获得更多的融资。信用等级提升以后,证券化产品和社会投资者的需要更加贴近,使得购买者和出售人能同时达到预期目标,实现双赢。

2.2.13　绩效评价理论

（1）绩效的含义

绩效是指各组织在某一特定的时间内不同目标主体表现出的行为特征所产生的结果。从管理学的角度出发，分为个人绩效与组织绩效：个人绩效是组织中个人特定时间内可衡量的工作结果，对于组织的贡献度，可以通过具体的数字来表现；组织绩效是指组织在某一时期内完成任务的数量、质量、效率及盈利情况。总之，绩效主要包含结果与行为过程两个层面，组织员工通过自身行为或过程所付出的脑力或体力实现组织绩效结果，而行为本身又是一种绩效结果，允许行为与结果进行分开评判[213]。

（2）准经营性 PPP 项目绩效评价理论

根据"绩效"的定义，准经营性 PPP 项目的绩效应该包括项目实施的过程与结果两个层面，即项目的各参与主体（政府、社会资本等）在项目执行过程中所采用的技术、管理、资金等行为活动及项目的产出是否符合项目预期目标，以及是否满足利益相关者的需求，是否能为社会、经济、生态等带来可持续性的效益收获。因此，本书对准经营性 PPP 项目的绩效评价应注重项目的过程与结果，应该围绕战略目标，结合《操作指引》中的绩效评价要求，从项目利益相关者出发，对准经营性 PPP 项目所投入的资金、技术、产出的效益及影响是否达到预期目标等方面进行科学、客观、公正的评价。

2.2.14　经济增加值（EVA）理论

经济增加值（Economic Value Added，EVA）是在 20 世纪 90 年代初期，美国的一家咨询公司为适应市场经济的发展，提出的一套以财务管理制度与回报激励体制为目的的财务绩效评价指标，也称经济附加值[214]，它是在一定时期内从公司税后营业利润中扣除企业的权益资本成本所获得的剩余利润。经济增加值可以使现有存在问题的会计制度进行必要的调整，准确地衡量各股东的收益情况，与企业创造价值的联系最为密切，是目前国际优秀企业普遍采用的财务绩效考核指标，其计算公式如下：

$$EVA = NOPAT - WACC \times TC \tag{2-5}$$

式中　$NOPAT$——税后净营业利润，区别于财务报表中的利润，它等于营业利润、财务费用、投资收益之和减去经济增加值的税后调整；

$WACC$——加权平均资本成本，它等于债务资本成本率×债务资本总市值×（1－税率）＋股东资本成本率×股本资本总市值；

TC——资本投资总额，具体是公司股东投入的股本总额（不包括无息长短期借款以及其他长期负债）。

传统的财务指标考虑不够全面，忽略了股权资本成本和对委托代理问题的考量，即利润为正，而经济增加值为负数时，企业虽然在表面上看是盈利的，但是实际上是存在亏损的。经济增加值更能反映企业的经营绩效，同时，经济增加值也无法避免管理者的短期行为，如果太过于注重经济增加值，会使企业产生种种弊端，不利于企业的长期发展。

2.2.15 平衡计分卡（BSC）理论

平衡计分卡（Balanced Score Card，BSC）是 20 世纪 90 年代初美国学者罗卜·卡普兰与大卫·诺顿在哈佛大学提出，先后得到较好的应用效果。对于 BSC 的应用，旨在降低财务在绩效考核中的占比，实现企业全面的绩效考核。BSC 在实际应用中将用户维度、内部流程维度、学习与成长维度归为非财务指标，将其与财务指标结合在一起对企业进行多层面的综合业绩评价，实现了非财务与财务指标的平衡。因此，BSC 是一种综合性较强的绩效评价方法，以企业的长期发展战略为目标基础，克服了传统上只从财务角度进行绩效考核的滞后性，同时也要注重企业的核心竞争力，从业务、员工、技术、用户等多个层面对企业进行全面控制。

平衡计分卡的四个维度之间存在较强的逻辑与因果关系，同时也比较注重内部与外部的联系，四个维度之间的相互作用与紧密联系可以保持战略目标的一致性。其中的财务维度是制定战略目标的基础与支撑，内部流程维度体现了组织内部为服务于战略目标而展开的具体业务操作状况，顾客维度体现了利益相关者对目标的影响，学习与成长维度体现了战略目标与自身成长的可持续性。四个维度相互融合，紧密联系在一起，更加稳固了战略目标。

2.3 本 章 小 结

本章主要对与研究相关的概念和理论进行细致的分析。首先通过比较分析国际上几个典型机构及部分专家学者对 PPP 内涵的界定，对 PPP 模式的概念总结为：为了满足民众对公共产品的需求，公共部门和社会资本建立的一种合作伙伴关系，然后通过签订特许经营协议，规定双方共同完成项目的建设、运营，从而为民众提供公共产品与服务。PPP 模式实质上是公共部门和社会资本为了各自的目标而进行合作，共同建设基础设施项目，以便获得更高经济效益和社会效益，提供更高质量的公共产品与服务。基于此，本章探究了 PPP 模式的特点、基本结构、运作流程和操作流程，以及 PPP 模式的优点、PPP项目的分类及特征、物有所值及资产证券化等相关概念。

然后对 PPP 模式的相关理论进行了梳理，包括公共产品理论、公平理论、公共选择理论、演化博弈论、利益相关者理论、Shapley 值法、交易成本理论、新公共管理理论、项目区分理论、水价基本构成理论、综合成本法、资产证券化理论、绩效评价理论、经济增加值理论、平衡计分卡理论等基本理论，为本书的研究提供了理论基础。

3 PPP 模式下项目公司股权结构优化模型研究

3.1 PPP 项目合作博弈的 Shapley 模型分析

3.1.1 Shapley 模型性质

Shapley 值理论是通过考虑各参与方所做的贡献,从而公平地分配合作联盟收益的一种方法,广泛地应用于合作收益分配等问题上,其具有有效性、对称性、可加性和唯一性等性质,是合作博弈中各种具有不同良好性质的解中最重要的解之一。当 n 个局中人从事某类型的经济活动时,他们之间可能形成若干个子联盟,当人们之间的利益活动没有出现对抗性时,参与合作的人数增加不会引起效益的减少,如此,全体具有非对抗性的 n 个人合作时将带来项目最大效益,合作博弈中 Shapley 值是解决这个最大效益分配方案的一个有效途径。Shapley 值是根据合作联盟中的每个参与成员对整个联盟的边际贡献程度来分配联盟的总收益,为确保收益在各参与人之间公平地分配,Shapley 值须具备以下性质:

(1) 有效性

$\sum_{(i \in N)} \varphi_i(V) = V(N)$。性质 1 说明集合 N 中所有参与成员如没有对合作联盟做出过贡献,则不能获得相应的收益。

(2) 对称性

如果对于集合 N 中所有不包含 i 和 j 的子集 $S, V(S \cup \{i\}) = V(S \cup \{j\})$,则有 $\varphi_i(V) = \varphi_j(V)$。性质 2 说明集合 N 中所有成员因为合作而分配到的收益与其所赋予的记号无关,如所有的子联盟 S 都具有相同的边际贡献,那么他们在收益分配中享有相等的份额。

(3) 可加性

对于集合 N 上的任意两个对策 A 和 B,其对应的特征函数分别记作 V 和 V',均有:$\varphi_i(V + V') = \varphi_i(V) + \varphi_i(V')$。性质 3 说明若项目某成员同时进行两项合作,则其所获得的收益应是两项之和,也就是说参与方的边际贡献越大,应得利益越大,是一种正相关关系。

(4) 唯一性

任何博弈过程中的运算都可以得到一个唯一的结果,其计算公式为:

$$x_i = \sum_{S \in N} \frac{(S-1)!\,(n-S)!}{n!}[V(S) - V(S-i)] \qquad (3\text{-}1)$$

由公共部门和社会资本双方组成的合作联盟若要持续、稳定的发展,Shapley 值须满足以上四个性质[215]。

3.1.2 PPP 项目利益相关者分析

从上一章 PPP 项目基本结构图可以看出,在全生命周期内,PPP 项目涉及的利益相关者众多,并在资源共享、利益共享、风险共担等原则下设计契约组成一个为特殊目的而结合的伙伴关系。本章将 PPP 项目中各利益相关者进行分类,清晰把握各利益相关者的利益诉求,研究分析联盟中各利益相关者的合作基础,在此基础上,构建易操作且符合实际的 PPP 项目股权结构分配模型,从而促进 PPP 项目不断发展。

3.1.2.1 PPP 项目核心利益相关者的利益诉求

从"经济人"的视角出发,在 PPP 项目的运行过程中,参与 PPP 项目的各利益相关者利益诉求不尽相同,而若要实现这些利益诉求,必须通过各利益相关者的通力合作。换一个角度去考虑,要构建科学合理的股权机构分配机制,必须要清晰地了解 PPP 项目中核心利益相关者的利益诉求,如此才能订立一个更好的 PPP 项目合作联盟契约,进而更好地完善 PPP 项目发展机制。在 PPP 项目中,公共部门和社会资本的利益焦点与利益诉求有很大不同,公共部门一般是将实现社会效益作为项目利益的首要目标,而社会资本更多的则是聚焦项目的经济利益。关于公共部门和社会资本的利益诉求详见表 3-1。

表 3-1　核心利益相关者的利益诉求

核心利益相关者	利益诉求内容	角色定位
公共部门	① 公共产品与服务的持续性 ② 项目产品或服务的性价比 ③ 一定的经济利益 ④ 项目适应经济发展的状况 ⑤ 对未来条件变化的适度弹性	项目发起方、促进者、监督者
社会资本	① 丰厚的经济利益 ② 取得公共部门的认可 ③ 企业信誉度的增长	项目社会投资方、项目主要参与方

社会资本在 PPP 项目中有着举足轻重的地位,发挥着至关重要的作用,它与公共部门依据项目而合作组建的项目公司负责整个项目的建设运营。社会资本不仅可以提供

大量资金,更可以为 PPP 项目在融资、建设、运营等各阶段在各层面提供先进的技术和管理经验,是 PPP 项目能够顺利完成并实现双赢目标的最重要因素之一。社会资本在 PPP 项目中有着较为明确的利益诉求,那就是追求整个项目收益的最大化。为达到这个目标,社会资本还会比较关注另外一些方面,比如项目所面临的风险以及对风险的把控程度;为保证自身利益的实现,社会资本还会要求公共部门出台各种政策,如在政策层面、法律层面及合同履约等方面。

3.1.2.2 PPP 项目核心利益相关者的合作基础

对于建设某项基础设施项目而言,如果是由公共部门独自开展建设,将会存在诸多的弊端,例如实施效率低下、管理经验不足、专业技术水平不高以及设计和施工风险控制不足等,这势必会造成开展该项目的成本剧增;若由社会资本独自开展建设,将会面临政治、经济、法律等方面的不确定因素,为此社会资本必将会加大对这些风险因素的控制,以加强控制或规避这些风险,同样会引起项目成本的上升。

如果采用 PPP 模式,可将这些各有所长的主体结合在一起,最大限度地发挥各方的优势,弥补各方的不足与劣势,从而最大幅度地降低 PPP 项目的综合成本。如政府等公共部门对宏观风险的控制和承受能力较强,其中宏观风险包括政治风险、宏观经济风险及法律风险等,这类风险若由公共部门去承担,则在 PPP 项目的运行过程中能够有效控制项目的整体风险,降低项目的综合成本;设计、施工、运营管理等方面是社会资本的优势所在,在 PPP 项目中此部分工作由社会资本完成,可以降低 PPP 项目的整体成本。公共部门与社会资本的有效合作,能够促成项目的成功、实现共赢,这也是双方达成合作的基础。

3.1.3 模型建立的可行性分析

通过上文的研究分析可知,Shapley 模型不仅可以为各类合作联盟的收益分配问题提供解决方案,而且同样可以为以公共部门和社会资本为核心的 PPP 项目股权结构配置问题提供解决方案。具体分析如下:

在 PPP 项目中,公共部门和社会资本共同参与 PPP 项目可以视为是一种合作伙伴关系。在合作关系中,公共部门和社会资本投入资金的比例问题是项目开展前期的一个重要且必须解决的问题。股权结构比例的确定,必须确保各利益相关者利益目标能够得以实现。在这样一种特殊的合作关系中,要吸引社会资本参与到公共基础设施项目的建设开发中来,其所获得的收益肯定要高于各利益相关者独立开展建设该项目时的收益,这样的合作才能实现合作联盟的高效、稳定发展。这需要公共部门和社会资本在达成合作关系时要充分考虑资本投入和利益分配等问题。PPP 模式中形成这样的合作联盟关系是公私双方相互博弈的结果,这种特性使得它更加适用 Shapley 值法来解决有关股权结构配置问题。合作博弈论中的 Shapley 值法是解决经济活动中收益合理分配等问题的经典方法。因此,本书拟应用 Shapley 模型来确定公私双方在合作联盟中的收益,从而进一步来确定 PPP 项目股权结构比例。

3.2 基于 Shapley 模型的 PPP 项目股权结构研究

3.2.1 PPP 项目股权结构优化目标

与 PPP 项目公司不同,常规公司股权结构优化的目标通常以日常运营管理为重心,以实现企业价值最大化为目的,而通常衡量企业价值的标准有 Tobin′Q[216]、综合资金成本最低及经济增加值等经济指标[217]。但是这类指标对于 PPP 项目公司而言并不适用。PPP 项目公司依据项目而成立,以项目为核心,其价值大多建立在项目自身现金流之上。由于常规公司的运营管理所面临的不确定性风险因素相对于 PPP 项目公司来说比较少,一般只要通过估算成本和产出,常规公司的效益就可得知;而 PPP 项目投资大、周期长(通常长达 20 年至 30 年的运营期),使得 PPP 项目所面临的不确定性因素较为复杂,而这种不确定性带来的风险会对 PPP 项目的预期收益产生至关重要的影响。

本书在考虑不确定性风险的情况下,分析公共部门和社会资本在不同合作模式下对建设公共基础设施综合成本的影响,认为各参与方在不同合作模式下对项目综合成本的节约程度不同,然后将各参与方综合成本的节约视为对合作联盟的贡献程度,基于各参与方的贡献程度建立股权结构模型,并以在不同合作方式下最低综合成本作为 PPP 项目股权结构优化的目标,得出了公共部门和社会资本的股权比例。

3.2.2 PPP 项目最优股权结构

目前,大多数关于股权结构的分析研究都是建立在委托-代理理论和博弈论的基础上,通过对常规公司日常运营的有关数据进行计量分析或最优化分析,来验证股权结构与公司价值之间是否存在相关性。但是,这些常规公司与 PPP 项目公司有着较大的差异,常规公司可以轻松地获取大量企业运行数据来建立模型,而 PPP 项目公司依托项目而设立,具有独特性和唯一性,所以 PPP 项目公司在这一方面缺乏相应的数据,没有大量的数据可以用于建立模型并进行回归分析。此外,PPP 项目还具备利益共享、风险分担、伙伴关系三个重要特征。

(1) 利益共享是指在合理利润区间内,社会资本可以获得合理的利润,政府等公共部门可以为民众提供公共福利。PPP 项目多为公众提供公共产品和服务,项目收益过高,会引发民众的不满情绪,不利于社会和谐,因此应该尽量避免产生暴利。暴利一旦产生,应及时对社会资本的收益进行调节。但同时也要保证社会资本能够获得相对合理、稳定的收益,以吸引社会资本的参与。

(2) 风险分担是 PPP 项目的重要特征之一。趋利避害是人的本性,假如公共部门和社会资本双方都相互推脱,都不愿去承担自身该承担的风险,那伙伴关系将不会持久。风险的合理分担是决定 PPP 项目成功的关键因素之一,而资金投入构成的股权比例很好地反映了投资人对项目的信心,也是对风险分担一种很好的诠释。假如由对风险控制成本较小的一方去承担相应的风险,就能够使得整个 PPP 项目建设运营成本最小,进而实现"一加一大于二"的效果,而这也正是 PPP 模式的优势所在。

(3) 公共部门和社会资本的伙伴关系体现在公私双方拥有一致的目标,即以最低的成本来提供最多的产品和服务。追求项目的经济效益是社会资本的根本目标,而公共部门的目标则是致力于项目社会效益的实现。

通过以上分析得出,PPP 项目的最优股权结构应具备 PPP 项目三个重要特征的内涵,故在股权结构设计时应充分考虑 PPP 项目的三个重要特征。在伙伴关系下实现风险的合理分担是 PPP 项目股权结构的最佳表现形式。由于公共部门和社会资本双方在 PPP 项目前期博弈过程中存在不对等的关系,因此,在设计 PPP 项目公司的最优股权结构时需充分保障社会资本的利益,消除社会资本进入基础设施领域之后的顾虑,充分发挥社会资本的先进技术和管理经验的优势,提高公共产品与服务的供给效率和质量。保障社会资本的合理收益是公共部门的职责所在,与此同时还要充分发挥好自身的监督管理职能,监督社会资本能够保质保量地完成公共基础设施项目,最后实现双赢。

3.2.3　PPP 项目股权结构配置模型的构建

PPP 项目股权结构的研究必须考虑到项目各主要关系人在项目实施过程中的利益诉求。因此,PPP 项目股权的最终配置是项目各主要利益相关者相互博弈、相互平衡的结果,而 Shapley 模型正是基于这种相互博弈进行收益分配的一种方法。因此,本书利用 Shapley 模型建立了一个基于贡献程度的股权结构配置模型。

3.2.3.1　模型的设计思路

在某 PPP 项目实施的过程中,将各关系人对成本的节约看成是对 PPP 项目合作联盟的贡献程度,在完成某一项基础设施项目时,公私双方谁能够以更低的成本完成该项目的建设,谁就可获得更多的收益,然后根据公私双方所获得的收益,来确定公共部门和社会资本在 PPP 项目中所占的股权比例。不同建设方式下公私双方的成本节约及对项目的贡献程度具体分析如表 3-2 所示。

表 3-2　贡献程度量化表

建设方式	综合成本	成本节约	贡献程度
不建设	C_0	0	0
公共部门单独建设	C_1	$C_0 - C_1$	$C_0 - C_1$
社会资本单独建设	C_2	$C_0 - C_2$	$C_0 - C_2$
公私合作建设	C_3	$C_0 - C_3$	$C_0 - C_3$

由表 3-2 可知,假如某基础设施项目由于某些原因没有开展实施,其损失掉的机会成本为 C_0;若由公共部门单独开展项目建设,假设其综合成本为 C_1;若由社会资本单独开展项目建设,假设其综合成本为 C_2;如果采用公私合作模式建设,其综合成本为 C_3。公共部门单独建设、社会资本单独建设及公私合作建设时的成本节约分别为 $C_0 - C_1$、$C_0 - C_2$、$C_0 - C_3$。本书假设将各方的成本节约视为各方对合作联盟的贡献程度,则各方的贡献程度分别为 $C_0 - C_1$、$C_0 - C_2$、$C_0 - C_3$。得出各方的贡献程度后,利用 Shapley 值计算出各方所得到的收益额,最后根据收益额来确定股权比例。

通常,公私双方合作共建时的综合成本 C_3 要远远低于公共部门或者社会资本单独开展建设时的综合成本 C_1、C_2,而不建设某项目损失掉的机会成本 C_0 又远远高于 C_1、C_2、C_3。

3.2.3.2　综合成本的确定

以下对 C_1、C_2、C_3 及 C_0 等各种不同建设方式下所发生的综合成本的数据来源及调整方法进行逐一分析。为简化分析,假设本书所指的综合成本包括投资成本、机会成本及发生风险后所造成的潜在损失。

在整个 PPP 项目全生命周期内,项目建设运营过程中面临诸多的风险,例如政治风险、法律风险、宏观经济形势风险、建造风险及运营管理风险等,本书将 PPP 项目所面临的诸多风险划分为宏观风险与微观风险。其中,公共部门对宏观风险的把控较强,而社会资本对微观风险的把控较强。对公共部门而言,若由其去承担相应的宏观风险,则风险发生的概率及发生后所造成的损失相对来说较小,分别设为 r_{11} 和 C_{p1};如果由其去承担相应的微观风险,则风险发生的可能性及发生之后所造成的损失相对来说较大,分别设为 r_{21} 和 C_{c1}。对社会资本而言,若由其去承担相应的宏观风险,则风险发生的概率及发生之后造成的损失相对来说较大,分别设为 r_{12} 和 C_{p2};如果由其去承担相应的微观风险,则风险发生的概率及发生之后所造成的损失相对来说较小,分别设为 r_{22} 和 C_{c2}。在这里我们可以得知: $r_{11} < r_{12}$,$C_{p1} < C_{p2}$,$r_{21} > r_{22}$,$C_{c1} > C_{c2}$。综合成本具体计算方法如表 3-3 所示。

表 3-3　综合成本计算表

建设方式	投入成本	机会成本	潜在损失	综合成本
公共部门独建	$C_{11}+C_{12}$	$(C_{11}+C_{12})\times r$	$r_{11}\times C_{p1}+r_{21}\times C_{c1}$	$(C_{11}+C_{12})\times(1+r)+$ $(r_{11}\times C_{p1}+r_{21}\times C_{c1})$
社会资本独建	C_{21}	$C_{21}\times r$	$r_{12}\times C_{p2}+r_{22}\times C_{c2}$	$C_{21}\times(1+r)+(r_{12}\times C_{p2}+r_{22}\times C_{c2})$
公私合作建设	C_{31}	$r\times(C_{311}+C_{312})$	$r_{11}\times C_{p1}+r_{22}\times C_{c2}$	$(C_{311}+C_{312})\times(1+r)+$ $r_{11}\times C_{p1}+r_{22}\times C_{c2}$
不建设	0	C_0	0	C_0

由表 3-3 的计算过程可知,若某项目由公共部门单独开展,总的投入成本为 $C_{11}+C_{12}$(其自有资金投入成本为 C_{11},外部融资贷款为 C_{12}),则可知公共部门建设该项目时机会成本为 $(C_{11}+C_{12})\times r$,风险发生后的潜在损失由风险发生的概率及所造成损失的大小来确定,即宏观风险或微观风险发生后,公共部门所承担的损失为 $r_{11}\times C_{p1}+r_{21}\times C_{c1}$,最后由公共部门投入的综合成本为 $(C_{11}+C_{12})\times(1+r)+(r_{11}\times C_{p1}+r_{21}\times C_{c1})$;若某项目由社会资本单独实施,其投入成本为 C_{21},机会成本为 $C_{21}\times r$,潜在的风险损失为 $r_{12}\times C_{p2}+r_{22}\times C_{c2}$,最后可知社会资本所投入的综合成本为 $C_{21}\times(1+r)+(r_{12}\times C_{p2}+r_{22}\times C_{c2})$;如果采用公私合作模式,由公共部门和社会资本合作筹资建设某项目,总的投入成本为 C_{31},其中包含公共部门所投入的 C_{311} 及社会资本所投入的 C_{312},则两部门合作时总的机会成本为 $r\times(C_{311}+C_{312})$,两部门合作时,由公共部门去承担相应的宏观风险,而社会资本去承担相应的微观风险,则风险发生后潜在的损失为 $r_{11}\times C_{p1}+r_{22}\times C_{c2}$,最后可知合作共建时的综合成本为 $(C_{311}+C_{312})\times(1+r)+r_{11}\times C_{p1}+r_{22}\times C_{c2}$。

基础设施项目的建设对于经济社会的发展具有重要的作用,如果某项基础设施项目由于某种原因而没有建设,会影响到社会经济的发展,导致发展机会的丧失。本书将这种丧失发展机会的损失视为机会成本,该项目成本包括:①因项目建设而使得民众生活质量提高;②因项目建设使得民众生活便利性改善;③因项目建设使得国民经济发展,居民收入水平提高等。因为该项成本对模型的计算没有影响,为了简化计算,假设该项目成本为 C_0。

3.2.3.3　基于贡献程度的股权结构分配模型的建立

根据上文可行性分析及 Shapley 值有关理论,将 PPP 项目中的两个核心利益相关者公共部门和社会资本的合作视为一个合作联盟。在此基础上,利用 Shapley 值法理论构建一个基于各方贡献程度大小的股权结构分配模型。具体步骤如下:

(1)利益相关者各方建设项目成本的确定

首先,如果由公共部门独自建设某项目,其建设成本的确定可以参考公共部门实施的类似项目的建设成本,然后根据项目的规模以及数量进行相应的调整,得出建设成本

C_1;其次,如果由社会资本去建设某基础设施项目,由于体制原因,目前国内还没有社会资本单独建设运营基础设施项目的先例,其建设成本的确定可以参考国外基础设施项目的建设成本,然后根据实际情况进行相应的调整,得出建设成本为 C_2;再次,如果是公私合作模式进行建设,其成本的确定同样可以采用类似模式建设的基础设施项目的建设成本,进行相应的调整之后,得出项目成本为 C_3;最后如果不建设某项目,假设其成本为 C_0。

(2)计算各建设模式下的成本节约

假设某公共基础设施项目由公共部门单独建设完成,所产生的成本节约为 C_0-C_1,设 $V(S-B)=C_0-C_1$,其中 S 表示合作联盟,B 表示社会资本,$V(S-B)$ 表示由公共部门和社会资本组成的联盟在缺少社会资本参与时公共部门所产生的成本节约;假设某公共基础设施项目由社会资本单独建设完成,所产生的成本节约为 C_0-C_2,即公共部门和社会资本组成的联盟 S 中,公共部门未参与合作时所获得的成本节约,即 $V(S-A)=C_0-C_2$,其中 A 表示公共部门,$V(S-A)$ 表示由公共部门和社会资本组成的联盟在缺少公共部门参与时社会资本所获得的成本节约;假设某基础设施项目由公共部门和社会资本共同建设完成,所产生的成本节约为 C_0-C_3,即 $V(S)=C_0-C_3$。

(3)量化各方贡献程度

本书假设将公私双方的成本节约视为其对项目所做的贡献程度,则有公共部门 A 单独建设时所做的贡献为 $V(S-B)=C_0-C_1$,社会资本 B 单独建设时所做的贡献程度为 $V(S-A)=C_0-C_2$,公共部门和社会资本合作建设时对项目所做的贡献程度为 $V(S)=C_0-C_3$。

(4)利用 Shapley 值计算各方收益

根据 Shapley 值理论,设计得出 PPP 项目核心利益相关者收益分配方案,进而确定公私双方的股权分配方案,详见表 3-4、表 3-5 分析。

表 3-4　PPP 项目中公共部门 A 从联盟中分配收益情况

子集 S 中的组成元素	A	A,B
$V(S)$	$V(A)$	$V(A,B)$
$V(S-A)$	0	$V(B)$
$V(S)-V(S-A)$	$V(A)$	$V(A,B)-V(B)$
$\lvert S\rvert$	1	2
$W(\lvert S\rvert)$	1/2	1/2
$W(\lvert S\rvert)[V(S)-V(S-A)]$	$V(A)/2$	$[V(A,B)-V(B)]/2$

表 3-5 PPP 项目中社会资本 B 从联盟中分配收益情况

子集 S 中的组成元素	B	A,B
$V(S)$	$V(B)$	$V(B,A)$
$V(S-B)$	0	$V(A)$
$V(S)-V(S-B)$	$V(B)$	$V(B,A)-V(A)$
$\|S\|$	1	2
$W(\|S\|)$	1/2	1/2
$W(\|S\|)[V(S)-V(S-B)]$	$V(B)/2$	$[V(B,A)-V(A)]/2$

上表基于公私双方对项目所做的贡献程度,利用 Shapley 值法理论分析得出了公共部门 A 及社会资本 B 参与项目建设时所获得的收益,分别为 X_A 与 X_B,即:

$$X_A=W(\|S\|)[V(S)-V(S-A)]=V(A)/2+[V(A,B)-V(B)]/2 \quad (3-2)$$

$$X_B=W(\|S\|)[V(S)-V(S-B)]=V(B)/2+[V(B,A)-V(A)]/2 \quad (3-3)$$

根据 Shapley 值法,对于公私双方任意一个参与者而言,可以给出其加权因子 $W(\|S\|)$ 的计算公式:

$$W(\|S\|)=\frac{(S-1)!\ (n-S)!}{n!}=\frac{(2-1)!\ (2-2)!}{2!}=\frac{1}{2} \quad (3-4)$$

结合 Shapley 模型,公私双方的 Shapley 值为:

$$x_i=\sum_{i\in N}\frac{(S-1)!\ (n-S)!}{n!}[V(S)-V(S-i)]$$

则在公私双方参与的合作联盟中:

政府等公共部门($i=A$)的 Shapley 值为:

$$x_A=\frac{1}{2}[V(S)-V(S-A)]=\frac{1}{2}[(C_0-C_3)-(C_0-C_2)]=\frac{1}{2}[C_2-C_3] \quad (3-5)$$

社会资本方面($i=B$)的 Shapley 值为:

$$x_B=\frac{1}{2}[V(S)-V(S-B)]=\frac{1}{2}[(C_0-C_3)-(C_0-C_1)]=\frac{1}{2}[C_1-C_3] \quad (3-6)$$

通过上述公式得知,在以公共部门和社会资本为核心的 PPP 项目合作联盟中,需先确认公私双方合作时的联盟收益 $V(A,B)$,以及公共部门和社会资本分别独自开展实施项目时所获得的项目收益 $V(A)$、$V(B)$,然后确定公共部门和社会资本在二者组成的合作联盟中各自可获得的项目收益额,进而确定股权结构。

(5)收益归一化处理

x_A 与 x_B 即为公共部门和社会资本的收益分配额度,对其做归一化处理后得出最终的分配值,用 y_1 表示公共部门从合作联盟中所获得的收益额:

$$y_1 = \frac{x_A}{x_A + x_B} \tag{3-7}$$

y_2 表示社会资本从合作联盟中所获得的收益额：

$$y_2 = \frac{x_B}{x_A + x_B} \tag{3-8}$$

（6）得出股权比例

本书通过公私双方所获得的收益份额来确定在 PPP 项目中公共部门和社会资本的股权比例。根据前文的论述，PPP 项目的股权结构即为 $y_1 : y_2$。

3.3 某污水处理 PPP 项目股权结构实证分析

基于上述研究成果，为了更直观地展示模型的使用过程，本书以某污水处理厂 PPP 项目为具体实例对其进行研究分析，判断该模型是否有较好的适用性。

3.3.1 案例背景

我国的淡水资源总量为 28000 亿 m³，占全球水资源的 6%，仅次于巴西、俄罗斯和加拿大，名列世界第四位。但是，我国的人均水资源量只有 2200 m³，仅为世界平均水平的 1/4，是全球人均水资源最贫乏的国家之一。然而，中国又是世界上用水量最多的国家。全国淡水取用量每年均在 5000 亿 m³ 以上，大约占世界年取用量的 13%，是美国 1995 年淡水供应量 4700 亿 m³ 的 1.2 倍。因此水资源可持续利用是我国社会经济发展的战略性问题。解决城市水污染问题关系到人民群众的生活及社会的稳定，关系到城市的形象及可持续发展。

随着西部大开发战略的实施，某县国民经济发展取得了令人瞩目的成就。但随着经济的快速发展以及城区总体规划的修编，城区人口不断增加，人民生活水平日益提高，城区污水排放量也逐年增加，而该县城区排水设施不尽完善，经济的发展给环境带来了极大的挑战。该县排水设施始建于 1996 年，在国家、自治区以及当地政府的共同努力下，城区排水系统经过近 20 年的改造，建成排水管网 10349 m，城区现状排污量约为 3000 m³/d，排水管网将污水收集后，未经任何处理，直接排入县城东北部的戈壁荒漠。

为创造一个适于居住和发展的县城环境，促进经济社会的可持续发展，该县县委、县政府充分利用西部大开发的良好机遇，决定开展污水处理厂工程项目的建设。

由于政府财政压力较大，于是当地政府决定采用 PPP 模式建设和运营该污水处理厂项目，通过公开招标，社会资本 B 和政府等公共部门 A 共同组建项目公司，负责该污水处理厂工程项目的投资、建造、运营管理及维护。

根据该县的用地规划要求，考虑当地的社会经济条件、气候和土壤性质等因素，经过科学的计算,对排水量进行预估,排水规模最终确定为:近期污水量为 10000 m³/d,远期污水量为 20000 m³/d。该项目的特许经营协议规定:公共部门与 PPP 项目公司签订期限为 20 年的特许经营协议,其中建设期为 1 年,期限满后 PPP 项目公司把项目无偿转移给政府部门。通过估算,该项目总投资额为 4470 万人民币,资金来源为政府投资与社会资本投资。

3.3.1.1　PPP 项目投资估算及明细表

某县污水处理厂项目投资估算表如表 3-6 所示。

表 3-6　某县污水处理厂项目投资估算表　　　　　单位:万元

序号	工程项目或费用名称	金额
1	项目固定资产投资	4430
1.1	工程费用	3780.27
1.1.1	建筑工程费	2714.01
1.1.2	设备购置费	332.45
1.1.3	项目安装费	733.81
1.2	基本预备费	402
1.3	项目其他费用	247.73
2	项目流动资金	40
3	项目总投资	4470

3.3.1.2　PPP 项目营业收入及税金明细表

根据政府和社会资本签订的协议规定:特许经营期为 20 年,其中包含 1 年的建设期,19 年的生产经营期;而污水处理厂的产能方面,近期到 2025 年设计产能为 10000 m³/d,远期至 2030 年达到 20000 m³/d;结合该县的经济发展水平及居民的收入水平,该污水处理厂暂时将污水处理定价为 1.55 元/m³。在运营期内,政府给予相关税收优惠,项目后期的营业收入为 565.8 万元。详细的项目营业收入及税金明细表如表 3-7 所示。

表 3-7　某县污水处理厂项目的收入及税金明细表

项目	建设期	生产经营期							
		1	2	3	……	8	9	……	19	20
生产能力	0	1	1	1	1	2	2	2	2
经营收入(万元)	0	422	422	422	422	565.8	565.8	565.8	565.8
相关税费	0	0	0	0	0	0	0	0	0

3.3.1.3 某县污水处理厂项目总成本费用及明细

根据当地政府出具的可研报告,该污水处理厂项目的总成本费用包括以下几类:①外购原材料费;②动力费;③工资及福利费;④维修费;⑤折旧费;⑥财务费用;⑦项目其他费用。PPP 项目总成本费用估算及明细如表 3-8 所示。

3.3.1.4 某县污水处理厂项目利润与利润分配表

根据表 3-6 至表 3-8 可得污水处理厂 PPP 项目经营期利润与利润分配,如表 3-9 所示。

根据可研报告,在该县污水处理厂 PPP 项目工程中,公共部门 A 和社会资本 B 各自发挥自身的优势,共同促进 PPP 项目的顺利实施。其中,社会资本 B 将充分发挥其在建设、运营管理、技术及后期维护等方面的优势,而公共部门 A 在税收优惠、政策补贴、行政审批、融资担保、特许经营权等方面提供相应的协助。通过公共部门和社会资本两方的通力协作,PPP 项目的运营风险及综合成本都将会大大降低,而且也保证了项目公司合理的预期收益。

依据可研报告给出的财务测算,该县政府若采用 PPP 模式与社会资本合作实施该污水处理厂项目,则该项目总的投资建设成本为 $V(A,B)=4470$ 万元;根据以往经验判断,如果该县政府独立实施该项目,其投入该项目的综合成本将会大大增加,根据测算由公共部门单独建设时的投入综合成本为 $V(A)=8940$ 万元;若社会资本单独负责该项目,由于缺乏公共部门在政策上的支持及其他方面的优惠,会引起项目成本的增加,社会资本单独建设污水处理厂项目的成本可由类似规模项目的成本替代,经过财务测算,社会资本单独建设的投资成本 $V(B)=6258$ 万元;因不建设该项目所损失的成本为该项目的机会成本,其不参与模型的计算,依据经验估算,假设为 9156 万元。

根据上文所构建的项目股权结构模型对本案例进行适用性分析。

3.3.2 PPP 项目股权结构优化配置模型方案计算

本书研究分析的是 PPP 项目在核心利益相关者公共部门及社会资本之间的股权分配问题,根据所建立的 PPP 项目股权结构分配模型,在该污水处理厂二期项目上进行应用分析,根据公式先确定相关参数。

公共部门 A 单独建设时对成本节约的贡献程度:

$$V(S-A)=C_0-C_1 \tag{3-9}$$

社会资本 B 单独建设时对成本节约的贡献程度:

$$V(S-B)=C_0-C_2 \tag{3-10}$$

公共部门和社会资本合作建设时对成本节约的贡献程度:

$$V(S)=C_0-C_3 \tag{3-11}$$

表 3-8 某县污水处理厂项目总成本费用估算及明细表

单位：万元

项目	经营期																		
	2	3	4	5	6	7	8	9	10	11	12	13	14	15	16	17	18	19	20
原料燃料动力费	4.1	4.2	4.4	4.6	4.8	5.7	5.7	5.7	5.7	5.7	5.7	5.7	5.7	5.7	5.7	5.7	5.7	5.7	5.7
工资及福利费	78.8	78.8	78.8	78.8	78.8	78.8	78.8	78.8	78.8	78.8	78.8	78.8	78.8	78.8	78.8	78.8	78.8	78.8	78.8
维修费	18.9	18.9	18.9	18.9	18.9	18.9	18.9	18.9	18.9	18.9	18.9	18.9	18.9	18.9	18.9	18.9	18.9	18.9	18.9
折旧费	211.2	211.2	211.2	211.2	211.2	211.2	211.2	211.2	211.2	211.2	211.2	211.2	211.2	211.2	211.2	211.2	211.2	211.2	211.2
其他费用	20.3	21.1	22.0	22.8	23.8	28.3	28.3	28.3	28.3	28.3	28.3	28.3	28.3	28.3	28.3	28.3	28.3	28.3	28.3
总成本费用（以上五项）	333.2	334.2	335.2	336.2	337.5	342.8	342.8	342.8	342.8	342.8	342.8	342.8	342.8	342.8	342.8	342.8	342.8	342.8	342.8
其中：固定成本	329.2	330.0	330.8	331.7	332.7	337.2	337.2	337.2	337.2	337.2	337.2	337.2	337.2	337.2	337.2	337.2	337.2	337.2	337.2
可变成本	4.1	4.2	4.4	4.6	4.8	5.7	5.7	5.7	5.7	5.7	5.7	5.7	5.7	5.7	5.7	5.7	5.7	5.7	5.7
经营成本	122	123	124.1	125.2	126.3	131.7	131.7	131.7	131.7	131.7	131.7	131.7	131.7	131.7	131.7	131.7	131.7	131.7	131.7

单位:万元

表 3-9　某县污水处理厂项目利润与利润分配表

经营期

项目	2	3	4	5	6	7	8	9	10	11	12	13	14	15	16	17	18	19	20
营业收入	405.6	422.0	439.2	455.7	476.4	565.8	565.8	565.8	565.8	565.8	565.8	565.8	565.8	565.8	565.8	565.8	565.8	565.8	565.8
营业税金及附加	13.4	13.9	14.5	15.0	15.7	18.7	18.7	18.7	18.7	18.7	18.7	18.7	18.7	18.7	18.7	18.7	18.7	18.7	18.7
总成本费用	333.2	334.2	335.2	336.2	337.5	342.8	342.8	342.8	342.8	342.8	342.8	342.8	342.8	342.8	342.8	342.8	342.8	342.8	342.8
利润总额	59.0	73.9	89.5	104.5	123.3	204.3	204.3	204.3	204.3	204.3	204.3	204.3	204.3	204.3	204.3	204.3	204.3	204.3	204.3
所得税	14.8	18.5	22.4	26.1	30.8	51.1	51.1	51.1	51.1	51.1	51.1	51.1	51.1	51.1	51.1	51.1	51.1	51.1	51.1
息税前利润	59.0	73.9	89.5	104.5	123.3	204.3	204.3	204.3	204.3	204.3	204.3	204.3	204.3	204.3	204.3	204.3	204.3	204.3	204.3
调整所得税	14.8	18.5	22.4	26.1	30.8	51.1	51.1	51.1	51.1	51.1	51.1	51.1	51.1	51.1	51.1	51.1	51.1	51.1	51.1
净利润	44.3	55.4	67.1	78.3	92.4	153.2	153.2	153.2	153.2	153.2	153.2	153.2	153.2	153.2	153.2	153.2	153.2	153.2	153.2

根据以上所获得的数据,可得出,公共部门 A 的 Shapley 值:

$$x_A = \frac{1}{2}[V(S)-V(S-A)] = \frac{1}{2}[(C_0-C_3)-(C_0-C_2)] = \frac{1}{2}[C_2-C_3] \tag{3-12}$$

$$= \frac{1}{2} \times [6258-4470] = 894$$

社会资本 B 的 Shapley 值:

$$x_B = \frac{1}{2}[V(S)-v(S-B)] = \frac{1}{2}[(C_0-C_3)-(C_0-C_1)] = \frac{1}{2}[C_1-C_3] \tag{3-13}$$

$$= \frac{1}{2} \times [8940-4470] = 2235$$

根据上式可得二者最终收益分配的比重分别为:

政府部门

$$y_1 = \frac{x_A}{x_A+x_B} = \frac{894}{894+2235} = 0.29 \tag{3-14}$$

社会资本

$$y_2 = \frac{x_B}{x_A+x_B} = \frac{2235}{894+2235} = 0.71 \tag{3-15}$$

即收益分配额比为 $y_1:y_2=29:71$,则相应的该项目的股权结构为:政府部门占比约 29%,社会资本占比约 71%。

3.3.3 模型应用的分析

该污水处理厂项目由二者合作筹建时的成本为 4470 万元,不建设该项目损失的机会成本约为 9516 万元,假定将公私双方的成本节约看作收益,则公私双方合作建设该项目时所产生的收益为 5046 万元。按照上述结论,可计算得出公共部门 A 所获得的收益为 1463 万元,社会资本 B 所获得的收益为 3583 万元。

对公共部门 A 而言,公共部门 A 投入该项目的资金按照上文所得出的股权结构比例求得为:

$$4470 \times 29\% = 1296(万元)$$

其独自实施该项目时的成本为 8940 万元,所以采用 PPP 模式开展实施该项目时可节约 7644 万元,这部分节约资金按照 15% 的平均资本回报率计算,可得其一年建设期内的资本回报为:

$$1 \times 7644 \times 15\% = 1147(万元)$$

即公共部门 A 因为参与公私合作建设该项目获得的收益为:

$$1296 + 1147 = 2443(万元)$$

而其单独实施该项目时的收益为:

$$9516 - 8940 = 576(万元)$$

　　显然公共部门 A 在采用 PPP 模式下建设该项目时所获得的收益 2443 万元远大于其单独建设该项目时所获得的收益 576 万元。

　　对社会资本而言,社会资本 B 投入该项目的资金求得为:

$$4470 \times 71\% = 3174(万元)$$

　　其独自实施该项目时的成本为 6258 万元,若采用公私合营开展实施该项目可节约 3084 万元,这部分节约资金按照 15% 的平均资本回报率计算,可得其一年建设期内的资本回报为:

$$1 \times 3084 \times 15\% = 463(万元)$$

　　即社会资本 B 由于采用 PPP 模式建设该项目获得的收益为:

$$3174 + 463 = 3637(万元)$$

　　而其单独建设该项目所获得的收益为:

$$9516 - 6258 = 3258(万元)$$

　　显然与公共部门 A 合作共同建设该项目时获得的收益 3637 万元大于其单独建设该项目时所获得的收益 3258 万元。

　　由 Shapley 值法计算出来的公私收益分配比例满足有效性、对称性、可加性以及唯一性等性质,此时双方的合作是一个稳定、可持续的合作关系。通过该法确定的公私双方收益额的比例,可以用来确定公私合营项目中的股权结构。

3.4　本 章 小 结

　　本章首先对 PPP 项目合作博弈的 Shapley 模型进行分析。第一步,指出 Shapley 值是各种具有不同良好性质的解中最重要的一种,且满足有效性、对称性、可加性和唯一性等性质,而满足以上性质是合作联盟稳定、可持续的基础;第二步,根据利益相关者理论,确定公共部门与社会资本为 PPP 项目核心利益相关者,分析归纳了各核心利益相关者的利益诉求及各利益相关者合作的基础;第三步,对 Shapley 模型应用于确定 PPP 项目股权结构的适用性进行说明,在实施 PPP 项目过程中,要实现公私合作的持续稳定发展,就需要充分考虑公共部门和社会资本双方的风险分担及收益分配机制,这是合作双方互相博弈的结果。而 Shapley 值法正是解决合作博弈中收益分配问题的经典方法,因此本书用 Shapley 值法来解决 PPP 项目股权结构问题也就有了可靠的理论依据。

　　其次,确定了在 PPP 项目中各参与方贡献程度的大小作为股权结构优化的目标以实现最优股权结构,分析了 PPP 项目的最优股权结构应能体现 PPP 项目的三个重要特征,即伙伴关系、利益共享、风险共担,指出了基础设施项目采用 PPP 模式合作共建时所获得的收益比自身单独进行项目建设时获得的收益大,继而确定了股权结构优化设计的思路,对相关指标数据及调整方法进行分析,建立了基于贡献程度的 Shapley 值 PPP 项目股权结构优化模型。

最后,以某县污水处理厂 PPP 项目实例为分析对象,以验证 Shapley 模型在实际项目中的适用性。根据公私双方实施该项目时各自的成本节约,确定各自对项目的贡献程度,将基于双方贡献程度构建的 Shapley 值法股权分配模型应用于污水处理 PPP 项目中,对股权分配方案进行详细的分析,得出采用 PPP 模式建设该污水处理项目比各参与方单独建设能够获得更大的收益,可以达到双赢的结果。

4 PPP模式下污水处理项目收益分配研究

4.1 PPP模式下污水处理项目的风险识别与分担

4.1.1 污水处理项目PPP模式的选择

PPP模式下,因为私营企业的加入,公共基础项目产生了商业化的积极性转变,这种转变逐步沉淀到了水务行业的处理中,这说明PPP模式在供给水和污水处理方面会带来积极的商业化改变。同时,私营企业的参与会带来更好的管理能力和工业化的技能。换言之,私营企业加入公共服务供给中,带来了更高的成本效力、操作也更具效率。PPP模式的合作关系,使得政府部门从提供服务及管理服务的角色中抽出,更集中于整个大环境宏观管理的角色,私营企业也更容易从银行这类公共机构中获得资金来填补公共设施建设上的资金缺口。对于政府而言,一方面,私营企业更具灵活性,当外界条件发生改变时有能力快速地做出调整,进而提供更好的服务;另一方面,私营企业在发展职员技能上有更高的倾向性,可以提供投入和产出相平衡的激励机制和薪资体系。同时,私营企业一直以盈利作为企业持续发展的根本,更加了解用户的关注度,有能力提供用户满意的服务。

然而,PPP并不是解决困境的万能钥匙,要发挥PPP的积极作用,有两大因素是必须要考虑的:(1)在不同的建设要求下要仔细确定相匹配的PPP具体形式;(2)政府部门应该提供一个授权环境,落实可调整的系统与设备,以使私营企业操作更具效率,同时对私营企业进行监管。

4.1.1.1 PPP常见模式介绍

PPP常见模式包括BOT模式、BOO模式、TOT模式、ROT模式和托管运营模式。

(1) BOT(建设-运营-移交)模式

对政府而言,BOT模式项目最大的优点在于引进民间资本建设基础设施,减轻政府财政负担。政府通过签订合同来约束私营企业的盲目收益,将"特许经营权"出让给企业,让企业有了特许经营权带来的收益保证,消除了私营企业无法获得成本和收益的担忧。对企业而言,政府用污水处理费作担保,加大了项目建设之初融资的成功率,政府部门的投入降低了BOT模式项目的风险且有了稳定的回报。理论上,因为BOT模式项目建设中引入了私营企业,相比传统模式对居民和政府来说增加了私营企业的成本回收和利润等额外的支出负担,使得 BOT 模式下项目的总成本提高,但实际上,因为私营企业的加入提高了项目的建设速度和运营效率,从根本上呈现出成本降低的作用,换句话说,BOT 模式大大提高了项目建设的成功率。据国家环保局的初步估算,BOT 模式下不管是在环境基础设施上的投资成本还是项目在整个运营期的成本,私营企业都要比公共部门低 10%～20%。

(2) BOO(建设-拥有-经营)模式

与其他模式不同的是,该模式下项目的所有权在私营企业,政府部门的话语权相对较小,这会加大私营企业为了获取更多收益而定高污水处理费用,从而有可能造成项目因无法回收成本而以失败告终。但不可否认的是,BOO 模式相较其他模式会提高私营企业的积极性,促使项目的成功。

(3) TOT(移交-运营-移交)模式

TOT 模式是指民营企业与政府签订合同拿到项目的所有权,随后民营企业运行项目。TOT 模式在相关研究中多次提到,这里不再赘述。

(4) ROT(改扩建-运营-移交)模式

ROT 模式是在 TOT 模式的基础上演变而来的,是针对移交过后的项目进行改扩建行为,即 ROT 模式是对已建成项目进行二次建设和管理的 PPP 模式。ROT 模式对已建成项目进行资产评估和工艺方案确定,确定项目的改扩建工作内容,与政府签订特许权合同。例如:某市污水处理厂总投资 3.85 亿元用于项目的一期、二期提标改造和三期的扩建项目中。其中政府配套支持 2.35 亿元,用于征地拆迁、管网配套等费用;社会资本某污水处理公司出资 1.5 亿元,用于厂区范围内的投资建设。本项目合同期限是 30 年,回报机制是政府付费。ROT 模式项目因为涉及了新建内容,因此对政府参与度要求更高,政府要正确摆放自己在合作中的角色,为私营企业树立榜样,从而促成项目的顺利开展。

(5) 托管运营模式

托管运营模式是在保证设施所有权属于政府的前提下,民营企业参与基础设施运营的形式,以管理合同和服务合同为主。在进行私营企业的引入过程中,采取 BOT 模式、TOT 模式、ROT 模式等必然会涉及国有资产的评估、转移和变更等工作,在这个过程中很容易造成国有资产的流失或评估不实。托管运营模式只是通过合同对项目进行服务和管理,不涉及国有资产的归属和变更问题,因此托管运营模式较其他模式操作简单。项目在合同履行期间完全由私营企业来提供管理和服务,使得政府部门从服务的提供者转变成服务的监督者,提高了公共服务的供给效率。然而托管运营模式是一种特殊的管理合同模式,运营期政府的支出和服务费相对稳定,企业经营过程中经济风险小、收益率低,但这并没有在本质上改变政府部门财政负担重的局面,因为管理合同模式仅仅是将项目的运营管理等业务外包给私营企业。

综上可知,现阶段适合在我国公共领域解决政府融资平台瓶颈现状的 PPP 模式实际为三种,即托管运营模式、BOT 模式和 ROT 模式。托管运营模式大多应用于已完成项目,政府部门拥有项目的建设权和产权,私营企业只是对项目提供管理和服务,相比政府其参与程度较低,因此承担相对较小的风险,收益率低。BOT 模式在建设之初就加入了私营企业,为项目注入了先进的管理经验和人才,在合同规定的期限内与政府风险共担、收益共享,增大了项目的运营成功概率,合同期满后,私营企业收回成本并获得一定的项目收益,政府部门拿回项目经营权。TOT 模式指项目建成后,政府部门采用招投标形式与私营企业签订中标合同后将项目转移给私营企业,通过中标合同中相关内容的规定对投资一次性收回,而私营企业用来支撑项目的运营维护等费用,当然包括一定比率的收益都是通过向公众收取污水处理费来解决的。TOT 模式相较 BOT 模式,项目承担的风险小且获得的收益低。ROT 模式是对已建成项目进行二次建设和管理的 PPP 模式,其对已建成项目进行资产评估和工艺方案确定,确定项目的改扩建工作内容,与政府签订特许权合同。

4.1.1.2 污水处理行业的项目特点

我国水资源总量在全球排名靠前,然而人均用水量却在全球排名较后,这正是我国人口众多、水资源再利用空间过小所致。因此对于我国现阶段的用水和节水而言,在水资源总量固定的情况下,污水处理及再利用是水务处理任务的重中之重。污水处理行业在发展中具有以下一些特点。

(1)法律法规和政策引导特征明显

作为环境保护的核心产业之一,污水处理是保证国家节能减排计划的重要举措,其发展需要政府和宏观经济的大力支持。近年来,随着 PPP 模式的发展,污水处理的利益回收机制一般是使用者付费和政府补贴,其中政府补贴只是辅助形式,以使用者付费为主要收入来源。但是,水价的制定依赖于国家的宏观调控,水价又决定着污水处理企业的盈利,当水价无法满足私营企业的投资回收和利润时,企业就会失去管理和创新的动力。综上,我国现阶段的污水处理依赖法律法规政策调控较为明显。

(2)投资规模大、回收期长

污水处理项目具有投资规模大、回收期长的显著特点。一般情况下,在一个人口为10 万左右的县城,建立一座日处理规模为 1 万 t、采用脱氮除磷技术的污水处理厂需要近6000 万元的投资,然而项目的运营期基本在 20 年(甚至更久),这导致了污水处理厂建设所需的投资额大且回收期长的特点。为了推动污水处理厂的建设,缓解环境压力,降低政府财政负担,国家近年来相继完善相关政策措施,提高各种社会资本的参与度,发展多元化的投资主体与融资渠道。目前中国大约已有 40% 的城市污水处理基础设施采用BOT 投融资模式等引进社会资本,共同建设和运营国家各类基础设施,其中大都具备了可参考的项目价值,对污水处理行业的快速发展具有推动作用。

(3)地区间发展不平衡,市场化发育不完善

现阶段我国污水处理产业呈现发展速度缓慢和区域不平衡的特点,其中北京、天津,以及东部沿海等城市污水处理设施较为集中,而经济发展比较落后的区域污水处理设施

匮乏。另外,虽然我国相继颁布了多项法律法规来规范污水处理行业的发展,但目前国内在污水处理项目的招投标阶段依然存在大量项目的市场化竞争,落地项目中真正开展实施建设的项目少之又少,这就要求尽快在收费、定价、管理等方面建立健全市场化运行机制。

4.1.1.3 污水处理项目的模式选择

(1) 新建污水处理厂模式选择

截至 2016 年底,全国各市县共有 3552 个污水处理厂,其中 2039 个位于城市,1513 个位于县城,城市污水处理能力为每天 1.491 亿 m^3,县城污水处理能力为每天 3036 万 m^3。目前我国已步入高速发展时期,但现阶段的污水处理能力远远达不到我国经济发展的要求。高速发展时期,人民的物质生活水平逐步提高,基础设施的落后必将影响国民经济的发展,而国民经济的发展反过来又一定程度影响着基础设施的建设。因此必须加大对污水处理厂的建设工作,对于新建的污水处理厂,可以采用 BOT、BOO 等模式进行建设。

(2) 改建污水处理厂模式选择

针对已建污水处理厂,若以下问题较明显,可以进行改扩建,具体可采用托管运营模式、ROT 模式或 TOT 模式。

① 运行效率较低。21 世纪初期已建成的基础设施大都是由政府主要提供服务的,私营企业的参与程度低,项目建设之初未引入先进的管理经验和运行模式,加上污水处理费未合理收取,使得项目的运行度不高,未达到项目建设初始的目标。

② 设备管网配套设施较落后。已建成的污水处理设施因为技术革新缓慢,设施较为落后,已无法满足现在污水处理需求,导致出水水质达不到要求,从而对江河湖海造成二次污染。此外消毒设施达不到标准,导致居民对水资源的二次使用率不高,使得污水处理厂达不到建设之初节约水资源的目的。

4.1.2 PPP 模式在污水处理项目中的风险识别

基于上述模式的污水处理项目,需进行风险识别。

4.1.2.1 污水处理行业的发展趋势

(1) 行业市场化程度不断提高

截至 2016 年年底,我国年总用水量为 6150 亿 m^3,比起 2015 年微增 0.8%。2016 年我国用于水利、环境和公共设施管理业投资额为 68647 亿元,同比增长 23.3%。截至 2016 年年底,中国总人口 13.8271 亿人,比上年增加 809 万人。到 2016 年年末,大于 30 亿吨废水排放量的省份就达 9 个,依次为广东、江苏、山东、浙江、河南、四川、湖南、湖北和河北,9 个省份废水排放总量为 424.0 亿 t,具体废水排放情况如图 4-1 所示。

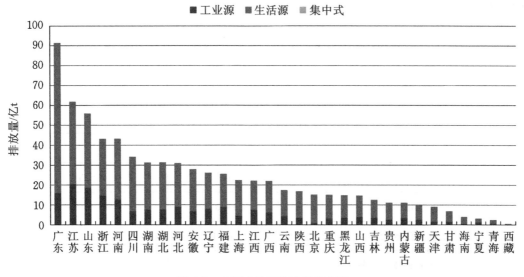

图 4-1 中国各地区废水排放情况

对现阶段而言,虽然我国用于污水处理的投资额不断增加,然而污水处理问题仍未完全解决。为了打破由政府单一投资的局面,我国政府出台了一系列鼓励政府、国有企业、民间资本和外资共同参与的多元化投资发展的政策法规。拥有过硬技术、丰富管理经验和一定规模的污水处理私营企业通过招投标形式经营污水处理项目,已经成为行业发展的显著趋势。

政府借助社会资本的资金实力和技术优势,提高公共服务的供给质量,实现社会效益的最大化,而私营企业借助政府的风险规避措施,加大自身企业的推广度并获得投资价值的回报。2017 年,水利、环境和公共设施管理业国家总投资为 82105 亿元,相比上年增长幅度为 21.2%,是增长幅度最高的固定资产投资行业,如表 4-1 所示。

表 4-1 2017 年分行业固定资产投资(不含农户)及其增长速度

行业	投资额/亿元	比上年增长/%
总计	631684	7.2
农、林、牧、渔业	24638	9.1
采矿业	9209	−10.0
制造业	193616	4.8
电力、热力、燃气及水生产和供应业	29794	0.8
建筑业	3648	−19.0

续表4-1

行业	投资额/亿元	比上年增长/%
批发和零售业	16542	-6.3
交通运输、仓储和邮政业	61186	14.8
住宿和餐饮业	6107	3.9
信息传输、软件和信息技术服务业	6987	12.8
金融业	1121	-13.3
房地产业	139734	3.6
租赁和商务服务业	13304	14.4
科学研究和技术服务业	5932	9.4
水利、环境和公共设施管理业	82105	21.2
居民服务、修理和其他服务业	2686	-13.3
教育	11084	20.2
卫生和社会工作	7327	18.1
文化、体育和娱乐业	8732	12.9
公共管理、社会保障和社会组织	7931	-2.0

（2）行业投资向中西部和地县地区倾斜

截至 2016 年年末,我国城市污水处理厂每日处理能力为 14823 万 m^3,相比 2015 年年末有 5.6% 的增长速度,城市污水处理率相比去年有 0.5 个百分点的增幅,达到 92.4%。"十一五"期间,东部沿海城市的污水处理设施建设已经基本完善。"十二五"期间,我国集中对中西部和县城及建制镇进行投资,包括湖南、甘肃、宁夏、陕西、云南、湖北等地的管网增长明显,增幅达 200% 以上;其中分布在县城及建制镇的新增管网高达 54%,落实在县城与建制镇的污水处理厂相比去年污水处理能力有了 43% 的提升。"十三五"规划提出,我国对于中西部地区和农村地区的污水处理设施建设依然会加快建设步伐,实现城镇一体化发展。当前各地区城镇生活污水处理量具体情况如图 4-2 所示。

4.1.2.2　风险识别

（1）风险定义

每个行动的发出不仅对现在,同时对将来也会产生影响。但由于我们所能做的非常有限,无法完全得知将来会是什么样子,所以也就无法确定当前我们所做的决定会带来

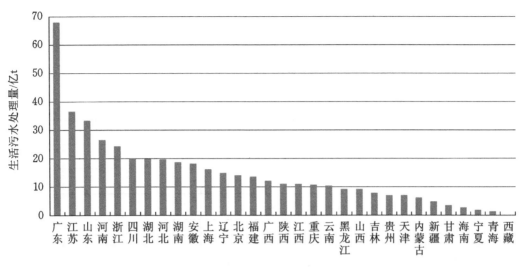

图 4-2　各地区城镇生活污水处理量

什么样的结果[218]。也就是说,我们当前所做的每一个行动都伴有不确定性,当这种不确定性发生时,会对活动的结果产生与预期结果不一致的影响。这种影响是有益的,还是有害的,都不得而知,而人们最为担心的就是有害的影响。将在某一次活动的全部过程中可能发生的,客观存在的,对预期结果造成不利影响的不确定性事件,称为此次活动中的风险。

(2) 风险识别

风险识别是指采用不同方法在风险发生之前对风险进行识别的一项工作,这类工作必须在风险事故发生前对风险进行系统化和全面化的分析研究。因为地域差异以及项目类型差异的原因,国外与国内对风险的识别工作也存在一定的差异性,致使对相关风险识别的研究文献数量不同,研究范围也不同。当然也存在一些共性风险因素的研究,例如几乎每篇文献都会涉及"通货膨胀",但是"进水水质与水量变化风险"仅有三篇文献涉及。辨别风险出现的频率,可以为污水处理项目的风险收集建立框架工作,适当的风险减缓策略的选择依赖于特定的 PPP 项目,本书集中于污水处理项目。

4.1.3　PPP 模式在污水处理项目中的风险因素梳理

本书为了文献梳理的规范性和可靠性,采用"文献频数分析方法"对文献进行梳理。"文献频数分析方法"是指对选取的权威性文献所涉及的风险因素进行整理归纳的方法。首先对表述不同但实质概念相近或者相同的风险因素进行合并,对一些概念含糊不定的风险进行拆解重组,再确定每个风险因素出现的频数并进行统计,按照出现频次的高低进行排序。本书选取 14 篇较权威的文献进行污水处理项目的风险识别,并汇总归纳成表(表 4-2),然后选取出现频率在三次以上的风险因素作为研究对象。本书认为出现三次以上的风险因素为关键影响因素,这样做的原因是选取出来的较为关键的风险因素能引起多数国内外学者的注意(前提是以社会资本为主要出发点),这对于项目的成功起着重要作用,具有一定的研究意义,而且为后续确定社会资本的最大风险指标做了知识梳理工作。

表 4-2　PPP 模式下污水处理项目社会资本风险因素梳理

风险	文献序号														频数
	[2]	[3]	[4]	[5]	[6]	[7]	[8]	[9]	[10]	[11]	[13]	[14]	[15]	[16]	
通货膨胀	√	√		√	√	√	√	√	√	√	√	√	√	√	13
汇率风险	√	√		√	√	√	√	√	√	√	√	√	√	√	13
建设成本超支	√	√	√	√	√	√	√	√	√	√	√	√		√	13
法律变更	√	√		√	√	√	√	√	√	√	√	√		√	12
施工进度延后		√	√	√	√	√	√	√	√	√		√	√	√	12
不可抗力风险	√	√		√	√	√	√	√	√		√	√	√	√	12
原材料与动力价格风险	√	√	√	√	√	√	√	√	√	√	√	√			12
政府信用风险	√	√		√	√	√	√	√	√	√	√	√		√	12
政策变化	√	√		√	√	√	√	√	√	√			√		10
市场需求变化	√			√	√	√	√	√	√	√		√	√		10
施工质量缺陷			√	√	√	√	√	√	√	√			√	√	10
不良气候风险	√	√	√	√	√	√	√	√	√	√					10
技术风险	√	√		√	√		√		√		√	√		√	9
PPP 项目唯一性风险	√			√	√	√	√			√	√		√	√	9
融资风险	√			√			√	√	√	√	√	√		√	9
公众态度	√			√	√	√	√	√	√	√				√	9
法律法规体系不完善	√	√		√	√	√		√		√	√	√			9
运营成本超支	√			√	√	√	√		√	√				√	8
审批获得/延误	√			√	√		√	√	√	√	√				8
合同文件风险				√	√	√	√	√		√	√	√		√	8

风险	文献序号														频数
	[2]	[3]	[4]	[5]	[6]	[7]	[8]	[9]	[10]	[11]	[13]	[14]	[15]	[16]	
组织协调风险	√				√	√	√			√		√	√	√	8
土地征用风险	√		√		√	√	√			√	√			√	8
完工风险	√	√		√	√			√		√	√				7
设计变更	√			√	√	√			√		√		√		7
设备大修及日常维护费用增加风险	√		√			√	√			√				√	6
政治决策失误/冗长	√			√	√	√	√				√				6
设计不合理	√				√	√	√			√			√		6
特许经营人能力不足	√			√		√		√		√					6
运营效率低	√			√		√	√			√		√			6
收益不足	√			√	√	√		√		√					6
运行公司管理不善风险		√	√	√		√		√							5
政府干预私营化的项目/服务						√	√	√			√		√		5
施工现场安全风险		√					√					√		√	4
残值风险					√	√	√				√				4
进水水质与水量变化风险			√									√		√	3
招标风险			√		√		√								3
处理设备设计风险	√		√									√			3
政府支持						√	√								2
勘察风险			√												1
员工福利增加风险		√													1

4.1.4 PPP 模式在污水处理项目中的风险分担

（1）风险因素释义

风险往往意味着不好的事情发生，因此为了更清楚地认识每个风险，清楚每个风险因素的含义，需对上述梳理的风险因素进行释义，详见表 4-3。

表 4-3 风险因素归纳释义

序号	风险归属	风险因素	风险释义
1	法律与合同	法律变更	由原法律的不合理或者政府新政策的颁布等引起
2		合同文件风险	合同内容不合理，责任、义务权限未界定清晰，合同存在不合理条款
3		法律法规体系不完善	由立法不完善等原因引起
4	政治	审批获得/延误	由于审批流程过于复杂，层层关卡，或者工作人员效率不高导致
5		政府信用风险	政府未按照合同约定承担相应的责任和义务致使项目失败
6		政策变化	政府部门负责人更换，政府的宏观调控引起
7		政府干预私营化的项目/服务	项目建设运营过程中政府的不当干预
8		政治决策失误/冗长	由政府决策流程不规范，或前期工作准备不充分，或工作人员能力不足，或信息收集不对称等引起
9		政府支持	政府对项目准备、实施及运营阶段需要的支持延迟或拒绝
10		土地征用风险	污水处理厂的建设土地在支付征收费用时，产生的钉子户、地面附着物增加导致的土地征用风险
11	金融	融资风险	融资结构不合理，体系不健全及资金筹措困难等
12		汇率风险	由国际金融环境引起，指汇率发生变化等
13		通货膨胀	货币的购买力下降等原因使得项目运营收益降低
14	建设	施工进度延后	由项目施工的原材料、处理设备未及时进场，施工工人的消极怠工引起
15		施工质量缺陷	由项目的原材料未达标、质量不过关、施工方法不当引起
16		施工现场安全风险	项目施工现场安全措施不到位，发生火灾、高空坠物、土石方坍塌等事故
17		进水水质与水量变化风险	企业工废的偷排，污水处理不达标及后期运营时水量与设计偏差较大，致使设备非满负荷运转

序号	风险归属	风险因素	风险释义
18	建设	原材料与动力价格风险	项目运营时所需的原材料及动力价格上涨、不足等原因
19		技术风险	施工单位资质存在问题,或对新技术运用不熟练,或施工技术不过关等
20		完工风险	由对项目的进度控制失败而导致未按时完工、延期完工或者即使完工而未达到预期的运营效益
21		建设成本超支	项目的成本控制失败,或者后期项目施工时产生变化
22		处理设备设计风险	污水处理厂的处理设备与工程设计有矛盾,设计深度不够或脱离实际等
23	运营	员工福利增加风险	社会经济的发展致使劳动力价格上涨及劳动力不足等原因
24		组织协调风险	由于项目公司的组织协调能力差,引起项目各参与方沟通分歧大,或沟通效率低,或形成矛盾
25		收益不足	由于收费不合理,项目产品或服务不佳等情况导致运营收益不足,使得没有合理收益甚至成本无法回收
26		运行公司管理不善风险	项目运营过程中,项目公司的管理经验匮乏,对人才的浪费使用等
27		设备大修及日常维护费用增加风险	除项目设备日常所需的修理维护费用外,由设备非满负荷运转及质量问题产生的修理维护费用风险
28		运营效率低	由项目不符合市场需求或经营不善导致
29		运营成本超支	运营期的成本控制和成本管理做得不好
30		特许经营人能力不足	由特许经营人能力不足引起的项目建设、运营等效率低
31	市场	市场需求变化	由于市场供需环境发生变化,导致项目收益减少等
32		残值风险	项目过度使用设备等资源,造成特许期满移交时项目设备材料折旧严重或所剩不多,影响项目的后续经营
33		公众态度	私营企业缺乏责任的投资行为,以及政府与私营企业合作降低公众社会福利的行为,引起公众反对
34		PPP项目唯一性风险	政府批准类似功能项目的建设

续表4-3

序号	风险归属	风险因素	风险释义
35	决策	勘察风险	项目在决策阶段的勘察工作失败导致对项目的错误信息收集等
36		招标风险	项目在准备阶段的招标过程不合理、招标文件不完备、招标竞标不充分等
37		设计不合理	项目初期设计时设计人员工作能力不高、设计远景度不够等
38		设计变更	项目后期的设计变更
39	不可抗力	不可抗力风险	指非人为的因素致使风险发生,包括地震等自然灾害
40		不良气候风险	天气环境恶劣

(2)社会资本单一风险分担

PPP 模式下,风险分担的主要承担方式为:政府承担、社会资本承担、政府与社会资本共同承担。本书选取最大风险因素为衡量指标,进一步确定社会资本的收益情况,因此只讨论社会资本单独承担或者可能单独承担的风险,其余两种不在本书讨论研究范围内。本书以风险分担四大基本原则[219](风险由最有控制力一方承担;风险承担上限原则;风险分担与收益分配相匹配;自愿承担风险意愿)为基础,通过对本书 4.1.3 节梳理出的风险因素进行整合汇总,包括根据文献归纳得到的资料,形成大致统一的社会资本方单一承担风险,其中包含对于是否由社会资本单独承担尚存在争议的风险,以避免遗漏重要风险因素,方便专家调查法中问卷调查工作的顺利开展。具体归纳情况如表 4-4 所示。

表 4-4　社会资本风险分担表

风险承担	风险归属	风险因素
社会资本	金融风险	通货膨胀 (在特许协议中列出根据通货膨胀调整收费价格的条款) 融资风险
	建设风险	施工进度延后 施工质量缺陷 施工现场安全风险 进水水质与水量变化风险 原材料与动力价格风险 技术风险 完工风险 建设成本超支 处理设备设计风险

风险承担	风险归属	风险因素
社会资本	运营风险	员工福利增加风险
		组织协调风险
		收益不足风险
		运行公司管理不善风险
		设备大修及日常维护费用增加风险
		运营效率低
		运营成本超支
		特许经营人能力不足
	市场风险	市场需求变化
		残值风险
	决策风险	勘察风险
		设计不合理
		设计变更
	不可抗力	不可抗力风险

4.2　PPP 模式社会资本风险分担的最大风险指标

4.2.1　问卷调查

（1）问卷设计

根据理论基础和研究目标，设计调查问卷。

问卷说明中阐述了问卷调查的目的和通过问卷期望获得的信息。本问卷主要由两部分构成：第一部分是背景信息，主要调查问卷填写对象所从事污水处理或基础设施相关行业的 PPP 项目工作年限、主要参与过的 PPP 项目类型、在 PPP 项目中具体所处的利益方以及现阶段所在的工作单位，目的是为了获得更具说服力的数据；第二部分调查社会资本承担的污水处理 PPP 项目的关键风险因素。根据表 4-3 归纳得到的风险因素表，此处所选的风险因素是综合归纳了 PPP 模式污水处理项目中由社会资本单独承担或者可能单独承担的风险因素，共计 24 个关键风险因素项。问卷将 24 个风险因素项制成单选题，以衡量各个风险因素对社会资本的关键程度，分为"非常关键""关键""中等""不关键"和"很不关键"。最后有一个补充问题，即如果专家认为以上列出的风险因素有不足，可以反馈补充。

据此设计具体调查问卷。

（2）问卷调研

本问卷选择在 PPP 模式下污水处理项目领域有学术研究或有实践经验的专家,包括私营企业、政府部门、科研机构和学校等工作单位的专家作为访问对象,还涉及各个部门的相关工作人员。发放形式包括线上借助"问卷网"专业网络平台发放电子问卷,线下通过走访专家发放纸质问卷。"问卷网"成功回收有效问卷 70 份,走访专家成功回收有效问卷 30 份,共回收有效问卷 103 份。

经过统计分析可以看出,成功回收的有效问卷中专家、相关工作人员的单位性质、工作年限和参与项目经验的构成都相对合理。其中,参加问卷调查的相关专家有 36.36% 在私营企业工作,参与过污水处理项目的有 48 位专家及相关人员。填写问卷的相关专家详细信息如表 4-5、表 4-6 及图 4-3 所示。

表 4-5　受访者资料——工作单位性质

单位性质	私营企业	学校	政府部门	其他单位	银行	科研单位
人数	36	32	15	13	2	2
百分比	36%	32%	15%	13%	2%	2%

表 4-6　受访者资料——从事 PPP 污水处理或其他基础设施项目的相关工作年限

年限	3 年以下	3～5 年	5～7 年	7～10 年	10 年以上
人数	62	9	13	13	3
比例	62%	9%	13%	13%	3%

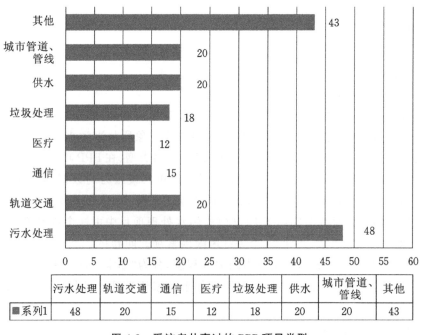

	污水处理	轨道交通	通信	医疗	垃圾处理	供水	城市管道、管线	其他
■系列1	48	20	15	12	18	20	20	43

图 4-3　受访者从事过的 PPP 项目类型

（3）问卷分析

问卷的设计采取"非常关键""关键""中等""不关键""很不关键"来作为评定某一风险要素的重要程度。通过从事相关工作的专家对每个风险因素进行重要程度的选择，以下对收集回来的问卷进行分析。

对收回的问卷中涉及的每个风险因子，按照不同风险因子"非常关键"的比率高低进行排序，以此衡量各个风险因子的关键程度。其中融资风险、收益不足、市场需求变化、完工风险、施工现场安全风险、运营成本超支依次占比 69.7％、48.25％、45.45％、44.06％、42.66％、41.96％，员工福利增加风险、通货膨胀风险占比偏低，皆为 17.48％，属于最后两位，具体占比情况如图 4-4 所示。排序完成后，选取"非常关键"占比较大的风险因子，再结合前文中的风险出现频率（例如施工现场安全风险在风险频率中的频次仅为 4，"非常关键"的占比为 42.66％，而建设成本超支的出现频率高达 13 次，"非常关键"的占比为 36.36％，再经过与专家的协商反馈，确定建设成本超支作为六大风险因素之一），最后确定了建设成本超支、融资风险、完工风险、运营成本超支、市场需求变化、收益不足作为社会资本承担或者可能承担的风险因素中的关键因素。其中融资风险、收益不足、市场需求变化的各个选项比重分布情况如图 4-5 至图 4-7 所示。

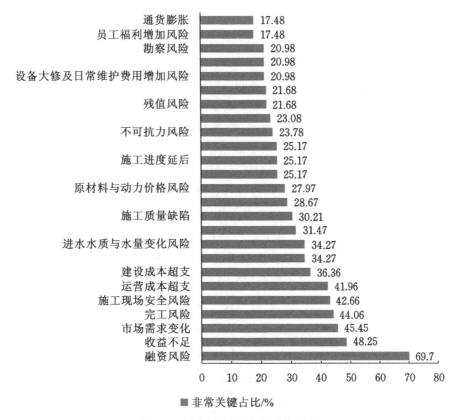

图 4-4　风险因素的"非常关键"占比

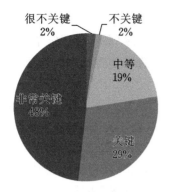

图 4-5 融资风险重要度
分布图

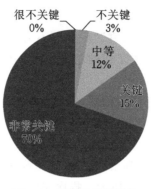

图 4-6 收益不足重要度
分布图

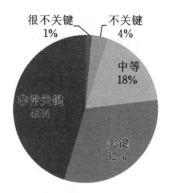

图 4-7 市场需求变化
重要度分布图

4.2.2 确定最大风险指标

4.2.2.1 层次分析法概述

层次分析法(Analytical Hierarchy Process,AHP)是由美国运筹学家匹兹堡大学 Saaty 教授提出的。AHP 是指研究目标数据部分缺失,各个目标之间有着复杂的结构关系,通过对目标之间的结构关系量化后运用决策者的经验定性分析,得到目标之间的结构图。

AHP 多用于方案选择和评价,逐渐变成了社会经济学、管理学中常用的一种方法,常用于解决多属性决策问题,尤其在技术、经济和社会问题等有相关性关系的研究中得到广泛应用。通常情况下,待解决问题中囊括了许多定性因素,同时加入决议者心理因素、知识经验和决策水平的考虑等。AHP 通过构建两两判断矩阵,逐步将多类纷杂因素和决议者个人因素进行层层分类,运用规律性思维方式,通过定量的形式表示[220]。AHP 是一种加入数学原理进行决策定义的思考方法,分解、判断、综合的整个思考过程都体现了层次分析法的基础特点。AHP 最主要的特点是采用层次结构绘制决策问题,用层次结构图表示各层次的递阶控制关系。决策者的目标层为最高级,准则层是中间级(依据目标的解决需求可以构建多样的子准则层),方案层为最下级,如图 4-8 所示。

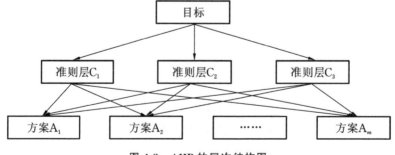

图 4-8 AHP 的层次结构图

4.2.2.2　基本步骤

现阶段国内学者对于层次分析法的研究较为成熟,这里就不一一赘述研究步骤及其原理,本书按照基本步骤进行分析得出结论。运用层次分析法进行决策时,其具体的分析步骤与内容如下。

(1) 明确问题建立递阶层次结构

采用层次分析法时,首先需要明确目标、子目标、方案层之间的逻辑关系,即确定层次目标。本书以通过问卷分析得到的 6 个因素作为方案层,建立层次结构图,如图 4-9 所示。

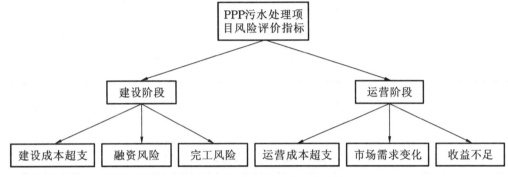

图 4-9　PPP 污水处理风险层次结构图

(2) 构造两两判断矩阵

准则层与目标层的判断矩阵如表 4-7 所示。

表 4-7　PPP 污水处理准则层与方案层判断矩阵

风险评价指标	建设阶段	运营阶段	权重
建设阶段	1	2	0.6667
运营阶段	0.5	1	0.3333
一致性比例	$\lambda_{max} = 2.0000$		$C_i = 0.0000$

(3) 由判断矩阵计算两两比较元素对于该准则的相对权重,并进行一致性检验,如表 4-8、表 4-9 所示。

表 4-8　建设阶段方案层主观权重评分及计算结果

建设阶段	建设成本超支	融资风险	完工风险	准则层权重	总权重
建设成本超支	1	0.3333	0.5	0.1677	0.1118
融资风险	3	1	1.3333	0.4836	0.3224

续表4-8

建设阶段	建设成本超支	融资风险	完工风险	准则层权重	总权重
完工风险	2	0.75	1	0.3487	0.2325
一致性比例		$\lambda_{max}=3.0015$		$C_i=0.0015$	

表 4-9　运营阶段方案层主观权重评分及计算结果

运营阶段	运营成本超支	市场需求变化	收益不足	准则层权重	总权重
运营成本超支	1	0.3333	0.25	0.122	0.0407
市场需求变化	3	1	0.5	0.3196	0.1065
收益不足	4	2	1	0.5584	0.1861
一致性比例		$\lambda_{max}=3.0183$		$C_i=0.0176$	

（4）计算各层元素对系统目标的合成权重即总层次排序及其一致性检验，如表 4-10 所示。

表 4-10　各类风险要素权重计算结果

备选方案	总权重
融资风险	0.3224
完工风险	0.2325
收益不足	0.1861
建设成本超支	0.1118
市场需求变化	0.1065
运营成本超支	0.0407

（5）结论分析

由上述分析得知，最终选定融资风险、完工风险、收益不足进行下一阶段的收益分配模型研究。其中融资风险比重为 0.3224，完工风险比重为 0.2325，收益不足比重为 0.1861，且一致性检验通过。为了更加明确建设阶段的各个风险因素权重对整个目标层的影响，此处加入灵敏度分析，旨在进一步分析建设阶段各风险因素对目标层的影响度。由图 4-10 可知，建设阶段的融资风险对目标层的影响都偏高，再次验证了融资风险作为最大风险指标的意义。

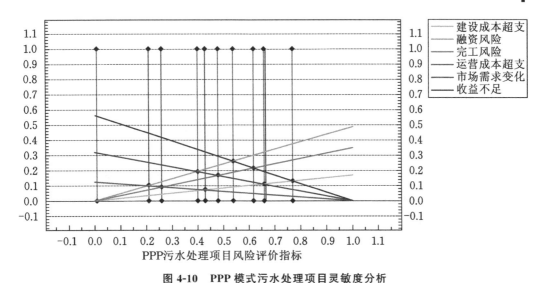

图 4-10　PPP 模式污水处理项目灵敏度分析

4.3　PPP 模式污水处理项目收益分配

　　私营企业与公共部门采取 PPP 方式合作建设污水处理项目,双方都有自己期望的目标和付出的限值,风险分担作为付出自然应该有回报的收获,界定收益是项目参与双方都十分关注的焦点。私营企业偏向于企业自身的盈利和品牌广度提升,政府部门在于为公众提供服务,造福百姓。污水处理作为现阶段中国提高基础设施建设率的重要项目,必须加大项目落地率和建设速度,解决人们用水难、难用水的问题。收益作为 PPP 项目成功的要素之一,是非常关键的,即私营企业和政府部门如何在一个策略性环境(不仅仅由自己的行动,同时也由其他人的种种行动来决定相互之间利害关系的环境称为策略性环境)中,进行策略性的思考(要求每个人都应认识到自己处在一个这样的策略性环境当中,并思考采取一个合理的行动),并做出策略性决定。

　　参与城市污水处理项目的建设与运营,无论是哪一方都希望能够取得一定的收益。能够在特许经营期内收回投资,并取得合理的收益是私营企业最为关心的问题。因此,如何在私营企业与公共部门之间进行合理的收入分配是 PPP 模式在城市污水处理项目中取得成功的重要问题。

4.3.1　PPP 模式污水处理项目收益分配的模式与原则

4.3.1.1　收益分配的模式

PPP 模式下,产出分享模式和固定支付模式是收益分配的主要模式[221]。

（1）产出分享模式

产出分享模式是指项目的各个参与方在项目产生收益后,按照当初约定的分配比例分得自己的收益。这种模式指利益共享、风险共担,是目前大多数 PPP 项目采用的收益分配模式。

（2）固定支付模式

固定支付模式是指项目参与方的某一主要成员（一般是盟主）根据事先分配的任务完成情况,将协商成功的报酬支付（可以一次性支付,也可以分次支付）给其他成员,而某一主要成员享受项目收益剩余的全部收益,但同时承担其他未分配的任务和风险。

PPP 模式下,政府部门和社会资本之间是以风险共担、利益共享为合作的根本出发点,因此采用产出分享模式更适合。

4.3.1.2　收益分配的原则

收益分配问题是项目合作能顺利开展的决定性因素之一,在项目成立之初就应该对收益分配达成共识并制定一个分配方案。在项目初始准备阶段,项目各方就项目后期的收益分配达成一个各参与方都认可的方案,且必须公平合理。在建立利益分配方案时,应遵循一些基本的原则:

（1）互惠互利原则

在项目合作中,某一方的收益不仅取决于自己的策略行动,同时也依赖于项目其他参与方的行动,因此要将项目各方的利益综合起来考量。项目各方的自主利益都应该被充分保证,以提高各方合作的积极性,使项目顺利开展。

（2）结构利益最优原则

综合考虑收益分配的各类影响因素,理智确定利益分配的最佳比例结构。只有在合理的收益分配下,才能保证各方的积极性、协调性,促使项目成功。

（3）风险与利益对称原则

该原则指合作各方的利益分配必须建立在各自风险分担的合理性基础上。

4.3.2　PPP 模式污水处理项目收益分配模型的建立

现阶段污水处理项目逐渐转变成了准经营模式的项目,也就是说污水处理项目在运营阶段有利润可图。政府部门和社会资本作为两大主要项目合作方,必须要实现风险共担、收益共享才能使得项目顺利开展。在实现收益共享的过程中,如何进行合理的分配就显得至关重要。通常情况下,投资额与所分担的风险程度决定了其利益合理分配的基础。为了更加准确地反映风险分担对社会资本收益的影响,在初期的风险因素筛选中就考虑到了投资风险,即项目的融资。所以在建立收益分配模型的过程中,主要考虑风险分担,即由前文确定出的三大风险指标,以融资指标作为最大权重指标建立收益分配模型。PPP 收益分配模型的建立采用演化博弈论作为理论基础,博弈论的两端分别是政府部门与私营企业,而博弈的最佳结果是最优的收益分配点,同时也是纳什均衡解。

4.3.2.1 确定可行集与冲突点

可行集指政府部门和社会资本在项目中的利益分配,冲突点是指双方不合作时单独付出的成本。本模型以演化博弈论和纳什均衡为理论基础,PPP 模式是指双方合作的模式,所以不合作也就不存在收益的分配,因此选定零值作为冲突点。在整个谈判过程中,我们将收益看作单位 1,社会资本和政府部门的效用函数分别用 U_1、U_2 表示,分配所得的收益用 z_1、z_2 来表示,所以就有了 $0 \leqslant z_1 \leqslant 1, 0 \leqslant z_2 \leqslant 1$。根据设定的冲突点为 0,因此初始冲突点为 $[U_1(0), U_2(0)]$,效用函数为单调递增函数,所以可行集 (U_1, U_2) 是 $U_1(0) \leqslant U_1 \leqslant U_1(1)$、$U_2(0) \leqslant U_2 \leqslant U_2(1)$ 中所有点的集合。

4.3.2.2 构建合理的效用函数

社会资本和政府部门的分配因子分别为 β_1、β_2,是将两个部门对项目的贡献进行量化的指标。效用函数必须满足以下条件:

(1) 效用函数为单调递增函数;

(2) 分配因子和边际效用正相关;

(3) 效用函数的冲突点为 0。

社会资本的效用函数为:

$$U_1 = (z_1)^{\frac{\beta_1}{\beta_1 + \beta_2}} \tag{4-1}$$

政府部门的效用函数为:

$$U_2 = (z_2)^{\frac{\beta_2}{\beta_1 + \beta_2}} \tag{4-2}$$

则纳什均衡表达为:

$$\text{MAX } (z_1)^{\frac{\beta_1}{\beta_1 + \beta_2}} (z_2)^{\frac{\beta_2}{\beta_1 + \beta_2}} \tag{4-3}$$

$$S \cdot t \begin{cases} 0 \leqslant z_1 \leqslant 1 \\ 0 \leqslant z_2 \leqslant 1 \\ 0 \leqslant z_1 + z_2 \leqslant 1 \end{cases}$$

4.3.2.3 确定风险因素权重,确定分配因子

本书中,利用层次分析法确定的三个风险因素来探讨与分配因子之间的关系。分别选定融资风险、完工风险、收益不足来确定分配因子。本模型以融资风险的指标变化来确定分配因子值的变化,前文中利用层次分析法确定出了融资风险 W_1、完工风险 W_2、收益不足 W_3 的权重,且进行过矩阵的一致性分析和归一化处理。

令 $W = W_1 + W_2 + W_3$,则最终得到的权重表达式为:

$$W'_1 = \frac{W_1}{W} \tag{4-4}$$

$$W'_2 = \frac{W_2}{W} \tag{4-5}$$

$$W'_3 = \frac{W_3}{W} \tag{4-6}$$

由于估计的不确定性及其模糊性,利用模糊综合评判法评估出分配因子的值,则设因素集 $U = \{融资风险,完工风险,收益不足\} = \{U_1,U_2,U_3\}$,各因素的权重向量为 $\boldsymbol{B} = \{W'_1,W'_2,W'_3\}$,评价集为 $V = \{无,低,较低,中等,较高,高\}$,给评价集中的各元素赋值 $V = \{0,1,3,5,7,9\}$。专家通过评价集对因素集进行打分评价,根据专家打分对每个因素进行排序,把专家打分的因素进行统一评价后,再把因素折合到 $[0,1]$ 区间中,最终得到所需要的每一个因素的模糊向量。对上述三个因素进行合并得到一个矩阵,即是从 U 到 V 的模糊关系矩阵:

$$\boldsymbol{A} = \begin{pmatrix} B_1 \\ B_2 \\ B_3 \end{pmatrix} = \begin{pmatrix} a_{11} & a_{12} & a_{13} & a_{14} & a_{15} & a_{16} \\ a_{21} & a_{22} & a_{23} & a_{24} & a_{25} & a_{26} \\ a_{31} & a_{32} & a_{33} & a_{34} & a_{35} & a_{36} \end{pmatrix} \tag{4-7}$$

收益分配的关系矩阵为:

$$\boldsymbol{H} = \boldsymbol{B} \times \boldsymbol{A} = \{W'_1,W'_2,W'_3\} \times \begin{pmatrix} a_{11} & a_{12} & a_{13} & a_{14} & a_{15} & a_{16} \\ a_{21} & a_{22} & a_{23} & a_{24} & a_{25} & a_{26} \\ a_{31} & a_{32} & a_{33} & a_{34} & a_{35} & a_{36} \end{pmatrix} \tag{4-8}$$

$$= \{H_1,H_2,H_3,H_4,H_5,H_6\}$$

假如 $\boldsymbol{H}$ 中的各元素分量之和不是 1,那么需要做归一化处理,处理后结果为:

$$\boldsymbol{H}' = \{H'_1,H'_2,H'_3,H'_4,H'_5,H'_6\}$$

由上述结果可求出分配因子 $\beta_i(i=1,2) = \boldsymbol{H}' \times \boldsymbol{V}$,进而得到社会资本和政府部门的分配因子 β_1、β_2。

最后,将纳什均衡转化成条件极值问题:

$$\mathrm{MAX}\ (z_1)^{\frac{\beta_1}{\beta_1+\beta_2}} (z_2)^{\frac{\beta_2}{\beta_1+\beta_2}} \tag{4-9}$$

$$S \cdot t \begin{cases} 0 \leqslant z_1 \leqslant 1 \\ 0 \leqslant z_2 \leqslant 1 \\ 0 \leqslant z_1 + z_2 \leqslant 1 \end{cases}$$

4.3.2.4 求解上述方程,确定收益的分配值

构造拉格朗日函数为:

$$L(Z_1,Z_2,\lambda) = F(Z_1,Z_2) + \lambda(1 - Z_1 - Z_2) \tag{4-10}$$

λ 为拉格朗日乘子,根据上式分别对 Z_1、Z_2 求一阶偏导得:

$$\frac{\partial L}{\partial Z_1} = F'_1 - \lambda = 0 \tag{4-11}$$

$$\frac{\partial L}{\partial Z_2} = F'_2 - \lambda = 0 \tag{4-12}$$

上式中 F'_1、F'_2 分别是 $F(Z_1,Z_2)$ 对 Z_1、Z_2 的偏导数,显然有:

$$F'_1 = F'_2$$

最后求出:

$$Z_1 = \frac{\beta_1}{\beta_1 + \beta_2}, \quad Z_2 = \frac{\beta_2}{\beta_1 + \beta_2} \tag{4-13}$$

模型构建最终得到的 Z_1、Z_2,即是社会资本和政府部门的相对最优收益分配。

4.4 某污水处理厂 PPP 项目收益分配实例分析

4.4.1 项目背景

本污水处理项目采用 ROT(改扩建)模式,项目特许权经营期限为 28 年,由某县政府发起,项目总概算 5000 万元,建成后年收益为 900 万元(使用者付费和政府补助是项目运营的主要收益来源)。项目建成后为某县城解决了污水排放问题,主要以生活污水为主。工艺流程主要分为两部分,一部分是污水处理:污水→污水提升泵站→精细格栅及曝气沉砂池→水解酸化池→AO 生化池(混合液不回流)→絮凝池→絮凝沉淀池→转盘滤池→消毒池→计量渠→出水用于防护林;另一部分是污泥处理:污泥(排自水解酸化池、絮凝池、絮凝沉淀池)→贮泥池→高压板框压滤机→泥饼外运至垃圾填埋场填埋。

本项目拟建污水处理厂厂址在某县城东北方向,根据《城市给水工程规划规范》(GB 50282—2016),选取城市单位人口综合用水量指标计算某县城污水处理厂纳污范围内的最高日用水量,依据用水量的日变化系数计算平均日用水量。某县城属于西北地区小城市,属于《城市给水工程规划规范》中的三区,三区小城市的城市单位人口综合用水量指标范围为 0.25～0.5[万 m³/(万人·d)],根据对城区现状用水量的分析,城市单位人口综合用水量指标呈逐年上升趋势,随着生活水平的提高及第三产业的发展,生活用水量、公建用水量和市政用水量还会逐年上升,上升率为 4%～6%。根据建设节约型社会、走可持续发展道路的指导思想,结合某县及周边地区的水资源条件,以及进厂污水量预测结果,从留有一定的余地考虑,某县城污水处理厂远期(2030 年)总规模为 20000 m³/d,近期(2020 年)总规模为 10000 m³/d。

4.4.2　确定最大风险指标

本章前文介绍了最大风险指标的确定过程。问卷设计一开始以污水处理项目为研究范围，以社会资本单独承担或者可能单独承担的风险为主要分析对象，采用问卷调查确定建设成本超支、融资风险、完工风险、运营成本超支、市场需求变化、收益不足为六大关键因素，层次分析法以此六大因素作为方案层进行权重分析，确定了各个风险权重排序，其中融资风险为最大风险指标。

本案例选取符合这一确定最大风险指标的项目范围和主要分析对象，因此本案例的最大风险指标为融资风险。

4.4.3　收益分配模型

本章根据最大风险指标建立了收益分配模型，以演化博弈论为基本理论基础，以纳什均衡最优分配为模型建立解答思路，采用效用函数构建方程，建立拉格朗日函数进行求解，最终确定社会资本和政府部门的收益分配。

本案例依据收益分配模型进行研究，以融资风险、完工风险、收益不足作为衡量分配因子的要素，来研究社会资本的收益。

4.4.3.1　确定可行集与冲突点

可行集是社会资本和政府部门在项目收益中的分配值，而冲突点是指双方不合作时各自的成本付出。本模型以演化博弈论和纳什均衡为理论基础，PPP 模式是指双方合作的模式，所以不合作也就不存在收益的分配，因此选定零值作为冲突点。在整个谈判过程中，我们将收益看作单位 1，社会资本和政府部门的效用函数分别用 U_1、U_2 表示，分配所得的收益用 z_1、z_2 来表示，所以就有了 $0 \leqslant z_1 \leqslant 1, 0 \leqslant z_2 \leqslant 1$。根据我们设定的冲突点为 0，因此初始冲突点为 $[U_1(0), U_2(0)]$，效用函数为单调递增函数，所以可行集 (U_1, U_2) 是 $U_1(0) \leqslant U_1 \leqslant U_1(1)$、$U_2(0) \leqslant U_2 \leqslant U_2(1)$ 中所有点的集合。

4.4.3.2　构建合理的效用函数

社会资本和政府部门的分配因子分别为 β_1、β_2，是将两个部门对项目的贡献进行量化的指标。效用函数必须满足以下条件：

（1）效用函数为单调递增函数；

（2）分配因子和边际效用正相关；

（3）效用函数的冲突点为 0。

社会资本的效用函数为：

$$U_1 = (z_1)^{\frac{\beta_1}{\beta_1 + \beta_2}}$$

政府部门的效用函数为：

$$U_2 = (z_2)^{\frac{\beta_2}{\beta_1 + \beta_2}}$$

则纳什均衡表达为：

$$\text{MAX} \ (z_1)^{\frac{\beta_1}{\beta_1 + \beta_2}} (z_2)^{\frac{\beta_2}{\beta_1 + \beta_2}}$$

$$S \cdot t \begin{cases} 0 \leqslant z_1 \leqslant 1 \\ 0 \leqslant z_2 \leqslant 1 \\ 0 \leqslant z_1 + z_2 \leqslant 1 \end{cases}$$

4.4.3.3 确定风险因素权重，确定分配因子

本书中，利用层次分析法确定出的三个风险因素来探讨与分配因子之间的关系。分别选定融资风险、完工风险、收益不足来确定分配因子。利用层次分析法确定出融资风险 W_1、完工风险 W_2、收益不足 W_3 的权重，且进行过矩阵的一致性分析和归一化处理。经过一致性检验得出 $W_1 = 0.3224$，$W_2 = 0.2325$，$W_3 = 0.1861$。

令 $W = W_1 + W_2 + W_3 = 0.7410$，则最终得到的权重表达为：

$$W'_1 = \frac{W_1}{W} = \frac{0.3224}{0.7410} = 0.4351$$

$$W'_2 = \frac{W_2}{W} = \frac{0.2325}{0.7410} = 0.3138$$

$$W'_3 = \frac{W_3}{W} = \frac{0.1861}{0.7410} = 0.2511$$

由于估计的不确定性及其模糊性，利用模糊综合评判法评估出分配因子的值，则设因素集 $U = \{$融资风险，完工风险，收益不足$\} = \{U_1, U_2, U_3\}$，各因素的权重向量为 $\boldsymbol{B} = \{0.4351, 0.3138, 0.2511\}$，评价集为 $V = \{$无，低，较低，中等，较高，高$\}$，给评价集中的各元素赋值 $V = \{0, 1, 3, 5, 7, 9\}$。专家通过评价集对因素集进行打分评价，根据专家打分对每个因素进行排序，把专家打分的因素进行统一评价后，再把因素折合到 $[0,1]$ 区间中，最终得到所需要的每一个因素的模糊向量。对上述三个因素进行合并得到一个社会资本影响矩阵，即是从 U 到 V 的模糊关系矩阵：

$$\boldsymbol{A} = \begin{pmatrix} B_1 \\ B_2 \\ B_3 \end{pmatrix} = \begin{pmatrix} 0 & 0 & 0 & 0.3 & 0.5 & 0.2 \\ 0 & 0 & 0 & 0.33 & 0.11 & 0.56 \\ 0 & 0 & 0 & 0.27 & 0.46 & 0.27 \end{pmatrix}$$

收益分配的关系矩阵为：

$$\boldsymbol{H} = \boldsymbol{B} \times \boldsymbol{A} = \{0.4351, 0.3138, 0.2511\} \times \begin{pmatrix} 0 & 0 & 0 & 0.3 & 0.5 & 0.2 \\ 0 & 0 & 0 & 0.33 & 0.11 & 0.56 \\ 0 & 0 & 0 & 0.27 & 0.46 & 0.27 \end{pmatrix}$$

$$= \{0, 0, 0, 0.2435, 0.4366, 0.3199\}$$

假如 H 中的各元素分量之和不是 1,那么需要做归一化处理,处理后结果为:
$$H' = \{0,0,0,0.2435,0.4366,0.3199\}'$$

由上述结果可求出分配因子 $\beta_1 = H' \times V = \{0,0,0,0.2435,0.4366,0.3199\}' \times \{0,1,3,5,7,9\} = 7.3212$

同理,给出政府部门模糊矩阵归一化后如下:

$$A = \begin{pmatrix} B_1 \\ B_2 \\ B_3 \end{pmatrix} = \begin{pmatrix} 0.5 & 0.27 & 0.23 & 0 & 0 & 0 \\ 0.7 & 0.2 & 0.1 & 0 & 0 & 0 \\ 0.53 & 0.25 & 0.22 & 0 & 0 & 0 \end{pmatrix}$$

进而得到政府部门分配因子 $\beta_2 = 0.8374$。

最后,将纳什均衡方程转化成条件极值问题:

$$\text{MAX } (z_1)^{0.8974} (z_2)^{0.1026}$$

$$S \cdot t \begin{cases} 0 \leqslant z_1 \leqslant 900 \\ 0 \leqslant z_2 \leqslant 900 \\ 0 \leqslant z_1 + z_2 \leqslant 900 \end{cases}$$

求解上述方程,确定出收益的分配值。

构造拉格朗日函数为:

$$L(Z_1, Z_2, \lambda) = F(Z_1, Z_2) + \lambda(900 - Z_1 - Z_2)$$

λ 为拉格朗日乘子,根据上式分别对 Z_1、Z_2 求一阶偏导得:

$$\frac{\partial L}{\partial Z_1} = F'_1 - \lambda = 0$$

$$\frac{\partial L}{\partial Z_2} = F'_2 - \lambda = 0$$

上式中 F'_1、F'_2 分别是 $F(Z_1, Z_2)$ 对 Z_1、Z_2 的偏导数,显然有:

$$F'_1 = F'_2$$

最后求出:

$$Z_1 = 807.66, \quad Z_2 = 92.34$$

利用以演化博弈论为基础的收益分配模型,引入了模糊综合评判法对社会资本和政府部门的收益分配因子进行计算,通过效用函数和拉格朗日函数最后得出方程的纳什均衡解,找到了 PPP 模式下某县污水处理项目的相对收益最优方案,即社会资本在独自承担风险因素的前提下,社会资本获得 807.66 万元收益,政府部门获得 92.34 万元收益,此为方程的帕累托最优解。

4.5 本章小结

本章首先基于对污水处理项目以及 PPP 模式的相关模式介绍,得出污水处理项目适用的具体 PPP 模式,并针对污水处理项目适用的 PPP 模式总结出了社会资本的单一承担风险因素。对污水处理行业存在的法律法规和政策引导特征进行了细致分析,指出现阶段行业存在投资规模大、投资回收期长、区域发展不平衡和市场化发展不健全等诸多问题;进一步对 PPP 条件下项目的具体运营模式进行了详细分析,通过对改扩建项目和新建项目的不同建设要求比选分析后认为,在改扩建 PPP 项目中宜采用 TOT、ROT 和托管运营的模式,而新建项目则更适合采用 BOT 模式,并对不同模式的运用范围给出了明确界定;接下来从行业市场化发展程度和行业发展的投资倾斜两个方面介绍了现阶段我国污水处理行业发展的主要趋势;研究结合污水处理行业的发展趋势和特点,采用文献梳理和总结归纳的方法,识别出各类风险因素 40 项,并依据不同风险的特点对其进行了分类归纳。本章主体是以社会资本为出发点确定最大风险指标,因此从社会资本单独承担和可能单独承担两方面对风险进行区分,挑选出 25 个因素作为社会资本单独承担和可能单独承担的风险因素作为问卷调查的素材。最后指出,社会资本分担的风险多集中在项目建设、运营阶段,而在项目的前期准备和决策阶段的风险大都是采用政府分担、社会资本和政府共担。

其次,对社会资本单一承担风险因素整理后得到 25 个关键风险因素,为了对 25 个风险因素的重要性进行判断,采用问卷调查法和层次分析法两者综合得到了占比最高的风险因素为融资风险的结论。问卷设计以专家和对 PPP 污水处理有一定研究水平的人员为主要调查对象,问卷针对性较强,从而提高了问卷调查的有效性,最大限度避免无效问卷。进一步对问卷进行分析后,确定了最为关键的 6 项风险因素,分别是建设成本超支、融资风险、完工风险、运营成本超支、市场需求变化和收益不足,在确定 6 项关键风险的基础上运用 AHP 确定最大风险指标。以建设成本超支、融资风险、完工风险、运营成本超支、市场需求变化、收益不足等风险因素作为层次分析结构的方案层进行判断矩阵的建立,经过一致性检验,确定各层次权重后再确定总层次权重,其中融资风险作为最大权重指标。利用 yaahp 软件进行了敏感度分析,令融资风险权重从 0 到 1 变化观察其他因素的变化情况,从而整体把握其他备选方案权重变化的原因。

再次,以社会资本和政府作为两个谈判方,社会资本承担的风险为收益分配的主要决定因素。针对数据的不确定性,引入模糊综合评判法,分别在社会资本和政府的角度对三个风险要素进行风险等级评定,对数据的不确定性进行评判,提高了数据的可信度。

最后,为了研究结果的准确性,引入实例计算最大风险指标下的收益分配,得到社会资本和政府的相对最优收益。本章选取的实例项目,在本文涉及的研究范围内。对实例项目的数据进行搜集整理,挑选出所需的数据,对融资风险、完工风险和收益不足的权重进行归一化处理,构建专家对三因素的模糊综合矩阵,通过矩阵的运算得到社会资本和政府两方的收益分配因子再进行归一化处理,然后得到社会资本和政府两方的收益分配因子,利用拉格朗日函数对方程极限求解得到了社会资本和政府的收益。

5 PPP 模式下供水项目定价机制研究

5.1 水价形成的相关影响因素分析

5.1.1 PPP 模式发展分析

5.1.1.1 政策支持

2014 年 9 月 21 日,国务院印发的《关于加强地方政府性债务管理的意见》(国发〔2014〕43 号)指出,一般政府债、专项政府债和 PPP 债是未来地方政府性债务的主要组成部分。由此可见,PPP 模式被放在了愈加突出的重要位置。

2005 年,国务院印发《关于鼓励支持和引导个体私营等非公有制经济发展的若干意见》(国发〔2005〕3 号),其中明确指出,我国将在民航、电力、铁路、石油等传统垄断行业和领域引入竞争机制,支持和引导各类非公资本参与社会基础设施和公共服务领域的投资、建设和运营。2010 年,国务院进一步印发《国务院关于鼓励和引导民间投资健康发展的若干意见》(国发〔2010〕13 号),对社会资本投资的领域和范围进行了深度拓展,明确指出支持社会资本进入社会公用事业、基础设施和政策性住房等领域。2013 年,国务院印发的《关于加强城市基础设施建设的意见》(国发〔2013〕36 号)指出,鼓励相关符合条件的社会资本参与投资、建设和运营具有一定投资回报能力的城市基础设施和公共服务项目,对各类进入的市场主体同等对待。

2014 年 9 月,财政部下发了有关 PPP 模式的第一份正式文件《关于推广运用政府和社会资本合作模式有关问题的通知》(财金〔2014〕76 号)。同年 10 月,财政部再次推出的《地方政府存量债务纳入预算管理清理甄别办法》(财预〔2014〕351 号)规定,通过 PPP 模式转化为企业债务的不再纳入政府债务。2015 年 4 月国家发展改革委等六部委联合发布的《基础设施和共用事业特许经营管理办法》是我国 PPP 立法上迈出的重要一步。

2015 年上半年,国务院办公厅转发财政部、国家发展改革委、人民银行《关于在公共服务领域推广政府和社会资本合作模式指导意见》的通知中明确指出,在基础设施和公共服务领域推广和发展政府与社会资本合作模式(PPP 模式),是转变各级政府职能、激发市场经济活力、打造新的经济增长极的重大改革举措;同年 3 月份,国家发展改革委和国家开发银行联合发布《关于推进开发性金融支持政府和社会资本合作有关工作的通知》(发改投资[2015]445 号)中具体指出,要发挥开发性金融的积极作用,解决社会资本的融资困难,协力推进 PPP 项目的顺利实施。随后,又进一步颁布了《关于市政公用领域开展政府和社会资本合作项目推介工作的通知》《基础设施和公共服务领域政府和社会资本合作条例(征求意见稿)》等众多支持 PPP 模式发展的政策规范文件。

各部门密集出台的一系列文件,规范了政府和社会资本合作的 PPP 模式,提高了基础设施和公共服务的供给效率和质量,保障了公众和社会资本的合法利益需求,创新了公共产品和服务供给的模式。

5.1.1.2　行业分布分析

根据财政部 PPP 项目综合信息平台数据显示,截至 2017 年 6 月,符合财政部规范要求,进入财政部 PPP 项目库的项目数量累计达到 13554 个,项目的总投资额达到了 16.4 万亿元,如图 1-1 所示。

从入库 PPP 项目的分布区域来看,地区集中度较高。入库 PPP 项目数量排名前三位的分别是贵州省、新疆维吾尔自治区和内蒙古自治区,入库数量分别达到 1865 个、1257 个和 1173 个,这三个地区 PPP 项目数量合计占 PPP 项目总数的 31.7%。

从入库 PPP 项目的行业分布来看,行业集中度也较高。市政工程、交通运输和环境保护工程数量最多,分别达到 4732 个、1756 个和 826 个,占所有入库项目的比例分别为 34.94%、12.96% 和 6.10%,如图 1-2 所示。

财政部 PPP 项目库入库的供水类 PPP 项目已经累计超过 300 个,项目遍及全国大部分省、自治区和直辖市。作为重要的公共基础设施,供水类 PPP 项目已经受到越来越多的社会资本的青睐。以新疆地区为例,新疆维吾尔自治区供水类 PPP 项目进入财政部 PPP 项目库的数量已达 49 个,遍及新疆大部分市、县(区),项目建设内容主要为自来水厂新建及改扩建、供水管网铺设以及配套附属设施建设,项目总投资接近 200 亿元。基于供水类项目的特有属性,项目付费机制以使用者付费为主,辅之以可行性缺口补助和政府付费。PPP 模式应用于城市供水行业,是公共产品供给方式的巨大创新,有力地促进了我国公共事业的发展。

5.1.2　水价制定影响因素及原则

5.1.2.1　影响因素分析

水是人类生存和发展过程中不可缺少的重要资源,作为一种特殊的公共产品,其价格的制定受到多种影响因素的制约,概括起来可分为资源性影响因素和社会性影响因素两类。

(1) 水的资源性影响因素

资源性影响因素主要取决于水资源的先天性属性,主要包括水源的位置、水源的稳定性、水源的品质以及其他自然属性。水资源的位置主要影响其可开采性,可开采性是水产品供应商选择水源时考虑的首要因素,水产品供应商往往会选择可开采性较高的水资源地,以降低其抽取和输送水源的成本;水源的稳定性主要指水资源在开采过程中的可持续性,稳定的水资源供应有利于降低水产品在全生命周期内的综合成本;水源的品质是指水资源的可适用性,清洁程度高、污染值小的水源能够有效降低水资源在加工过程中的难度,降低单位水资源的生产成本。

(2)水的社会性影响因素

水的社会性影响因素可以分为项目的参与主体因素、项目自身因素和外部环境因素。

① 参与主体因素

a. 公共部门因素

公共部门作为 PPP 项目价格的主要制定者和监管者,对项目价格的形成具有重要影响。首先,公共部门可以通过政府指导价、政府定价、放弃收益权、土地使用以及直接的财政补贴等手段影响 PPP 项目产品和服务的定价[222];而公共部门的财政承受能力决定了其采取怎样的手段来指导 PPP 项目定价,因此公共财政能力也是影响 PPP 产品价格制定的重要因素。同时,公共部门作为社会公众利益的代表,要在 PPP 产品价格制定过程中充分反映公众诉求,还应体现其政策主张。因此,PPP 项目的价格制定和实施都必须受到公共部门的监管,以避免社会资本在其中获取暴利,损害公众利益。

b. 社会资本因素

社会资本作为公共产品和服务的直接提供方,在 PPP 项目价格机制的形成过程中扮演着重要角色。相较于原有的公共部门直接提供产品和服务,社会资本的参与在技术水平、运营能力和资金管理等方面具有显著优势,如果社会资本的各种先天性优势能够得到充分发挥,则有利于提高 PPP 项目的生产效率,能够向社会提供更多物美价廉的优质产品和服务,使社会公众切实受益。

c. 社会公众因素

PPP 项目多为公共基础设施,社会服务性是各类 PPP 项目的共有属性。社会公众对 PPP 项目的态度也是影响项目价格机制形成的重要因素。在项目的各个时期,社会公众的态度都不容忽略,它间接影响着 PPP 项目价格机制的形成。

② 项目自身因素

a. 项目类型

伴随着 PPP 模式的广泛运用,针对不同的项目特征衍生出了多种项目类型。从 PPP 项目运作模式上划分,可将项目分为 BOT 类、TOT 类、ROT 类、BOOT 类以及 O&M 类等多种运作模式[223];从项目付费机制上,可划分为政府付费、使用者付费以及使用者付费加可行性缺口补助[224];从项目类型上划分,可分为新建项目、改建项目和存量项目;从交易结构上划分,可分为政府购买服务、政府授权加永久经营和政府出资加特许经营等。项目类型的差异会直接或者间接地对社会资本的预期收益和政府的付费水平产生影响,从而进一步影响 PPP 项目价格机制的形成。

b. 风险分配

PPP 项目合作期限短则 10 年、长则 30 年,项目全生命周期内风险复杂多变。风险分担要按照风险与收益对等、风险上限等原则进行,并综合考虑公共部门的风险管控能力、项目回报机制以及项目市场风险管理等能力。在通常情况下,由社会资本承担 PPP项目的设计、建造、运营维护等经营性风险,公共部门承担法律及政策性风险,不可抗力以及其他风险经由双方协商分配[225]。

c. 项目竞争性

在 PPP 项目采购过程中常用的采购办法主要有公开招标、邀请招标、竞争性磋商、竞争性谈判和单一采购来源等。在各类采购方式中,公开招标的竞争性最强,社会资本往往在谈判过程中处于弱势方,项目的中标产品价格往往较低;与公开招标不同,单一采购来源模式下社会资本的竞争压力最小,在项目的谈判过程中处于优势方,由于具有垄断地位,产品定价往往很高。处于经济发展水平较高、项目前景较好、政府信誉良好条件下的 PPP 项目更容易吸引到优质的社会资本方参与,在此条件下政府的谈判能力也最强,有利于保障 PPP 项目提供更多物美价廉的产品和服务。

市场竞争性的强弱,决定了市场的供求关系和社会资本的价格行为。因此,项目的竞争性是 PPP 项目价格机制形成过程中的重要影响因素。

d. 特许经营期限

作为社会资本一次性投资、分期收回的合作模式,PPP 模式条件下合作期限的长短影响着公共部门年均支付费用水平的高低。项目的合作期限越长,具体分摊到某一年的支付责任就越小,相应的价格可调整空间就越大;反之,如果合作期限较短,分摊到某一年的支付责任就变大,价格的可调整空间就小。我国 PPP 项目的特许经营期限短则 10年,长则 30 年,从一定程度上讲有利于减轻合作期限对价格机制的影响。

e. 行业发展因素

水产品生产成本是影响价格的最关键因素,其他影响因素也是直接或者间接地通过影响成本而影响价格。在市场经济条件下,水产品生产成本直接影响其价格的制定和企业的经济效益。

f. 行业技术因素

在一定的时间和区域范围内,人类所掌握的水的处理和输送技术有限,难以无限度地降低水产品的生产成本,当生产成本下降到一定水平且再难以继续降低时,与最低成本相适应的能够确保企业不亏损的价格便是此阶段水产品的价格下限,水产品的价格制定必须在价格下限以上,以满足水产品生产企业的基本生存要求。

g. 供水保证率

供水保证率是影响供水产品价格的另一个重要因素,也是供水产品价格与其他商品价格的不同之处。与其他商品供应不同,由于水文条件具有一定的随机性,自来水产品的供应量在不同条件下存在一定的差距,因此便产生了供水保证率的问题。供水保证率越高,相应的水产品的价格就会越高;供水保证率越低,水产品的价格就会越低。

③ 外部环境因素

a. 社会经济因素

社会经济因素主要涉及企业的利率、汇率、税收和物价水平等因素,此类因素的变动也会一定程度上影响价格机制的形成。例如,PPP 项目合同中经常约定成本变动和通货膨胀后的调价公式,主要是为了应对未来能源、材料、人力等因素价格出现较大变动的情况。通常情况下,成本在±5%范围内的变动由项目公司承担,超出±5%的部分由项目公司向价格监管部门提出变动申请,经各方协商一致后确定。

b. 政策法规因素

PPP 所面临的政策和法律环境在价格机制的形成过程中也扮演着重要角色。与普通商品不同,水作为一种特殊的商品具有明显的社会属性。由于水是一种社会必需品且无替代产品,因此,政府部门从自身行政职责和维护社会稳定出发,会对供水价格作出严格的政策限制,使之与本地区的经济发展和居民收入水平相适应,以保证水资源服务人民群众的基本要求。

5.1.2.2　定价原则

与传统城市供水的条件不同,对于 PPP 模式下的供水价格测定,必须要区别对待。因为社会资本一个显著的特征便是"趋利性",这也是 PPP 模式条件下供水与传统模式供水的主要差别。

(1) 效率原则

效率原则是指水价的制定必须要有利于水资源的高效配置和利用,即水价在执行过程中要起到指导的作用,以便使有限的水资源流向价值最高的领域。对于居民生活中日常用水的价格制定要以"维护基本用水,抑制超额用水"为原则;要满足高、新、尖行业领域基本用水需求,并在价格上予以优惠;同时,对于高耗能、高排放、高污染的"三高"行业,其水价制定应具备指引性,即通过高水价来促使"三高"企业转变原有生产体制,促进企业采用新标准、新工艺、新技术,提升水资源的使用效率。

(2) 经济性原则

在 PPP 模式下,企业(项目公司)作为独立的市场主体运营管理供水项目,因此供水价格的制定一定要维持企业的正常生产。保障供水企业的基本权益,是 PPP 项目成功吸引社会资本进入的基础前提,也是 PPP 项目得以长久运营的保障,更是供水企业进行技术改造和设备革新的内生动力。

(3) 消费者可承受能力原则

水产品具有重要的公共属性,其价格制定并非与普通商品一样完全由市场决定[226]。供水价格制定是否合理,对社会经济发展和人民生活水平的提高具有整体性、长期性和关键性的影响,加之水本身所具有的特性使其对使用者而言具有无可替代性。因此,供水价格在制定过程中必须要充分考虑消费者的承受能力,使水资源真正地服务于消费者,服务于社会经济发展。

（4）可持续发展原则

联合国将可持续发展定义为"既能够满足当代人的发展需求,又不损害后代人进行发展的权利"。水资源由于其有限性、时空分布不均衡性,已成为很多地区经济社会发展的资源瓶颈。因此,水产品在价格制定过程中也必须要遵循可持续发展原则,通过借助价格这个无形的手对水产品需求市场进行调节,促使消费者养成良好的水资源消费习惯,提高水资源的利用效率,实现资源、社会和人的可持续发展。

（5）政府的指导性原则

在 PPP 模式条件下实施的供水项目,水产品价格的制定不应完全由生产企业（市场）决定,而是应在政府的指导下进行。政府从维护社会稳定和保障消费者使用权益以及充分发挥项目公益性等角度出发,会对水产品价格作出严格规制,并出台相应的财政补贴政策。接受政府部门的价格指导,是 PPP 模式条件下水产品价格制定过程中不可缺失的重要环节,也是 PPP 模式区别于传统经济模式的重要特征。

5.1.3   城市供水行业的社会属性分析

随着经济社会的快速发展和人们生活水平的提高,居民生活用水量持续增加,同时对水资源质量的要求也不断提高。水资源不仅是一种自然资源,更是一种社会资源,是经济社会发展的重要组成部分。供水行业的社会经济属性主要表现在资产专用性、垄断性、公共服务性等。

5.1.3.1   资产专用性

资产专用性是指当某一资产被用于特定方面或用途之后便失去了自身的灵活性,难以再继续作为他用性质的资产,或者是若改作他用,则会明显降低其使用价值甚至彻底丧失其使用价值。资产专用性由美国经济学家奥利弗·E.威廉姆森最早在《资本主义经济制度》一书中提出,是交易成本经济学的重要组成部分。

根据以上对专用性资产的分析,以 PPP 模式运行的供水行业的交易双方的主要经济特征之一便是资产专用性。

在 PPP 模式下的供水项目中,在项目合同之外寻求其他收入的可能性微乎其微,或者说是相当有限,因为作为合作一方的社会资本,难以再在新的地点重复建造资产,并产生其他的资金收入。一旦社会资本作出了最初的投资供水行业的决定,将不再可以利用此项投资产生其他目的的经济回报,即社会资本将处于较为被动的处境。因此,资产专用的属性将使社会资本在项目合作过程中处于较为被动的地位。

5.1.3.2   垄断性

垄断（monopoly）作为一个经济学术语,是指排除、限制竞争以及可能排除、限制竞争的行为[227]。

PPP 模式条件下的供水项目赋予了社会资本在一定时间和空间范围内的"暂时垄断"特性。因为在 PPP 项目合作契约生效以后,只有约定的社会资本在既定时间、空间范围内建设、管理、运营某一供水项目,在一定的期限里不存在竞争对手。由于此时的社会资本处于垄断地位,它将尽可能地减少影响其收益的竞争性风险,其获得的收入不仅包括正常经营所得,还可能包括垄断性收入。社会资本的"临时垄断"性使公共部门放弃了对供水项目的直接控制权,当公众所需获取的产品和服务不能得到满足时,公共部门一方面急于响应公众需求,另一方面又受到与社会资本所签订的长期契约的约束,将陷入两难的境地[228]。因此,从社会资本获取的"临时垄断"角度来看,社会资本在整个合作过程中处于强势地位。

5.1.3.3 公共服务性

水作为一种特殊的准公共产品,具有公共服务性,而供水行业(企业)作为水产品的直接提供者也应具备公共服务性[229]。水是人体的重要组成部分,亦是人们生产生活中必不可少的重要资源,水资源产品的供给必须满足社会各个阶层、各层次收入群体的切实需求。供水行业的发展必须以满足人们生存发展为基本前提,必须符合健康、协调、可持续的发展理念,必须将公共服务性摆在突出地位,坚持以服务群众、服务社会、服务发展为根本使命。

5.1.4 PPP 模式价格监管的经验借鉴

价格监管是指国家或政府部门通过制定价格计划和价格政策,颁布相应的价格管理法规,建立健全价格管理体制,在价格的制定调整和执行过程中进行领导、组织、协调和控制的总称[230]。价格监管是国家一项重要的经济职能。

5.1.4.1 国外

20 世纪 70 年代,西方国家率先出现经济危机,主要发达国家为了解决经济危机条件下政府财政资金不足的问题,最先提出引入社会资本进入公共服务和基础设施领域,PPP 模式应运而生。由于西方国家接受 PPP 模式最早,在多年的实施过程中积累了丰富的经验,并且建立了较为完善的 PPP 模式综合法律体系,在 PPP 项目价格管理方面亦取得了丰硕成果,其立法模式为我国完善 PPP 法律规范体系提供了宝贵的经验。

（1）英国

① 监管法律

价格法律是维护社会经济健康运行的重要手段,英国的价格类法律处于不断修正完善过程之中。自 20 世纪 80 年代以来,英国政府相继颁布了《1980 年竞争法》《竞争法》(修正版)和《企业法》等众多涉及价格方面的法律,对公共部门的监管机构和监管手段做出了明确规定。

英国没有颁布专门针对 PPP 的法律,PPP 法律问题处理参照通用法律,但构建了 PPP 法律制度体系。体系内容从高到低划分为四个层次,分别为法律层次、政策层次、指引层次和合同层次。从总体来看,法律层面更加侧重于判定 PPP 的整体概念;政策层面重在发挥宣言作用,主要指出是否需要以及何时需要社会资本;指引层面主要是发挥解释作用,是对 PPP 模式认知的进一步深入和细化,并对 PPP 项目合作合同给出较为具体的指导性意见;合同层面重在发挥法律作用,在 PPP 指引层面的基础上对相关特定领域进行进一步阐释。

图 5-1　英国 PPP 金字塔式法律体系[231]

② 监管机构

在 PPP 的发展过程中,英国还设立了专门的 PPP 项目监管机构,伴随着 PPP 模式的发展变化,PPP 项目监管机构也经历了四次比较重要的变革,监管机构建设日臻完善,如表 5-1 所示。

表 5-1　英国 PPP 监管机构的完善历程

序号	时间	监管机构名称	主要职责
1	20 世纪 90 年代初	PPP 工作组	研究制定 PPP 初期发展的相关政策
2	1997 年	PPP 特别任务组	对 PPP 项目进行全方位管理
3	2000 年	英国伙伴关系公司	从事 PPP 项目管理咨询,协助政府部门和私营企业实施 PPP 项目
4	2010 年	英国基础设施投资局	负责制定基础设施领域政策,协助 PPP 项目融资并为项目的交付管理提供服务

目前,英国还没有设立专门的 PPP 项目价格监管机构,现阶段的价格监管任务主要由政府通用价格监管部门负责。对于具有较大垄断性的行业领域,英国设置有专门的价格监管委员会或办公室,统筹负责本行业领域范围内的价格监管工作,与其他相关部门联合共同维护市场价格水平稳定。

③ 公众监督

在 PPP 模式快速发展的同时,英国也非常重视在城市基础设施和公共服务领域建立社会性监督机制,在此期间最显著的成果就是成立专业性消费者组织。专业性消费者组织在组织上与政府监管机构没有直接关系,其独立于传统的城市公用事业经营单位和监管机构,是一个带有公益性质的社会组织,服务于消费者利益。部分英国专业性消费者组织如表 5-2 所示。

表 5-2 英国城市公用事业监管的社会性监督机制[232]

序号	行业	法律及颁布时间	监管机构	社会监督组织
1	自来水	《自来水法》/1989	自来水服务监管办公室	自来水顾客服务委员会
2	燃气	《燃气法》/1986	燃气供应监管办公室	燃气消费者委员会
3	电力	《电力法》/1989	电力供应监管办公室	电力消费者委员会
4	电信	《电信法》/1984	电信监管办公室	电信消费者代表委员会
5	铁路	《铁路法》/1989	铁路管制办公室	铁路使用者代表委员会

④ 价格上限规制

价格上限规制法最早由英国学者史蒂芬·李特查尔德在 1983 年提出,并成功运用于英国的电信行业。价格上限用公式表达即为 $RPI-X$,其中 RPI 代表社会的物价水平,X 代表生产率的增长幅度,用两者的差值来表示相关企业在下一个年度里价格允许被提高的最高程度。价格上限规制有利于促进竞争,且在一定程度上降低了企业的准入门槛。使用价格上限规制来进行产品定价取得了良好的效果,被广泛应用于包括城市供水行业在内的众多领域。

价格上限规制作为一种价格管理办法,也有其自身的优缺点。

a. 优点

操作灵活,实施难度较低。价格上限规制能够较为有效地模拟市场竞争,允许企业在最高限价范围内依据市场变化、成本变化和生产效率对价格进行调整,符合价值规律的基本要求。

能够激发企业的产品生产效率,提高企业自身的生产积极性。即当企业的生产效率高于 X 时,企业能够获得额外收益。

有利于促进企业降低生产成本,提高资源利用率。在价格上限内,企业通过降低管理和生产成本来提高收益。

b. 缺点

对于具有垄断性质的企业而言,其定价往往为价格管制的上限,即最高限价。

价格上限规制公式中的 X 取值难以准确判定。若由公私双方协商确定,则有可能导致寻租现象发生,导致规制无效,且涉及企业和行业的大量客观数据难以精确获取。

价格上限规制有可能导致生产企业无限度地降低生产成本,最终导致产品或服务质量降低。

若企业在某一年内生产出新的产品或提供了新的服务,则当年的价格规制难以对其定价产生影响。

(2) 法国

① 监管法律

由于相邻的地理位置和相似的国情,欧洲各国之间的 PPP 法律多有相互借鉴。英国在 PPP 立法上起步较早,经验丰富。1990 年以后,法国在学习借鉴英国的基础上创立了双轨制 PPP 制度,即在 PPP 特许经营之外又引入合作合同。进入 21 世纪以后,法国通过政府立法确立了合作合同制度的法律地位,通过政府购买服务的形式来解决经营性较差的基础设施的供给问题。2016 年,法国废除了合作合同法,依据欧盟的相关要求将合作合同并入政府公共采购框架。

② 监督机构

法国的 PPP 机构主要分为两级,即监管机构和智库。监管机构主要包括财政部的公共采购经济观察处和法律事务指导处[233]。公共采购经济观察处主要负责整理和发布相关公共采购数据;法律事务指导处主要负责公共采购相关规则的制定以及与欧盟的相关机构在规则制定方面进行谈判。智库方面则主要包括政府采购咨询委员会(CCMP)和服务与合作合同项目工作小组(MAPP)。CCMP 的主要职责是为政府机构提供招投标流程建议;MAPP 的主要任务是在项目获得预算部门批准前对项目进行评估。

为适应项目发展的新需要,CCMP 和 MAPP 分别于 2013 年和 2016 年被撤销,并于 2016 年成立基础设施融资中心,统筹负责基础设施领域的包括 CP、特许经营、传统政府采购合同在内的所有合同管理。

③ 合约管理

在法国公共服务的价格监管过程中,特许经营模式下的合约管理是一大特色。政府和企业的特许经营合同主要包括三种形式:第一种是全部风险特许经营合同,其主要特征是企业承担投资、建设和经营的全部风险;第二种是风险共担特许经营合同,表现为共同投资、企业经营和风险共担;第三种是有限风险特许经营合同,其特征是政府投资、企业经营、企业承担有限风险。无论何种形式的特许经营合同,最终的项目资产所有权都归政府所有,合作合同签订后政府与企业形成的是一种长期的合作伙伴关系。

(3) 美国

① 监管法律

反垄断法是涉及价格法律体系的重要组成部分。早在 1890 年美国就出台了第一部反垄断法《谢尔曼法》,在 20 世纪 30 年代,进一步推出《罗宾逊-帕特曼法》,形成了较为完善的反垄断法体系。反垄断法体系的初步形成,使价格垄断、价格欺骗、虚假宣传与标价等严重损害消费者权益的违法行为受到重大打击,有效地规范了市场经济秩序[234]。

在 PPP 法律方面,美国没有制定专门的法律,联邦下各州依据自身实际需求制定本州的 PPP 法律。由于 PPP 模式在美国的交通领域运用最为广泛,各州的 PPP 专项法律政策也往往由各州的交通部门负责制定。

② 监督机构

在价格监管机构方面,由于美国的经济体制自由开放程度较高,因此没有设立专门的价格监管机构,涉及价格监管的相关事务往往由联邦贸易委员会和反垄断局负责。同时,美国的一些非政府组织机构在推动 PPP 模式发展过程中扮演着重要角色,是美国 PPP 模式发展的一大特色。

③ 公正收益率法

公正收益率法是美国在公共服务领域运用最为广泛的一种价格监管方式,其在美国的存在已有近百年的历史。公正收益率法的基本计算公式为:

$$总收入 = 可变成本总额 + 资本成本总额 \times 公正收益率 \tag{5-1}$$

公正收益率法的特征主要表现在三个方面:第一,公正收益率法规制的对象是企业所获得的资本收益率而不是产品的价格,即在满足既定收益率的情况下价格可以自由变动;第二,由于各方所掌握的企业信息存在不对称性,企业运营成本的提高可能会直接抬升公共产品的服务价格,而在企业运营成本降低时,相关方为了继续获取较高利润不会直接对公共产品进行降价处理;第三,作为规制方与被规制方博弈的核心内容之一,公正收益率取值所涉及因素较多,难以精确判定且其取值具有时效性,需要根据客观条件的变动适时调整。

5.1.4.2 国内

PPP 模式进入我国较晚,PPP 价格监管正处于起步阶段,专门针对 PPP 模式的价格监管办法尚未成熟,目前的 PPP 价格监管主要是采用传统的价格监管体系。

(1) 相关法律规范

我国尚未推出专门的 PPP 法律,涉及 PPP 模式的各类法律规范体系建设有待进一步完善。现阶段 PPP 项目价格监管法律仍旧以《中华人民共和国价格法》《政府制定价格听证办法》《中华人民共和国反垄断法》以及《政府制定价格成本监审办法》等为核心,初步形成了涉及 PPP 价格的法律监管框架,确保了 PPP 价格监管行为的合规性和合法性。

(2) 监管主体

价格主管部门及各级政府下的物价局(发展改革委)是 PPP 项目价格监管的主体。在实际 PPP 项目运行过程中,作为政府方代表的项目实施机构,也作为监管主体参与对 PPP 项目的价格监管。PPP 项目实施机构与传统的价格监管部门物价局(发展改革委)共同构成了 PPP 项目价格的监管主体。

(3) 监管手段

随着我国经济体制的不断变革,价格监管手段也始终处于不断改革和完善的过程当中。价格监管从最初的高度集中的管理模式转变为"放管结合"的管理体制,角色从制定者转变为监管者,以市场定价为主,进一步丰富对市场定价的监管方式和监管手段,进一步强化对公用事业及垄断性行业的政府指导价。

（4）监管程序

随着社会主义市场经济制度的不断完善，我国的价格监管程序也日趋丰富，透明度日渐提高。调价听证、成本监审、价格公示和专家评议等制度的实施，进一步完善了价格监管程序，提高了价格决策的科学性。

（5）监管体系

进一步完善公众监管渠道，充分发挥"12358"价格举报电话的作用，开展价格服务宣传周活动，使价格监管理念深入人心。持续推进智能化、网络化的价格监管信息平台建设，提高价格监管的广泛性和便捷性。加强区域之间交流合作，学习新的监管办法，分享价格监管经验，做到与时俱进。

价格绩效评估是新时期价格监管的重要实现形式。目前我国价格绩效评估正处于探索时期，应进一步加强价格绩效评估办法的研究与创新，推动价格监管理论的深度发展。

5.2　基于成本分析的自来水定价模型构建

目前，水价的计算有多种不同的方法，且没有出现统一的、全国性的法律或者规范予以强制规定，各地区的水价制定办法存在一定的共同特征，但其差异性也十分明显。本书研究基于 PPP 模式条件下的供水项目定价，利用综合成本法构建出与其相适应的定价模型。

5.2.1　定价模型构建

将综合成本法应用于 PPP 供水类项目，并采用约定路径法对项目综合成本进行分摊，是对供水类 PPP 项目定价办法的扩展和创新，是构建本定价模型的核心思路。

5.2.1.1　综合成本的构成

供水产品的成本主要包括折旧费、运营维护费（水源费、药剂费、维护和修理费用）、工资及附加、税金、财务费用、利润和其他费等。

（1）折旧费 C_z

固定资产的原值为 T_i，且与之相对应的综合折旧率为 λ_i（采用直线折旧法计算折旧额），则各项固定资产的折旧额分别为 $T_1\lambda_1$，$T_2\lambda_2$，$T_3\lambda_3$，…，将各个具体折旧费累加得到项目的总折旧费：

$$C_z = \sum T_i \times \lambda_i \tag{5-2}$$

（2）运营维护费 C_y

运营维护费取值并不固定，会受到年供水规模、设备新旧程度等众多因素的影响。

运营维护费按照固定资产投资额的一定比例提取,运营维护费费率的经验值取为 5%～8%,按下式计算:

$$C_y = \sum T_i \times \alpha_i \qquad\qquad (5\text{-}3)$$

(3) 工资及附加 C_g

工资及附加费参照地区平均水平提取。

(4) 税金 C_t

企业税金按国家相关税法规定进行计算。

(5) 财务费用 C_c

财务费用依据实际发生额计算。

(6) 利润 C_h

项目收益水平参照长期贷款利率判定,在实施过程中可根据不同项目的具体要求做出一定调整。

(7) 其他费 C_o

其他费的取值按照实际发生额提取。

由于受到多种影响因素的制约,综合成本下实际水价的制定并未包括污水处理费,在具体项目上可依据专有条款约定收取固定比例或者固定金额的污水处理费。

由上可得供水项目的总成本为 (1)+(2)+(3)+(4)+(5)+(6)+(7),即:

$$C = C_z + C_y + C_g + C_t + C_c + C_h + C_o$$

5.2.1.2　综合成本的分摊

采用综合成本法确定供水价格的关键在于成本的分摊,本书研究采用约定路径法对 PPP 供水项目的综合成本进行分摊,得到相应的供水产品价格。约定路径法假定水源按照约定的管网路径流至消费终端处,从而依据该约定路径所包含的具体线路制造成本来测算供水价格。此分摊办法认为水产品消费行为发生时,水源只从特定的路径流过,其他未涉及的线路管网则没有影响。

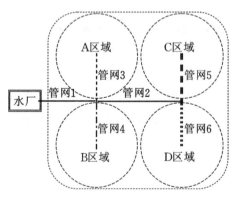

图 5-2　供水管网布置模型图

如图 5-2 所示,为降低模型构建的复杂性和增加其直观性,现将整个水厂的服务范围划分为四个受水区域(A～D 区域),水厂与各个受水区域之间通过管网 1～6 连接。四个受水区域形成了四条不同的约定路径(供水路径),每一个受水区域的供水产品价格依据约定路径法单独确定。

供水管网分为共有管网和独有管网,其中共有管网包括管网 1 和管网 2,共计 2 条;独有管网包括管网 3、管网 4、管网 5 和管网 6,共计

4 条。

共有管网的建造费用由使用本设施的各受水区域按照一定的比例合理分摊(流量比例);独有管网的建造费用由各受水区域单独承担。

路径一:管网 1→管网 3;

路径二:管网 1→管网 4;

路径三:管网 1→管网 2→管网 5;

路径四:管网 1→管网 2→管网 6。

此分摊办法的具体计算过程为:

(1) 约定路径。即从水源的生产地至消费终端处的供水路径(一级管网)。约定路径的选择由管网实际铺设路线和参与各方协商确定。此模型中共形成四条供水路径。

(2) 确定每一条路径上的水源流量。第 i 条路径上的水源流量为 T_i,第 i 条路径的综合成本为 C_i。则第 i 条路径上的水产品价格 R_i 为:

$$R_i = \frac{C_i}{T_i} \tag{5-4}$$

C_i 的计算和取值是确保结果精确度的关键。C_i 由共有管网的综合成本和独有管网的综合成本两部分构成。C_i 的取值并非一个固定公式,而是伴随着受水区域和管网路径的改变而不断变化的,在同一项目中不同受水区域的计算亦不相同。

5.2.2 定价模型分析

5.2.2.1 项目折旧费的确定

折旧费主要是指涉及供水项目的引水渠道的铺设、水厂和供水管网的修建以及相应供水设备等固定资产在其寿命周期内折旧到每年的费用。在折旧费计算过程中,可以采用直线折旧法,即首先判定需要计提折旧的水厂建设和管网建设的固定资产的原值 T_i 和与之相对应的综合折旧率 λ_i,计算出各项固定资产的具体折旧额,将各个具体折旧费累加得到项目的总折旧费。

5.2.2.2 项目运营维护费的确定

运营维护费包括供水项目在运营过程中必要的维护和修理费用,以及相应的药剂费和能源消耗等。运营维护费的取值每年不同,年度之间存在显著的差异。因此,运营维护费的计算可参考同类其他项目,即按照供水项目的固定资产原值和运营维护费费率 α_i 来确定(运营维护费费率的经验值一般取 5%～8%)。

5.2.2.3 项目工资及附加费的确定

工资按照项目的实际定额人数和区域范围内同类或相关企业的人均工资水平进行

测定,可依据特定岗位作出相应的调整。附加费即指与工资相关联的工资性费用,主要包括福利费和养老保险、失业保险、基本医疗保险、住房公积金、工伤保险、生育保险、工会费用等和工资一起进行提取的有关费用,按照岗位工资的一定比例进行计算。

5.2.2.4 项目税金的确定

《国家税务总局关于实施国家重点扶持的公共基础设施项目企业所得税优惠问题的通知》(国税发〔2009〕80 号)中规定,对符合条件的公共基础设施建设项目进行税收减免优惠。PPP 模式下的城市自来水项目符合《公共基础设施项目企业所得税优惠目录》的规定要求,财政部下发的《关于支持政府和社会资本合作(PPP)模式的税收优惠政策的建议》是对 PPP 项目税收优惠政策的进一步完善。

5.2.2.5 财务费用的确定

项目财务费用指企业在日常生产经营过程中为筹措资金而发生的各种相关费用,主要包括各类利息支出(包括短期借款利息、应付票据利息、长期借款利息、票据贴现利息、应付债券利息等)、汇兑损失、手续费和其他财务费用。

5.2.2.6 合理利润的确定

PPP 供水项目的合理利润是在 PPP 模式条件下而言的,是为了满足社会资本的逐利性需求。想要得到一个全国统一性的利润率水平很难,各地区各行业可以根据自身实际情况制定适当的收益率。正常情况下,可参照一般银行的长期贷款利率水平和本地区各产业的平均收益率来确定 PPP 供水项目的合理利润率[235]。同时利润水平的确定还取决于项目参与方的谈判水平。

本书取一般银行的长期贷款利率 r 作为研究模型中 PPP 供水项目的利润率,并根据具体项目实际情况给出利润率的调整系数 $\beta(-1.5\%<\beta<1.5\%)$。

5.2.2.7 其他费

其他费主要包括供水企业的水污染防治费、水资源费、土地使用费等。

企业在对水资源的开发和利用过程中,很有可能会造成一定程度的生态环境的破坏和社会整体效益的流失,企业在造成社会效益损失的同时也应该付出相应的补偿,即供水企业的水污染防治费补偿。

2006 年,国家有关部门颁布《取水许可和水资源费征收管理条例》,进一步明确了水资源费提取的方式、目的和用途。水资源费是向各类取水单位收取的一种费用,按照"取之于水,用之于水"的原则进行提取,纳入地方财政并作为一项专项资金投入水管理和水资源的开发利用。

土地使用费是指用地企业因使用土地而支付的土地使用权出让金,是土地使用者在使用过程中付出的代价。

5.2.3 定价模型优化

由于不同受水区域位置不同,与之所匹配的管网路径也不同,致使选用约定路径法对综合成本进行分摊后所得到的不同区域的供水价格可能存在较大的差异,使消费者在消费过程中产生较大的心理偏差,不利于价格的制定和落实。同时,本书在测算过程中主要考虑的是经济因素,主要是依据成本定价,对于低收入人群的可承受能力和项目的服务性等非经济因素考虑不足。

因此,水价制定还应考虑到居民生活用水的特殊性。定价模型的优化主要是通过政府利用"有形的手"对水价进行有针对性的调整,通过有形的手和无形的手相结合,以确保水价的制定既不失科学性,又能与地区经济发展水平和消费者收入水平相适应,保障水资源的社会福利性得到更好的落实。

模型优化的方式主要有:

(1)当水价超出低收入群体的可承受能力时,给予社会低收入群体用水的政府财政补贴;

(2)当水价水平普遍高于地区居民可承受能力,且供水企业盈利水平并无明显提高时,应直接向供水企业进行可行性缺口补助;

(3)政府作为重要的监管方,应加强对社会资本的监督,防止社会资本牟取暴利和损害消费者利益的现象发生。

5.3 PPP 供水项目价格调整机制

5.3.1 调价机制内涵与必要性

5.3.1.1 内涵

《政府和社会资本合作项目通用合同指南》中明确规定了 PPP 模式条件下的产品服务价格及价格的调整措施,进一步指出 PPP 项目合同的签订要坚持收益与风险相匹配以及社会可承受的原则,应对项目服务价格和调整机制做出合理约定。

PPP 模式下的价格调整机制不仅仅是指价格调整的具体方法和模型,而是一个完整的价格调整系统。调价系统中应包括价格调整的基本原则、价格调整的周期与启动条件以及适应价格调整的完备调价流程[236]。

5.3.1.2　必要性

PPP 模式相较于传统的政府提供基础设施和公共服务模式具有显著优势,在我国得到了广泛的推广和应用,但 PPP 项目合作失败的情况也时有发生,从价格管理的方面分析来看多是由于项目缺乏科学合理的价格调整机制。

目前,我国的 PPP 项目主要以特许经营为主,具有明确的付费对象,能够产生相对稳定的现金流的 PPP 特许经营项目成为重点推行的 PPP 项目。在 PPP 项目特许经营活动中,社会资本在项目的全生命周期内负责项目的建设、运营、维护和移交等工作,通过向使用者或者公共部门收取费用来获取合理投资回报。

从现阶段 PPP 发展的基本情况来看,项目前期的评估、可行性研究等内容主要由政府部门来完成,但由于公共部门缺乏项目经验和基础数据信息,不能准确地预测 PPP 项目未来的现金流量,难以科学地制定产品和服务的收费价格,而且在项目的实际运行过程当中,既定的收费价格缺乏调整弹性,致使社会资本产生暴利或者亏损情况的发生。解决此类问题的最有效办法就是适时适度地对 PPP 产品和服务的价格作出调整,从而确保社会福利的最大化。

5.3.2　价格调整原则

从长期角度来看,在 PPP 项目的整个运营期限内价格增长的可能性远大于价格下跌的可能性。因此,无论是在 PPP 项目的特许经营合同中,还是在价格调整的实际执行过程中,都更偏向于考虑消费者的利益。由于 PPP 项目多为基础设施和公共服务类产品,具有很强的公益属性,因此本书选取公平性原则、效率性原则和利益相关者满意度原则作为价格调整的三大基本原则。

5.3.2.1　公平性原则

在 PPP 特许经营合同的签订和执行过程中,政府和社会资本各有所虑。作为项目主要运营方的社会资本,主要顾及项目的盈利能力,考虑到作为基础设施的 PPP 项目受到政府部门的监管较多,并且项目的收费价格在制定过程中会受到较多的约束,从而对项目的盈利能力缺乏信心。政府部门则主要担心由社会资本运营 PPP 项目的垄断性会损害公众利益,造成基础设施供给效率的降低和公众使用成本的增加。

在 PPP 项目中,项目实际运营要兼顾各方利益,合同条件应该平衡各方利益需求目标。公共部门要支持鼓励社会资本参与 PPP 项目,满足社会资本的基本利益需求;同时在项目实施过程中一定要保障社会和公众利益不受侵犯。

5.3.2.2　效率性原则

效率是 PPP 模式中政府选择社会资本的重要标准,PPP 模式将社会资本引进公共服务及基础设施等垄断领域进行建设和运营,一定程度上提高了项目的运行效率。在垄断项目中成本的增加一般都通过价格予以释放,因此 PPP 项目的成本管理和价格控制是提高其生产效率的重要抓手,应建立与生产成本和服务水平相挂钩的价格调整办法,以保障 PPP 项目的运行效率。

5.3.2.3　利益相关者满意度原则

利益相关者满意度是衡量公平性和效率性的首要原则。PPP 项目价格调整的实质就是政府、社会资本以及消费者对于项目利益和风险的再分配过程。PPP 项目风险和利益之间关系错综复杂,在短期内尚可以维持平衡,从长远角度看如果某一方面的因素被打破,这种平衡就会戛然而止。PPP 项目价格机制研究的目的就是在不损害某一方合理利益的基础上,使利益相关各方达到满意。

5.3.3　综合成本模式下约定路径法的价格调整模型

以往的价格调整模型多是综合性调价办法,无特定的使用前提,可以在多种行业领域和定价办法下使用。本书研究的价格调整模型适用于综合成本模式下约定路径定价法的价格调整,是针对特定定价办法提出的专门性价格调整模型,具有很强的针对性。

在综合成本定价模式下,首先计算出供水项目的综合成本,再利用约定路径法对综合成本进行合理分摊,进而得到某一支路上的供水产品价格。本书研究的调价模型只适用于采用综合成本定价并使用约定路径法分摊综合成本的供水类 PPP 项目,调价模型制定具备极高的针对性。

如图 5-2 所示,为降低模型构建的复杂性并增加其直观性,将整个水厂的服务范围划分为四个受水区域(A～D 区域),水厂与各个受水区域之间通过管网 1～6 连接。

5.3.3.1　调价因素分析

以下就价格调整触发机制、调价周期、调价流程、调价范围和调价方法等方面作出详细说明。

(1)触发机制

价格调整机制的设计中应该包括价格调整的启动点,各因素变动达到临界条件时才能启动调价程序。成本约束指标与利润率控制指标是临界值确定的两大关键因素[161],其中成本约束指标通常包括汇率和通胀率变化、人工费和原材料价格变化以及其他对综合成本影响较大因素的价格变化等。具体影响因素可在 PPP 项目合同中详细约定,当满足既定条件且达到临界值时可以启动价格调整程序,临界值确定的实质是确保 PPP 项目成本变化在合理范围内。

（2）调价周期

合理的调价周期是价格调整的关键。如果价格调整周期过短,频繁的调价活动极易导致社会公众的不满和抵制;如果调价周期过长,导致价格调整的变化严重滞后于项目经济因素的变化,给社会资本的经营活动造成很大的不确定性,从而挫伤社会资本参与PPP 项目的积极性。

由于不同行业属性的差异性,各行业的价格调整周期也不尽相同。例如供水行业的调价周期一般为 3～5 年,垃圾处理项目的调价周期一般为 2～3 年,收费性公路的调价周期为 2～3 年。以上给出的仅是行业平均年限,实际调价年限还受到诸多项目自身以及外部因素的影响。在 PPP 项目的全生命周期内,影响价格的各类经济因素不断变化,致使价格变动常常滞后于项目成本变动,因此固定间隔的调价周期设定并不十分科学。

杨卫华认为,在 PPP 项目中价格的调整周期应该与风险的分担周期相对应[237],在整个 PPP 项目特许经营周期 T_c 内,产品的最大价格调整次数 W 为:

$$W = Nint\left(\frac{T_c}{T}\right) - 1 \tag{5-5}$$

式中　T_c——PPP 项目的特许经营期限;

　　　T——项目风险评估周期;

　　　$Nint(/)$——四舍五入取整。

通常情况下,在 PPP 项目的运营初期,项目参与各方所掌控的信息量较少,调价周期设置应相对较短;在项目运营中后期,项目运行稳定且各方对于信息的掌控也愈加丰富,可以适当加长调价周期。

（3）调价流程

科学调价模型的制定离不开完备的价格调整流程。完备的价格调整流程应包括价格调整的听证会、启动条件、独立机构的监管、调整后价格的执行等一系列关键程序。价格调整流程如图 5-3 所示。

（4）调价范围

约定路径定价法的调价办法与传统调价办法的最大区别就是调价范围的不同。传统调价办法是针对某一项目的价格调整,即价格调整适用于整个项目;约定路径定价法下的调价办法是对某一供水项目约定路径供水范围内的价格调整,即特定路径范围内的经济因素变动只对本区域范围内的价格产生影响。

（5）调价方法——区域调价法

区域调价法是与综合成本下约定路径定价相适应的价格调整办法。由上文中水价的计算公式可知,价格受到综合成本和实际供水量的双重影响,因此本书选取综合成本和实际供水量作为水价调整的触发因素。价格变动以某一受水区域为界线,实行区域内调价是本调价办法的一大特色。

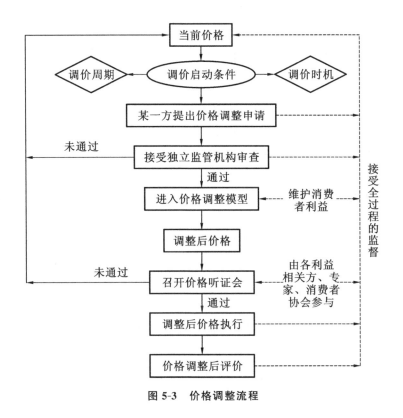

图 5-3　价格调整流程

5.3.3.2　价格调整模型构建

基于综合成本下约定路径定价法的价格调整模型如图 5-4 所示。

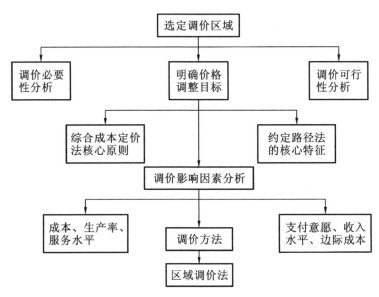

图 5-4　基于综合成本下约定路径定价法的价格调整模型

5.4 某 PPP 供水项目定价机制实例分析

民以食为天,食以水为先,获得洁净卫生的饮用水源是人们生存的基本权利。各级政府部门高度重视广大人民群众的饮水安全,切实做好广大地区的饮水安全是维护人民群众根本利益和发展新时代中国特色社会主义的必然要求。

5.4.1 项目背景

实证研究以新疆某地的 PPP 供水项目为例,验证综合成本下约定路径法应用于 PPP 供水项目的可行性。

5.4.1.1 建设内容与规模

本供水项目在某水库坝后电站尾水渠进行取水,应项目实际需要新建稳流池 1 座,新建自来水管道全长 23.50 km,单管布置,管网直径为 DN600,采用组合管材。配套各种相关管道及附属构筑物共计 224 座,其中:各类阀门井共 98 座,弯管支墩 44 座,管道交叉所需建筑物 45 座。项目新建原水沉沙调蓄池 1 座,容量为 25 万 m³,并建设总供水厂 1 座。

5.4.1.2 合作期限

本项目合同期限 30 年(含建设期 2 年),自 PPP 项目合作合同生效之日起计算。依据《基础设施和公用事业特许经营管理办法》的要求,建设项目实际运营期限的确定应综合考虑所提供公共产品或服务的市场需求、项目生命周期、投资回收期等因素。

5.4.1.3 项目总投资

本供水项目建设期总投资约 1.767 亿元,其中固定资产投资额为 1.23 亿元。项目采用政府与社会资本合作模式(PPP 模式)进行建设,建设资金来源为项目公司自筹资金。

政府出资代表县水利投资建设有限责任公司与社会资本共同成立项目公司实施本项目。政府或其授权机构持有项目公司 20% 的股份,其余 80% 的股份由社会资本持有。项目公司以土地使用权作价或直接以现金等方式出资,资本金按此比例及时到位。

县人民政府授权县水利局负责对项目公司建设运营进行监督考核,县财政局、县审计局、县纪检委等根据部门职能对项目公司进行监管。

5.4.2 综合成本测算

5.4.2.1 折旧费 C_z

参考同类项目折旧期限,本项目折旧期定为 20 年,选取直线折旧法计算年折旧额,残值为 5%。

年折旧额

$$C_z = 12300 \times (1 - 5\%) \div 20 = 584.25 (万元)$$

5.4.2.2 运营维护费 C_y

运营维护费取值在不同年份受到年供水规模、设备新旧程度等众多因素的影响,存在一定的差异性。运营维护费按照固定资产投资额的一定比例提取,同类项目的运营维护费费率的经验值一般取为 5%~8%,考虑到本项目自身的特殊情况,本项目费率取值 7%,即:

$$C_y = 12300 \times 7\% = 861 (万元)$$

5.4.2.3 工资及附加 C_g

项目目前正处于建设阶段,尚未正式运营,项目用工人数暂定为 30 人,人均工资为 4.2 万元/年,则有

$$C_g = 30 \times 4.2 = 126 (万元)$$

5.4.2.4 税金 C_t

企业税金测算参照本地区类似项目的税收水平,税收参数如表 5-3 所示。

表 5-3　税收参数表

税种	纳税依据	税率
增值税	销项税额—进项税额	17%
营业税金及附加	增值税额	8%
企业所得税	利润总额	25%

综合计算得到 C_t 为 321 万元。

5.4.2.5 财务费用 C_c

项目资金全部由项目公司自筹,财务费用暂定为零。

5.4.2.6 利润 C_h

项目收益水平参照长期贷款利率判定,2017 年央行五年以上长期贷款利率为 4.9%,则有:

$$C_h = 17670 \times 4.9\% = 865.83(万元)$$

5.4.2.7 其他费 C_o

其他费的取值按照实际发生额提取,本项目暂取值为项目投资额的 0.7%,即:

$$C_o = 17670 \times 0.7\% = 123.69(万元)$$

由上可得供水项目的综合成本为:

$$C = 584.25 + 861 + 126 + 321 + 0 + 865.83 + 123.69 = 2881.77(万元)$$

5.4.3 综合成本分摊

本项目受水区域为东西长、南北短,供水管网铺设为人字形走向,水厂位于受水区的正东方,如图 5-5 所示。

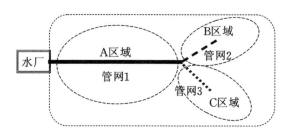

图 5-5 某市(县)供水管网布置图

(1) 根据供水管网所处位置不同划分为管网 1、管网 2 和管网 3 共三段。其中,管网 1 为共有管网,管网 2 和管网 3 为独有管网。管网 1、管网 2 和管网 3 的长度分别为 14 km、4.75 km、4.75 km。由上节得到项目的年综合成本为 2881.77 万元,则按照约定路径分摊得到管网 1、管网 2 和管网 3 的综合成本分别为:1716.80 万元、582.49 万元、582.49 万元。

(2) 按照受水区域实际情况将其划分为 A、B 和 C 三个具体区域。同时,与三个受水区域相对应的是三条供水路径:

① 路径一:管网 1(A 区域);

② 路径二:管网 1→管网 2(B 区域);

③ 路径三:管网 1→管网 3(C 区域)。

(3) 依据各受水区域人口状况,预测各区域的年水资源消费量分别为:A 区域 420 万 m^3; B 区域 880 万 m^3;C 区域 820 万 m^3。

（4）水价计算

① A 区域

$$P_a = \frac{管网 1 综合成本}{管网 1 通水量}$$
$$= 1716.80 \div 2120$$
$$= 0.81（元/m^3）$$

② B 区域

$$P_b = \frac{管网 1 综合成本 \times (880 \div 2120) + 管网 2 综合成本}{管网 2 通水量}$$
$$= (1716.80 \times 0.41509 + 582.49) \div 880$$
$$= 1.47（元/m^3）$$

③ C 区域

$$P_c = \frac{管网 1 综合成本 \times (820 \div 2120) + 管网 3 综合成本}{管网 3 通水量}$$
$$= (1716.80 \times 0.38679 + 582.49) \div 820$$
$$= 1.52（元/m^3）$$

由于本定价模式的特殊性,不同受水区域的水产品价格各不相同,在实际实施过程中价格主管部门可以此为依据,并结合本地区和不同受水区域的特点对模型计算结果进行适度的调整和优化。

价格调整的主体是公共部门,主要是在项目的运营过程中,通过模型计算得到理论价格以后,政府部门根据自身职能需要和不同区域消费者的实际承受能力,对理论价格作出一定的修正。

5.4.4　实证结论

本章将综合成本模式下约定路径定价法应用在具体的实例上并进行验证。通过对案例的分析和计算,得到了在模型下不同受水区域的水产品价格,进一步论证了综合成本模式下约定路径定价法应用于 PPP 供水项目的可行性,为相应条件下水产品价格的制定提供了重要参考。

5.5　本 章 小 结

（1）对水价形成过程中的相关影响因素进行分析。首先介绍了 PPP 模式的发展概况,详细列举了有关部门出台的众多支持 PPP 模式发展的政策性文件,并进一步介绍了 PPP 模式在我国的发展状况,特别是在供水行业的发展现状;然后从资源性和社会性两方面介绍了水价形成的影响因素,进而又指出了在 PPP 模式下供水项目定价应坚持的基本原则;接着从资产专用性、垄断性和准公共产品性三方面分析了供水行业的社会属性;最后介绍了 PPP 模式下的价格监管制度,详细分析了国内外现有的价格监管体制,对定价模型的构建提供了重要理论支撑和保障。

(2)定价模型的构建。首先逐一介绍了综合成本的主要构成要素,并详细分析了各个要素的基本特征和取值依据;然后通过对各要素的分析计算得到综合成本,并指出采用综合成本法的关键在于对综合成本的分摊(研究中选用约定路径法对综合成本进行分摊,得到了基于 PPP 模式条件下供水项目的定价模型);最后指出定价模型可能存在的不足,进一步说明定价模型的优化主要是通过政府利用"有形的手"对水价进行有针对性的调整,并从政府方面对价格的优化和改进提出具体意见。

(3)价格调整机制建设。首先指出了价格调整机制的内涵和价格调整的必要性;然后指出由于 PPP 项目多为基础设施和公共服务类项目,具有很强的公益属性,在价格调整中必须坚持公平性、效率性和利益相关者满意度原则;最后从价格调整的触发机制、调价周期、调价流程、调价范围和调价方式等方面对价格调整进行了细致说明,并最终给出了与综合成本定价法相适应的价格调整模型。

(4)将综合成本模式下约定路径定价法应用于新疆某供水项目进行实证分析。鉴于本供水项目的实际服务区域特点和供水管网的走向,将项目服务范围划分为三个受水区域,通过求解项目的综合成本并对综合成本按照约定路径法进行科学的分摊,最终得到项目服务范围内不同受水区域的供水产品价格,是对定价模型可行性的进一步印证。

6 PPP 模式下项目 VFM 定量评价研究

6.1 PPP 项目流程及 VFM 评价方法

6.1.1 PPP 项目流程

一个完整的 PPP 项目包括五个过程,分别是项目识别、项目准备、项目采购、项目执行和项目移交[332],具体流程如图 6-1 所示。

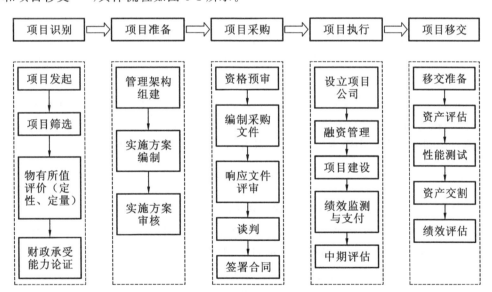

图 6-1 PPP 项目流程图

6.1.1.1 项目识别

项目识别是 PPP 项目的第一个阶段,主要包括项目发起、筛选、物有所值评价(定性、定量)、财政承受能力论证等内容。政府或社会资本都可以发起 PPP 项目,但以政府为主。由财政部门和行业的主管部门对项目进行评估筛选,确定备选项目,财政部门制定备选项目的年度和中期开发计划。确认了备选项目后,对其进行物有所值(Value for Money,VFM)的定性和定量评价,目前常以定性评价为主。若项目通过了物有所值评价,再对其进行财政承受能力论证,主要包括责任识别、支出测算、能力评估和信息披露。

6.1.1.2 项目准备

项目准备是 PPP 项目的第二个阶段,共包括三个环节:管理架构组建、实施方案编制和实施方案审核。管理架构包括建立项目的协调机制和实施机构。由县级以上人民政府组织相关部门建立协调机制,负责项目评审、监督检查、组织协调等活动。实施机构为政府或其指定单位,负责项目的准备、采购、监管、移交等工作。实施方案的编制由发起人或社会资本基于项目识别阶段的项目建议书和初步实施方案进行编制,主要包括项目概况、运作方式、交易结构、风险分担和利益共享机制、监管架构和合同体系等内容。实施方案的审核是验证项目物有所值评价和财政承受能力,若均通过验证,就由项目的实施机构报政府审核;若未通过验证,要对实施方案进行修改并重新验证;若仍未通过验证,则不能采用 PPP 模式。通过验证的实施方案经审批后可以组织实施。

6.1.1.3 项目采购

项目采购是 PPP 项目的第三个阶段,主要包括资格预审、编制采购文件、响应文件评审、谈判和签署合同。首先由 PPP 项目的实施机构编制资格预审文件、发布资格预审公告并对参加预审的社会资本进行评审;然后由项目的实施机构编制项目的采购文件,社会资本准备投标文件,由实施机构组建评审小组对社会资本和金融机构准备的响应文件进行评审;接着由项目的实施机构成立谈判工作组,进行谈判等工作;谈判完成后,最后由实施机构和中标的社会资本签署合同,双方开始 PPP 项目的合作。

6.1.1.4 项目执行

项目执行是 PPP 项目的第四个阶段,包括设立项目公司、融资管理、项目建设、绩效监测与支付、中期评估等,是所需时间最长的阶段,时间长达二三十年。由社会资本创立项目公司,政府指定相关单位参股。由项目公司或社会资本负责对项目融资,融资方式有银行贷款,发行基金、债券等方法。融资完成后,由项目公司建设和试运营项目。由项目的实施机构依据相关合同,监测项目的产出绩效指标。PPP 项目的支付方式有政府付费、使用者付费和使用者付费加可行性缺口补助三类。最后由政府主管部门负责对项目进行中期评估,分析其履约情况、风险和防范措施。

6.1.1.5 项目移交

项目移交是 PPP 项目的最后一个阶段,包括移交准备、资产评估、性能测试、资产交割、绩效评估等内容。由项目的实施机构或政府指定的其他机构组建项目移交工作组,与项目公司或社会资本确认移交情形、补偿方法,并制定性能测试方案。然后由项目移交工作组委托资产评估机构对资产进行评估,委托专家或由移交项目工作组负责对项目的性能进行测试。测试合格后,项目公司或社会资本将项目资产、技术法律文件、知识产权和资产评估清单共同移交给项目实施机构。移交完成后,由财政部门对 PPP 项目进行绩效评价并公开结果。至此,一个 PPP 项目的生命周期结束。

在 PPP 项目全部流程中,有两个决定项目成败的核心环节:(1)项目识别阶段的物有所值评价环节;(2)项目采购阶段的签署合同环节。在物有所值评价阶段,对项目进行定性评价和定量评价,计算项目采用 PPP 模式是否比传统方式物有所值。只有通过物有所值评价时,才可以采用 PPP 模式建设项目;否则,就采用传统模式。

6.1.2　VFM 评价方法

国际上通常采用三种方法来评价项目是否物有所值:成本效益分析法、竞争性招标法和公共部门比较值评价法。

6.1.2.1　成本效益分析法

成本效益分析法,是对公共事业的社会收益进行量化,计算项目所有方案成本和收益的评价指标,如净现值、成本现值、收益现值、收益成本比等。目前使用最频繁的评价指标是净现值,即比较项目所有方案的成本与收益的净现值之差,选其最小值为最优决策方案。成本效益分析法最早出现在 19 世纪法国经济学家朱乐斯·帕帕特的著作中,经过长时间的广泛应用,其方法理论已经较为成熟。但成本效益分析法也有其弊端,运用成本效益分析法需要对社会效益进行量化,需要大量的数据支持和假设条件,计算量较大。目前,国际上应用成本效益分析法进行物有所值评价的国家较少,主要是澳大利亚和德国。

6.1.2.2　竞争性招标法

应用竞争性招标法的机理是,私营企业与公共部门相比在相当多方面具有优势,如管理水平、激励制度及专业技术等。如果市场竞争充分,则私营企业通过降低基础设施建设与运营的成本进行低价竞标,并提高服务质量和效率,由此实现 VFM。采用竞争性招标法的前提是:所在国相关的法律法规健全,公共部门的监管能力较强,市场竞争充分。竞争性招标法具有效率高、成本低等优势,主要应用在法国、新加坡、拉丁美洲等国家或地区。

6.1.2.3　公共部门比较值评价法

公共部门比较值(Public Sector Comparator,PSC)评价法是,假定政府采用 PPP 模式和传统采购模式有相同的产出绩效,比较 PPP 项目全生命周期内政府的净成本现值(PPP 值)和公共部门比较值(PSC 值),判断采用 PPP 模式是否可以实现物有所值。PSC 为初始 PSC、风险转移、风险保留和竞争中立调整值四者现值之和。若 PPP 值小于 PSC

值,表明采用 PPP 模式所需的成本小于传统模式,说明采用 PPP 模式可以物有所值;若 PPP 值＞PSC 值,表明采用 PPP 模式所需的成本大于传统模式,此时采用 PPP 模式无法实现物有所值。PSC 法是目前应用最广的物有所值定量评价方法,在英国、德国、澳大利亚等国家以及我国香港地区被广泛推广。

我国目前使用的物有所值评价方法是公共部门比较值评价法,即 PSC 法。

6.1.3　VFM 评价体系

财政部在《关于印发〈PPP 物有所值评价指引(试行)〉的通知》中指出,对于拟采用 PPP 模式实施的项目,应在项目识别或者准备阶段开展物有所值评价。

VFM 评价包括两方面:定性评价和定量评价。目前我国物有所值定量评价尚处于探索阶段[9],许多项目在进行前期评价时主要采用定性评价。

6.1.3.1　定性评价

定性评价的主要内容是召集相关经济、技术、管理和法律专家按照项目本级财政部门(或 PPP 中心)与同行业主管部门制定的评分标准对定性评价指标进行打分。若评分结果大于或等于 60 分,则通过物有所值定性评价;若评价结果不足 60 分,则项目不宜采用 PPP 模式进行建设。

定性评价指标分为基本评价指标和补充评价指标,如图 6-2 所示。

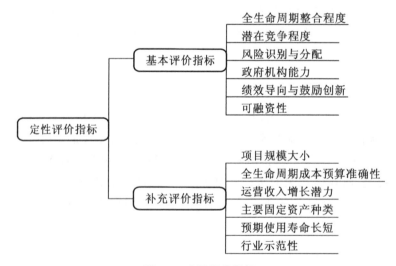

图 6-2　定性评价指标

(1) 基本评价指标

① 全生命周期整合程度。考核项目设计、投融资、建造、运营和维护等环节在项目全生命周期内是否可以充分整合。采用 PPP 模式,通过签署一个长期的合作合同授权社会

资本实施所有环节,是实现 PPP 项目 VFM 的重要机制。

② 潜在竞争程度。考核 PPP 项目是否对社会资本产生竞争性的吸引力,且在项目准备、采购等阶段能否采取措施来促进竞争。

③ 风险识别与分配。考核政府和社会资本在项目全生命周期内能否识别并分配预期的风险因素。

④ 政府机构能力。考核政府依法履约、转变职能、项目执行管理、优化服务、行政监管等能力。

⑤ 绩效导向与鼓励创新。考核是否建立有效的监管机制和绩效标准,能否落实节能环保,是否鼓励社会资本创新,能否带来广泛的社会收益。

⑥ 可融资性。考核项目的市场融资能力。

(2) 补充评价指标

补充评价指标主要有项目规模大小、全生命周期成本预算准确性、运营收入增长潜力、主要固定资产种类、预期使用寿命长短和行业示范性,一般从上述六项中选择三项与项目联系最紧密的指标进行评价[238]。

本书中,仅对物有所值定性分析做简要介绍,不展开深入研究。

6.1.3.2　定量评价

VFM 定量评价是比较项目的 PSC 值和 PPP 值,判断采用 PPP 项目是否物有所值。若 PPP 值<PSC 值,即采用 PPP 模式所需的成本小于传统模式,说明采用 PPP 模式可以物有所值;若 PPP 值>PSC 值,即采用 PPP 模式所需的成本大于传统模式,说明此时不宜采用 PPP 模式。

(1) PSC 值构成

PSC 值由初始 PSC、竞争中立调整值、自留风险和转移风险四部分组成,如图 6-3 所示。

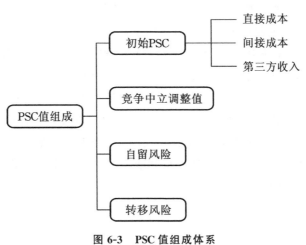

图 6-3　PSC 值组成体系

① 初始 PSC 值是政府实施参照项目所需的基本成本,包括项目的设计、建造、运营、维护和其他所有相关费用,一般分为三部分,即直接成本、间接成本以及应当扣除的第三方收入。

② 竞争中立调整值是调整成本,以消除传统采购模式下公共部门相比社会资本所具有的竞争优势,保证政府和社会资本可以公平竞争。

③ 自留风险承担成本是指采取 PPP 模式时,政府承担的风险成本。

④ 转移风险承担成本是指采取 PPP 模式时,政府转移给社会资本的风险成本。

(2) PPP 值构成

PPP 值有影子报价 PPP 值和实际报价 PPP 值两种,其发生阶段和计算依据有所不同。影子报价 PPP 值发生在项目的识别和准备阶段,计算依据为项目的实施方案;实际报价 PPP 值发生在项目的采购阶段,计算依据为社会资本提交的采购响应文件。

因为本书是分析可行性研究阶段的物有所值定量评价体系,因此对影子报价 PPP 值(以下简称 PPP 值)的构成进行分析。PPP 值的计算公式如下:

PPP 值 = 影子报价政府建设运营成本现值 + 政府自留风险承担成本现值

影子报价中政府承担的建设运营成本包括政府建设成本、政府运营维护成本和政府其他成本,应扣去第三方收入。

政府自留风险承担成本,一般包括政府因承担政策、法律等自留风险所支出的成本。PPP 模式下,政府承担的风险为自留风险,其数值与 PSC 值中政府的自留风险相等。

6.1.4　VFM 定量评价体系缺陷及对策

PPP 项目具有建设周期长、投资额度高、参与方众多等特点,面临的风险也很多。风险承担成本是 PSC 的重要组成部分,因此正确地识别、量化和分担风险,对精确 VFM 结果和保障 PPP 项目的实施都有重要影响。同时,因为 PSC 值和 PPP 值均是现值,其大小受折现率的直接影响,因此折现率对物有所值定量评价结果有直接、显著的影响。

但在我国《指引》文件中,并未提及风险的识别和分担的方法和程序,对风险的量化也仅提出简要方法,如比例法、概率法等。这些方法计算简单,比较依赖历史数据,得出的结论有较强的主观性,对于折现率的选取也并未进行深入研究分析。

因此,需要结合国内外对物有所值的研究现状,对 VFM 定量评价关键点——折现率和风险分析进行深入研究,对风险识别、损失评估和分担的步骤、内容和程序进行研究,构建 VFM 定量评价模型,采用敏感性分析判断 PPP 项目 VFM 实现的风险程度并提出对策,以保障 PPP 项目的顺利实施。

6.1.5 VFM 定量评价关键点分析

6.1.5.1 折现率

资金具有时间价值,资金随着时间的推移发生的增值就是资金的时间价值。因此在对不同时期的现金流进行计算时,要按照特定的比率将其折算成现值,此比率即折现率。折现率的大小显著影响现值的大小和物有所值定量评价结果。在对同一时间点同数目的资金进行折现时,折现率越大,其现值越小。

(1)折现率的类型

PPP 项目 VFM 定量评价常用的折现率有两类四种。按照是否考虑风险报酬,分为考虑风险报酬和不考虑风险报酬。考虑风险报酬的有资本的社会机会成本折现率、利用资本定价方法确定折现率;不考虑风险报酬的有无风险利率和社会时间偏好折现率[239]。详见图 6-4。

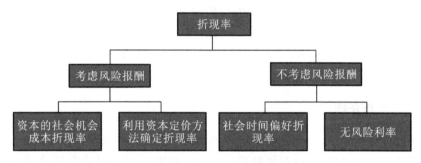

图 6-4 PPP 项目 VFM 定量评价折现率分类

(2)折现率的选取

不同国家的 PPP 项目 VFM 定量评价体系有差异,选用的折现率也各有不同。

加拿大卑诗省合作伙伴公司建议进行 VFM 定量评价时使用社会机会成本折现率。社会机会成本可以用企业的投资报酬率衡量,其计算公式为:

$$WACC = (k_e \times W_e) + k_d(1+t) \times W_d \tag{6-1}$$

式中　$WACC$——资金的加权平均成本;

　　　k_e——权益资本成本;

　　　W_e——权益资本占资本比例;

　　　k_d——债务资本成本;

　　　t——企业所得税税率;

　　　W_d——债务资本占资本比例。

美国弗吉尼亚州认为可以利用资本定价方法来确定折现率,这种方法基于由社会资本承担项目的全部系统性风险的假设,需要设定合理的收益率给予社会资本适当的补

偿,其计算公式为:

$$r=r_f+\beta(r_m-r_f) \tag{6-2}$$

式中　r——资产预期收益率;

　　　r_f——无风险利率;

　　　β——资产的系统性风险;

　　　r_m——预期的市场收益率。

英国财政部建议使用社会时间偏好折现率。社会时间偏好折现率是指放弃目前的消费而去投资项目所期望得到的回报率,其计算公式如下:

$$r=\rho+g\times\mu \tag{6-3}$$

式中　ρ——未来消费折现到当前消费的折现率;

　　　g——人均消费年增长率;

　　　μ——消费的边际效用弹性系数。

澳大利亚则采用无风险利率。无风险利率是指通过投资无风险的项目获得的利息率[240]。

在我国的物有所值定量评价体系中,风险对于现金流的影响已经被量化成风险承担成本并包含在项目现金流中,因此 PPP 项目的现金流可以视为无风险的现金流,因此选择无风险折现率。根据国内外的理论研究和实践经验,通常可以按照政府债券收益率来确定折现率。项目的 PSC 值和 PPP 值应使用相同的折现率。

6.1.5.2　风险分析

风险分析是 PPP 项目 VFM 定量评价的关键点之一。在进行风险分析时,要先识别风险,然后评估风险损失,最后对风险进行分担。PPP 模式的风险有转移风险和自留风险两种。从政府部门转嫁到社会资本的那部分风险称为转移风险,由政府部门承担的风险称为自留风险。我国《指引》仅提出采用比例法或概率法等简单方法对风险进行量化,这些方法主观性强,过于依赖历史数据,结论有较强的主观性。

本书为了客观合理地分析风险,采用定性和定量分析相结合的方法对风险进行研究。首先阅读和分析相关文献,对风险进行识别,归纳出 30 种常见的影响 PPP 项目 VFM 定量评价结果的风险;然后采用专家评分法和集值统计法评估风险损失;最后采用专家评分法划分风险分担责任。

6.2　构建 VFM 定量评价模型

VFM 定量评价是基于假设 PPP 模式和政府传统模式可以提供相同的产出绩效,对比 PPP 值与 PSC 值,判断采用 PPP 模式是否可以降低项目全生命周期内的成本。因此,有必要详细分析 PSC 值和 PPP 值的组成成分,构建 VFM 定量评价模型。

6.2.1　PSC 值构成分析

PSC 的计算公式如下：

$$PSC = NPV_1 + NPV_2 + NPV_3 + NPV_4 \qquad (6\text{-}4)$$

式中　PSC——政府采用传统模式的全生命周期净现值；

　　　NPV_1——初始 PSC 值现值；

　　　NPV_2——竞争中立调整值现值；

　　　NPV_3——可转移风险承担成本现值；

　　　NPV_4——自留风险承担成本现值。

6.2.1.1　初始 PSC 值（NPV_1）

初始 PSC 值是政府采用传统模式建设项目时，在项目全生命周期内发生的费用之和，记为 NPV_1。一般包括三部分，即直接成本、间接成本以及应扣减的第三方收入。全生命周期内，项目在建设期和运营期有成本或支出，因此，本书分阶段对初始 PSC 值的构成进行分析。

（1）建设期成本

建设期成本是 PPP 项目在建设期内发生的各类成本或支出，常见的成本支出有项目设计费用、材料费、项目建设安装费用、设备采购费等直接成本和管理费、财务费等间接成本。

（2）建设期收入

建设期收入是指 PPP 项目在建设期内的各项收入。PPP 项目在建设期内一般无收入。

（3）运营期成本

运营期成本是指 PPP 项目在运营期内发生的与运营项目直接相关的各类成本或支出，通常包括设备修理费、工人工资及福利、原材料费用等。不同的项目运营期成本有所差异。

（4）运营期收入

运营期收入是政府采用 PPP 模式提供项目基础设施和公共服务，在运营期内从第三方获得的收入（如用户付费收入）。第三方收入可以抵减成本。常见的第三方收入通常包括使用者收费、资产处置或出售、项目的剩余价值等，详见表 6-1。

表 6-1　第三方收入的内容

类别	使用者收费	资产出售或处置	项目剩余价值
含义	运营过程中，向使用者收取的费用	闲置资产出租或出售的收入	项目结束时，按剩余价值处理的资产
示例	天然气费	三旧改造	大型基础设施运行清理

综上,初始 PSC 值的计算公式为:

$$初始 PSC 值 = 建设期成本 + 运营期成本 - 建设期收入 - 运营期收入 \qquad (6-5)$$

6.2.1.2　竞争中立调整值(NPV_2)

政府因其公有制的性质,使其在 PPP 项目中既有优势又有劣势。其优势主要体现在土地费用、企业所得税、行政审批费用等方面,同时与社会资本相比,政府无须面临竞争劣势;其劣势主要体现在项目建设的决策上,主要是资金的使用,例如市级财政的支出每年都会进行审计,政府对于资金的使用远远不如社会资本灵活。但是相比优势,其面临的劣势可以忽略不计。

为了消除传统采购模式下政府部门相对社会资本所具有的竞争优势,保证政府和社会资本可以公平竞争,在物有所值定量分析中需要计算竞争中立调整值。不同性质的项目,面临的税收政策不同,一般而言 PPP 项目涉及的主要税种包括企业所得税、土地使用税、增值税、城市维护建设税等,其现值表示为 NPV_2。

6.2.1.3　风险承担成本

风险分析是 PPP 项目 VFM 定量评价的关键点之一。采用传统模式建造时,政府部门承担全部风险;采用 PPP 模式时,风险有转移风险和自留风险两种。转移风险的承担成本其现值用 NPV_3 表示,自留风险的承担成本其现值用 NPV_4 表示。

本书对 PPP 项目的风险分析按下列步骤进行:首先,进行风险识别;其次,对风险损失进行评估,求出风险损失量;最后,对风险进行分担,计算得到政府部门和社会资本各自的风险承担成本。

（1）PPP 项目风险识别

风险识别就是识别影响 PPP 项目物有所值定量评价结果的各种风险。PPP 项目由于合作经营期限较长,且投资金额较大,存在很多的不确定性。如:市场需求量估算不当时会造成销售收入的降低,承建商选择不当时会增加建设成本。

通过查阅相关文献,分析实践项目资料,归纳出 30 种常见的影响 PPP 项目物有所值定量评价结果的风险,并分析其对项目可能造成的影响,如表 6-2 所示。

表 6-2　PPP 项目常见风险识别结果

序号	风险	影响结果	影响指标
1	利率变动风险	增加融资成本	项目总投资
2	金融市场波动风险		
3	融资结构不合理风险	增加融资成本,甚至融资失败	
4	项目融资风险		
5	项目设计风险	增加设计成本	
6	设计变更风险		

序号	风险	影响结果	影响指标
7	建设成本超支风险	增加建设成本	项目总投资
8	工程技术风险	技术重新改造,增加成本	
9	施工安全风险	增加建设成本	
10	完工风险	项目延期,项目成本增加	
11	质量风险	成本增加,甚至项目失败	
12	项目立项风险	开工时间延迟	特许经营期
13	项目审批风险		
14	土地征用风险		
15	决策风险		
16	政府干预风险	降低效率	
17	政府违约风险	项目中止或终止	
18	项目被征用风险	项目终止	
19	特许经营期变更风险	项目终止	
20	产品价格波动风险	收入减少	第三方收入
21	顾客量变化风险		
22	运营效率差风险	运营成本增加	运营成本
23	工艺和设备选择风险		
24	经营能力欠缺风险		
25	材料成本调整风险		
26	设备维护费用调整风险		
27	员工工资风险		
28	设备质量风险		
29	不可抗力风险		
30	政策变动风险	税收增加	竞争中立调整值

以上是 PPP 项目常见的风险类别,但是不同的 PPP 项目其面临的风险也各有不同,往往要结合项目所在环境和自身特点来识别。

(2) PPP 项目风险损失评估

风险损失评估是评估风险对项目造成的损失值。我国财政部提出对风险承担支出可以采用情景分析法、比例法和概率法进行测算。

国内外学者对风险量化进行了大量的研究。俞波结合 PPP 项目的特点,使用层次分析法对识别出来的 3 类 23 个二级风险指标的综合重要程度进行了排序[241]。张家诚采用蒙特卡洛模拟方法构建 PPP 项目 VFM 定量评价方法。陈胜利建立相关模型采用模糊综合评价法,对项目的风险进行量化和评估[242]。刘宪宁等建立灰色关联模型,评估 PPP 项目各个参与主体即政府部门、社会资本、银行和保险公司等需要分担的风险[243]。徐丹妮采用统计方法和模糊熵权法对 PPP 项目进行风险量化和评估[244]。

本书采用集值统计法和专家评分法对 PPP 项目风险进行定量分析:首先结合项目的实际情况预测风险后果对成本的影响区间 (A,B),将其划分为 n 个小区间 (a_{in},b_{in}),采用专家评分法确定风险后果在各个小区间内发生的概率,得到风险后果损失率;然后采用集值统计法,确定风险发生的概率;最后,根据风险后果损失率和发生概率评估风险造成的损失。

① 风险后果量化

风险后果有直接后果和间接后果两种。直接后果受风险的直接影响,并且能够用货币评估价格;间接后果是风险对其无直接影响,且不能用货币衡量。直接后果通常以货币形式出现,可以直接并入总成本;间接后果则需要进行等价换算来评估其对成本的影响。

通常情况下,一种风险的后果往往不单一,常以连续函数的形式存在。不同的风险影响范围不同,因此选择的计算基数也不同。在表 6-2 中已经总结出不同的风险影响指标,在本书中,各风险的计算基数为其对应的影响指标的数值。例如,考虑利率变动对成本的影响时,其计算基数为项目总投资。

根据项目的实际情况估计风险对成本的影响波动区间 (A,B),然后将 (A,B) 划分为若干小区间 (a_{in},b_{in}),风险后果在各个小区间内发生的概率 α_{in} 采用专家评分法确定,$\sum_{i=1}^{n}\alpha_{in}=1(i=1,2,\cdots,n)$。

综合考虑波动区间和发生的概率,得到风险后果损失率 M_i,计算公式为:

$$M_i = \frac{1}{2}\sum_{i=1}^{n}\alpha_{in}(b_{in}-a_{in}) \tag{6-6}$$

式中　M_i——第 i 项风险的后果损失率;

　　　α_{in}——第 i 项风险的后果在各个小区间内发生的概率;

　　　a_{in}——小区间波动下限;

　　　b_{in}——小区间波动上限。

② 风险概率量化

在知道了风险的后果后,再评估风险可能发生的概率。风险概率评估有主观概率估计法和客观概率估计法,两种方法各有优缺点。客观概率估计法依托于大量的实践数据分析,得到的结果通常较主观概率估计法的结果更为客观,但由于 PPP 项目在我国应用的年限较短,可以用来分析的数据还比较少。主观概率估计法是根据决策者或者专家的理论知识和实践经验对风险进行估计,操作简便且易懂,但主观性较强。

本书采用集值统计法估算风险发生的概率。集值统计法是一种创新的统计方法,将模糊统计理论与经典统计理论相结合,区别于经典概率提供的点估计,集值统计法提供相关指标的区间估计[245]。

集值统计法的使用步骤如下:

a. 统计和处理各个风险的估计值。邀请 N 位专家估算风险发生概率区间,假设第 k 位专家的区间估计值是 $[p_1^k, p_2^k]$,汇总所有专家的区间估计值,得到最终集值统计序列,记为 $[p_1^1, p_2^1][p_1^2, p_2^2]\cdots[p_1^N, p_2^N]$。第 i 项风险发生概率综合估计值 $\overline{P_i}$ 的计算公式如下:

$$\overline{P_i} = \frac{\sum\limits_{n=1}^{N}\left[(P_2^k)^2 - (P_1^k)^2\right]}{2\sum\limits_{n=1}^{N}\left[p_2^k - p_1^k\right]} \tag{6-7}$$

b. 对专家的风险估计值进行可信性评价。若专家给出的区间估计值分布比较集中,说明专家意见统一,可信性较高;若分布比较分散,则专家意见存在分歧,可信性较低,应重新进行评价。专家意见离散度 g 是将某个风险的区间估计值叠加得到的频率覆盖投影离散程度,计算公式如下:

$$g = \frac{\int_{\min}^{\max}(P - \overline{P})^2 \overline{X}(P)\,\mathrm{d}P}{\int_{\min}^{\max}\overline{X}(P)\,\mathrm{d}P} \tag{6-8}$$

专家离散度 g 越小,说明估计值与实际概率越接近,$\overline{P}$ 的可信性越高;专家离散度 g 越大,说明估计值与实际概率差距较远,$\overline{P}$ 的可信性越低。

③ 风险损失量化

通过上述步骤求得风险后果损失率 M_i 和风险发生概率综合估计值 $\overline{P}$ 后,就可得到风险损失率 L_i,其计算公式为:

$$L_i = M_i \times \overline{P_i} = \frac{1}{2}\left[\sum_{i=1}^{n}\alpha_{in}(b_{in} - a_{in})\right] \times \overline{P_i} \tag{6-9}$$

式中　L_i——第 i 项风险的损失率;

　　　M_i——第 i 项风险的后果损失率;

　　　$\overline{P_i}$——第 i 项风险发生的概率;

　　　α_{in}——第 i 项风险后果在各个小区间内发生的概率;

　　　a_{in}——小区间波动下限;

　　　b_{in}——小区间波动上限。

风险损失率是风险对成本的影响值,其值越大,说明风险对成本的影响越大,对 VFM 定量评价结果的影响也越大。

(3) PPP 项目风险分担

风险识别和评估结束后,就要进行风险分担。风险分担是对风险进行责任划分,确定其承担者。PPP 项目风险分担的原则为：

① 有效控制原则。应由最有能力控制风险的一方承担该风险，以降低风险的发生概率。

② 风险收益对等原则。承担风险方所获得的利益要与承担的风险责任相匹配。

③ 归责原则。由于一方的责任导致风险发生时，该方应该对风险造成的损失负责。若是多方共同导致风险发生，则应该按照其责任大小来承担。

④ 成本最低原则。政府和社会资本划分风险时，应使他们的管理费用之和最低。

⑤ 风险上限原则。在 PPP 项目中，风险可能会远远超过预估值。因此应根据各个参与方的管理能力、技术能力和财务能力等确定项目风险承担的上限，避免其对风险承担无限连带责任。

本书选择专家评分法对风险进行分担，划分 11 个维度来确认风险分担责任。越靠近维度 1，责任应由政府部门承担；越靠近维度 11，责任应由社会资本方承担。利用上四分位数、中位数和下四分位数对风险进行详细划分。四分位数计算公式为：

$$Q_i = \frac{i \times (n+1)}{4} \tag{6-10}$$

式中 Q_i——四分位数；

      i——四分位数的序数，$i=1,2,3$；

      n——维度数。

计算得到下四分位数 $Q_1=3$，中位数 $Q_2=6$，上四分位数 $Q_3=9$。

设专家对第 i 项风险的打分平均值为 m_i，若 $m_i \leqslant 3$，则第 i 项风险由政府承担；若 $3 < m_i < 9$，则第 i 项风险由政府和社会资本按比例共同承担；若 $m_i \geqslant 9$，则第 i 项风险由社会资本承担，如图 6-5 所示。

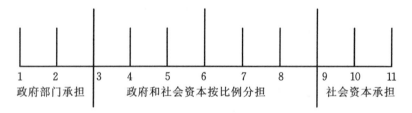

图 6-5   政府与社会资本风险分担情况

6.2.2   PPP 值构成分析

PPP 值主要包括测算的 PPP 合同价、政府投资成本和自留风险成本，计算公式如下：

$$PPP = CP + ZT + NPV_{re} \tag{6-11}$$

其中 PPP——政府采用 PPP 模式的全生命周期净现值；

      CP——测算的 PPP 合同价；

ZT——政府投资成本;

NPV_{re}——自留风险成本。

6.2.2.1 测算的 PPP 合同价(CP)

测算合同价实质上是测算涵盖社会资本在建设、运营项目时发生的成本和合理回报再减去项目第三方收入和收益的基础上,使得财务可行的现金额。若项目的收入和收益可以抵消社会资本的成本和合理回报,那么政府就不必支付合同价。为保证传统采购模式和 PPP 模式成本计算的公正性,PPP 值的折现率应等于 PSC 值的折现率。

6.2.2.2 政府投资成本(ZT)

为了更好地吸引社会资本参与到 PPP 项目的建设中,有时需要政府以实物形式或货币形式对项目进行部分投资。

以实物形式进行投资即政府直接负责项目的部分投资建设,此时,政府的投资成本是政府参与建设项目所需的费用,其对应的风险为政府自留风险。

当政府以货币形式即直接对项目提供建设资金时,政府的投资成本是政府投入的资金和融资成本两者之和。

6.2.2.3 自留风险成本(NPV_{re})

采用 PPP 模式时,政府的自留风险成本等于 PSC 中政府的自留风险承担成本,即 $NPV_{re} = NPV_4$。

综上所述,PSC 值和 PPP 值是物有所值定量评价体系的重要组成部分,得到了 PSC 值和 PPP 值的具体构成和计算公式,为项目进行物有所值定量评价提供了基础。

6.2.3 VFM 定量评价结果

VFM 定量评价的结果可以用物有所值量值或物有所值指数来表示。

6.2.3.1 VFM 计算公式

$$VFM = PSC - PPP \tag{6-12}$$

式中 VFM——物有所值量值;

PSC——政府采用传统模式的全生命周期净现值;

PPP——政府采用 PPP 模式的全生命周期净现值。

6.2.3.2 VFM(%)计算公式

$$VFM(\%) = \frac{PSC - PPP}{PSC} \times 100\% \tag{6-13}$$

式中 $VFM(\%)$——物有所值指数。

VFM 的实现形式如图 6-6 所示。

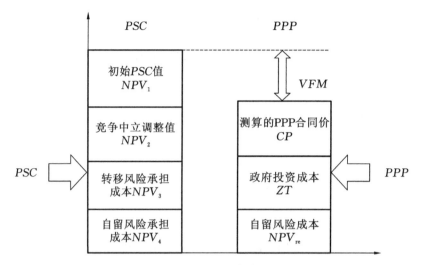

图 6-6   VFM 的实现形式

若 $VFM \geqslant 0$,即 $PSC \geqslant PPP$,适宜采用 PPP 模式;若 $VFM < 0$,即 $PSC < PPP$,不宜采用 PPP 模式;并且,VFM 值越大,说明采用 PPP 模式实现的价值越大。

6.3   基于敏感性分析的 VFM 定量评价模型

风险分析是 VFM 定量评价模型中一个重要部分,风险识别和量化的结果很大程度上影响 VFM 定量评价的结果,因此要对项目的风险进行评价。项目风险评价可以判断项目各风险的程度,并综合评定 PPP 项目 VFM 实现的风险水平,为项目决策提供可靠依据,使决策者可以采取有效防范措施,规避或减少风险的发生,最大限度地实现VFM。

常用的风险评价方法有层次分析法、决策树法、专家评分法、盈亏平衡法等。本书选取敏感性分析对 VFM 定量评价模型进行风险评价,以补充和完善 VFM 定量评价模型的研究。

6.3.1   敏感性分析的内涵

敏感性分析(Sensitivity Analysis),又称灵敏度分析,是从众多不确定性因素中找出对投资项目经济效益指标有重要影响的敏感性因素,并分析、测算其对项目经济效益指标的影响程度和敏感性程度,进而判断项目承受风险能力的一种不确定性分析方法。

敏感性分析有单因素敏感性分析和多因素敏感性分析两种。单因素敏感性分析是保持其他因素不变,每次只变动一个因素来判断其对经济评价指标的影响程度。多因素敏感性分析是研究两种或两种以上不确定性因素同时变动对经济评价指标的影响[246]。多因素敏感性分析因为要考虑两种或多种指标的同时变化,计算比较复杂,甚至无法计算,并且有时多种因素之间不是独立变化关系,存在相互关联,使得目前尚未找到一种有效、简便的方法对多因素敏感性分析进行计算。因此,本书采用单因素敏感性分析方法。

6.3.2　基于敏感性分析的 VFM 定量评价模型的改进

6.3.2.1　确定经济评价指标

不同的项目经济评价指标不同,不能统一而论。一般来说,常用的经济评价指标有净现值(Net Present Value,NPV)、内部收益率(Internal Rate of Return,IRR)、投资利润率(earning power of real assets)、净现值率和投资回收期等指标。

NPV 和 IRR 是项目经济评价的动态指标,既考虑了资金的时间价值,又充分结合项目全生命周期内的费用和效益,克服了静态评价指标的不足,在项目经济评价中得到广泛应用,相比内部收益率法、净现值法更为简便,在决策时风险较小,结果更为可靠。在进行项目决策时,若资料充足,应首选净现值法进行分析。

净现值是指投资方案所产生的现金净流量以资金成本为贴现率折现之后与初始投资额现值的差额。

NPV 的计算公式如下:

$$NPV = \sum_{t=0}^{n} (CI - CO)_t (1+i)^{-t} \tag{6-14}$$

式中　CI——现金流入;

　　　CO——现金流出;

　　　$(CI-CO)_t$——净现金流量;

　　　i——基准折现率;

　　　t——年限。

净现值的大小反映了项目投资获利的能力:若 $NPV \geqslant 0$,方案可行;若 $NPV < 0$,方案不可行;若 $NPV_1 > NPV_2 > 0$,则方案 1 优于方案 2。

本书的目的是为了衡量风险对 VFM 的影响程度,且 PPP 值、PSC 值和 VFM 值均以 NPV 的形式体现,所以本书的经济评价指标选用 VFM 量值。VFM 量值的计算公式如下:

$$VFM = PSC - PPP \tag{6-15}$$

式中　VFM——物有所值量值。

VFM 的大小反映了采用 PPP 模式建设项目的物有所值程度:若 $VFM \geqslant 0$,方案可行;若 $VFM < 0$,方案不可行。

6.3.2.2 选择不确定性因素

PPP 项目因为投资额度大、参与方众多、特许期限长等特点,导致项目面临的不确定性因素有很多,例如项目投资额、项目特许经营期等。但是没必要也不可能一一计算这些因素的敏感性。在进行敏感性分析前,结合 PPP 项目自身特点,先对众多因素进行筛选,剔除不敏感的或发生可能性很低的因素。选定原则有两点:(1)对经济效益指标有重要影响;(2)在计算期限内变化可能性较大[247]。

6.3.2.3 计算正常情况下 VFM 值

正常情况是指项目的各个不确定性因素都没有发生波动,在此条件下计算出的 VFM 可以作为不确定性因素波动时净现值变化幅度的参考值。根据项目的可行性研究报告及项目的实际情况,可以得到 PPP 项目的建设成本、产品单价、产品销量等基础数据,并计算 PPP 值、PSC 值和 VFM 值。正常情况下 PPP 项目的 $VFM = PSC - PPP$。

6.3.2.4 计算波动情况下 VFM 值

波动情况是指项目的单个不确定性因素发生变动。为简便计算,假设不确定性因素 q 变动的幅度在 10% 之间,且各不确定性因素保持独立变化。因此 PPP 项目波动情况下的 VFM 就是各因素波动 ±10% 对应的 VFM。依照此方法计算所有不确定性因素单独变化时 VFM 的数值,计算公式如下:

$$VFM_{(1.1q)} = PSC_{(1.1q)} - PPP_{(1.1q)} \tag{6-16}$$

式中　　$VFM_{(1.1q)}$——不确定性因素 q 波动正 10% 时的物有所值量值;

$PSC_{(1.1q)}$——政府采用传统模式在不确定性因素 q 波动正 10% 时的全生命周期净现值;

$PPP_{(1.1q)}$——政府采用 PPP 模式在不确定性因素 q 波动正 10% 时的全生命周期净现值。

$$VFM_{(0.9q)} = PSC_{(0.9q)} - PPP_{(0.9q)} \tag{6-17}$$

式中　　$VFM_{(0.9q)}$——不确定性因素 q 波动负 10% 时的物有所值量值;

$PSC_{(0.9q)}$——政府采用传统模式在不确定性因素 q 波动负 10% 时的全生命周期净现值;

$PPP_{(0.9q)}$——政府采用 PPP 模式在不确定性因素 q 波动负 10% 时的全生命周期净现值。

6.3.2.5 不确定性因素的敏感性系数计算

敏感性分析使用敏感性系数来判断不确定性因素的敏感性。敏感性系数是不确定性因素波动情况下净现值的变动率与不确定性因素变动率的比值。以不确定性因素 q 为例,PPP 项目敏感性系数计算公式如下:

$$S_q = \frac{(VFM_{1.1q} - VFM_{0.9q})}{VFM \times 20\%} \tag{6-18}$$

式中　S_q——不确定性因素 q 的敏感性系数;

　　　$VFM_{0.9q}$——不确定性因素 q 波动负 10% 时的物有所值量值;

　　　$VFM_{1.1q}$——不确定性因素 q 波动正 10% 时的物有所值量值;

　　　VFM——PPP 项目的物有所值量值。

S_q 的大小反映了不确定性因素 q 对 VFM 的影响程度:S_q 越大,不确定性因素 q 对 VFM 的影响越大;S_q 越小,不确定性因素 q 对 VFM 的影响越小。

6.3.2.6　临界值的计算

临界值是允许不确定性因素向不利方向变化的极限值,即使得 $VFM = 0$ 的值。不确定性因素的临界值采用插值法进行计算,过程如下:

假设不确定性因素的临界值为 i_x,x 对应临界值的波动率。选取波动率 x_1、x_2,使得波动率 x_1 对应的 $VFM_1 > 0$,波动率 x_2 对应的 $VFM_2 < 0$。计算公式如下:

$$x = x_1 + \frac{VFM_1}{VFM_1 + |VFM_2|}(x_2 - x_1) \tag{6-19}$$

$$i_x = i \times (1 + x) \tag{6-20}$$

式中　x——临界值对应的波动率;

　　　x_1——对应的物有所值量值大于 0 的波动率;

　　　x_2——对应的物有所值量值小于 0 的波动率;

　　　VFM_1——x_1 对应的物有所值量值;

　　　VFM_2——x_2 对应的物有所值量值;

　　　i_x——不确定性因素的临界值;

　　　i——不确定性因素的预估值。

6.3.2.7　判断项目的风险程度

将风险损失率与临界值对应的波动率相比较,若差值较大,说明项目的风险较小,项目实现 VFM 的可能性较大,采用 PPP 模式建设项目可行;若差值较小,甚至为负值,说明项目面临较大风险,项目实现 VFM 的可能性较小,不宜采用 PPP 模式。当风险出现时,可以从改变风险发生概率、风险后果或风险性质着手,采取多种策略。常见的风险管理策略有自留、减轻、回避、转移和后备措施等。具体采用哪一种或哪几种策略,要结合项目的实际情况确定。

但是最终是否采用 PPP 模式建设项目,还要取决于政府和社会资本对风险的偏好程度。当政府和社会资本对风险的偏好程度较高时,即使不确定性因素的临界值和风险损失率差值较小,甚至为负值时,政府和社会资本还是会采用 PPP 模式建设项目;当政府和社会资本对风险的偏好程度较低时,即使不确定性因素的临界值和风险损失率差值较大,政府和社会资本还是不会采用 PPP 模式建设项目。

6.4 某天然气工程 PPP 项目 VFM 定量评价实例分析

6.4.1 项目概况

6.4.1.1 项目基本情况

A 市拟建一天然气工程,路线全长 123.5 km,并新建城镇调压、加气联合站一座。项目总投资估算 13327.4 万元,由项目自筹解决。计划于 2018 年 10 月开工,2021 年 9 月竣工,项目特许经营期 30 年(含建设期 3 年)。

6.4.1.2 项目基础数据

参照相关资料,确定本项目的相关经济评价参数为:
(1)折现率的选取
按照前文中对折现率的选取分析,采用 A 市十年期固息地方债中标利率 3.41%。
(2)评价年限
本项目的评价基期为 2018 年,建设期为 3 年,评价年限为建设期 3 年加运营期 27 年,共 30 年。
(3)折旧
本项目固定资产设施按 20 年折旧,折旧率为 5%。

6.4.2 项目 PSC 值计算

6.4.2.1 初始 PSC 值(NPV_1)

以本项目的可行性研究报告数据为准,得出本项目初始 PSC 值。
(1)建设期成本
本项目总投资估算 13327.4 万元,计划分三年投入,投入比例为 40%、40%、20%,净现值为 12978.72 万元。
(2)建设期收入
本项目在建设期内无收入。

（3）运营期成本

包括运营维护所需的原材料、设备、人工等成本，以及管理费用、销售费用和运营期财务费用等，平均 2570.44 万元/年，净现值为 40599.51 万元。

（4）运营期收入

售卖天然气所得的营业收入，每年为 3924.75 万元，净现值为 61990.41 万元。

根据公式有：

$$NPV_1 = 12978.72 + 40599.51 - 0 - 61990.41 = -8412.18 \text{ 万元}$$

6.4.2.2　竞争中立调整值（NPV₂）

本项目的竞争中立调整值主要是政府与社会资本相比，在土地费用、行政审批费用、所得税等处少支出的费用。本项目的竞争中立调整值净现值为 5285.04 万元，即 $NPV_2 = 5285.04$ 万元。

6.4.2.3　风险承担成本

（1）风险识别

风险识别是风险分析的第一步。风险的识别可以邀请具有丰富经验的专家或社会资本来进行。本项目的风险识别结合该项目的特许经营协议，以及前文识别出的 PPP 项目的风险表，识别出该 PPP 项目所涉及的风险，详见表 6-3。

表 6-3　PPP 项目风险表

序号	风险	影响结果	影响指标
1	利率变动风险	增加融资成本	项目总投资
2	项目设计风险	增加设计成本	
3	建设成本超支风险	增加建设成本	
4	质量风险	成本增加，甚至项目失败	
5	特许经营期变更风险	项目终止，收入减少	第三方收入
6	产品价格波动风险	收入减少	
7	顾客量变化风险		
8	工艺和设备选择风险	运营维护成本增加	运营维护成本
9	材料成本调整风险		
10	设备维护费用调整风险		
11	不可抗力风险		
12	政策变动风险	税收增加	竞争中立调整值

（2）风险后果量化

项目的社会资本根据以往项目的经验结合本项目的特点,估算出不确定性因素波动时对成本的最大影响波动区间,并将其划分成若干的小区间。邀请 5 位专家采用专家评分法确定各个区间的概率,打分结果如表 6-4 所示。

表 6-4　各风险波动概率表

序号	不确定性因素	波动范围	小区间	各专家确定概率				
				A	B	C	D	E
1	利率变动风险	(−0.05,0.2)	(−0.05,0)	0.5	0.4	0.5	0.3	0.6
			(0,0.1)	0.3	0.4	0.2	0.2	0.1
			(0.1,0.2)	0.2	0.2	0.3	0.5	0.3
2	项目设计风险	(−0.2,0.3)	(−0.2,−0.1)	0.3	0.2	0.4	0.5	0.3
			(−0.1,0.05)	0.2	0.4	0.2	0.1	0.2
			(0.05,0.15)	0.3	0.3	0.2	0.3	0.2
			(0.15,0.3)	0.2	0.1	0.2	0.1	0.2
3	建设成本超支风险	(0,0.3)	(0,0.15)	0.2	0.3	0.4	0.3	0.3
			(0.15,0.2)	0.5	0.4	0.2	0.5	0.5
			(0.2,0.3)	0.3	0.3	0.4	0.2	0.2
4	质量风险	(0,0.25)	(0,0.15)	0.4	0.5	0.3	0.5	0.6
			(0.15,0.25)	0.6	0.5	0.7	0.5	0.4
5	特许经营期变更风险	(−0.1,0.1)	(−0.1,0)	0.7	0.4	0.6	0.7	0.6
			(0,0.1)	0.3	0.6	0.4	0.3	0.4
6	产品价格波动风险	(−0.4,0.3)	(−0.4,−0.2)	0.05	0.05	0.05	0.05	0.05
			(−0.2,−0.05)	0.2	0.25	0.15	0.3	0.2
			(−0.05,0.05)	0.4	0.3	0.25	0.3	0.4
			(0.05,0.3)	0.35	0.4	0.55	0.35	0.35
7	顾客量变化风险	(−0.2,0.3)	(−0.2,−0.1)	0.2	0.3	0.2	0.3	0.5
			(−0.1,−0.05)	0.5	0.4	0.3	0.1	0.2
			(−0.05,0.3)	0.3	0.3	0.5	0.6	0.3
8	工艺和设备选择风险	(−0.1,0.3)	(−0.1,0.05)	0.7	0.6	0.5	0.4	0.4
			(0.05,0.3)	0.3	0.4	0.5	0.6	0.6
9	材料成本调整风险	(−0.05,0.1)	(−0.05,0)	0.6	0.5	0.6	0.7	0.3
			(0,0.1)	0.4	0.5	0.4	0.3	0.7

序号	不确定性因素	波动范围	小区间	各专家确定概率				
				A	B	C	D	E
10	设备维护费用调整风险	(−0.04,0.09)	(−0.04,0.01)	0.5	0.3	0.4	0.6	0.7
			(0.01,0.04)	0.3	0.1	0.2	0.2	0.2
			(0.04,0.09)	0.2	0.6	0.4	0.2	0.1
11	不可抗力风险	(0,0.3)	(0,0.1)	0.2	0.3	0.3	0.4	0.4
			(0.1,0.25)	0.5	0.3	0.5	0.3	0.2
			(0.25,0.3)	0.3	0.4	0.2	0.3	0.4
12	政策变动风险	(−0.2,0.2)	(−0.2,0.05)	0.4	0.6	0.5	0.6	0.7
			(0.05,0.2)	0.6	0.4	0.5	0.4	0.3

根据公式(6-6)，计算出各风险的后果损失率 M_i，计算结果如表 6-5 所示。

表 6-5　风险后果损失率

序号	风险	波动范围	小区间	概率	风险后果损失率 M_i
1	利率变动风险	(−0.05,0.2)	(−0.05,0)	0.46	0.0455
			(0,0.1)	0.24	
			(0.1,0.2)	0.3	
2	项目设计风险	(−0.2,0.3)	(−0.2,−0.1)	0.34	0.01
			(−0.1,0.05)	0.22	
			(0.05,0.15)	0.26	
			(0.15,0.3)	0.18	
3	建设成本超支风险	(0,0.3)	(0,0.15)	0.3	0.166
			(0.15,0.2)	0.42	
			(0.2,0.3)	0.28	
4	质量风险	(0,0.25)	(0,0.15)	0.46	0.1425
			(0.15,0.25)	0.54	
5	特许经营期变更风险	(−0.1,0.1)	(−0.1,0)	0.60	−0.01
			(0,0.1)	0.40	
6	产品价格波动风险	(−0.4,0.3)	(−0.4,−0.2)	0.05	0.0275
			(−0.2,−0.05)	0.22	
			(−0.05,0.05)	0.33	
			(0.05,0.3)	0.4	

续表6-5

序号	风险	波动范围	小区间	概率	风险后果损失率 M_i
7	顾客量变化风险	$(-0.2,0.3)$	$(-0.2,-0.1)$	0.30	-0.0175
			$(-0.1,-0.05)$	0.30	
			$(-0.05,0.3)$	0.40	
8	工艺和设备选择风险	$(-0.1,0.3)$	$(-0.1,0.05)$	0.52	0.071
			$(0.05,0.3)$	0.48	
9	材料成本调整风险	$(-0.05,0.1)$	$(-0.05,0)$	0.54	0.0095
			$(0,0.1)$	0.46	
10	设备维护费用调整风险	$(-0.04,0.09)$	$(-0.04,0.01)$	0.5	0.3625
			$(0.01,0.04)$	0.2	
			$(0.04,0.09)$	0.3	
11	不可抗力风险	$(0,0.3)$	$(0,0.1)$	0.32	0.167
			$(0.1,0.25)$	0.36	
			$(0.25,0.3)$	0.32	
12	政策变动风险	$(-0.2,0.2)$	$(-0.2,0.05)$	0.56	0.013
			$(0.05,0.2)$	0.44	

（3）风险概率量化

邀请5位专家采用专家评分法估计各不确定性因素发生的概率区间,然后采用集值统计法计算风险发生的概率 $\overline{P_i}$,并采用可信性评价进行检验。计算结果如表6-6所示。

表 6-6　风险发生概率表

序号	不确定性因素	波动范围	概率估计区间					风险发生概率 $\overline{P_i}/\%$	专家意见离散度 g
			A	B	C	D	E		
1	利率变动风险	$(-0.05,0.2)$	$[13,15]$	$[10,13]$	$[20,22]$	$[15,18]$	$[15,25]$	17.7	3.11
2	项目设计风险	$(-0.2,0.3)$	$[36,39]$	$[33,37]$	$[38,42]$	$[35,40]$	$[41,43]$	38	1.22
3	建设成本超支风险	$(0,0.3)$	$[40,45]$	$[43,50]$	$[42,46]$	$[35,40]$	$[45,48]$	43.38	2.77
4	质量风险	$(0,0.25)$	$[18,21]$	$[21,25]$	$[23,27]$	$[20,25]$	$[15,20]$	21.45	1.8
5	特许经营期变更风险	$(-0.1,0.1)$	$[20,24]$	$[25,30]$	$[23,26]$	$[20,24]$	$[24,27]$	24.39	1.3
6	产品价格波动风险	$(-0.4,0.3)$	$[38,41]$	$[36,40]$	$[39,42]$	$[45,48]$	$[40,44]$	41.15	1.83

序号	不确定性因素	波动范围	概率估计区间					风险发生概率$\overline{P_i}$/%	专家意见离散度g
			A	B	C	D	E		
7	顾客量变化风险	(−0.2,0.3)	[50,55]	[51,53]	[47,53]	[40,45]	[42,46]	47.95	3.79
8	工艺和设备选择风险	(−0.1,0.3)	[20,26]	[21,25]	[18,22]	[17,21]	[22,25]	21.74	0.99
9	材料成本调整风险	(−0.05,0.1)	[70,73]	[72,75]	[67,73]	[80,85]	[65,72]	72.79	5.96
10	设备维护费用调整风险	(−0.04,0.09)	[18,23]	[22,24]	[25,28]	[19,26]	[20,27]	22.92	1.18
11	不可抗力风险	(0,0.3)	[3,6]	[4,7]	[5,8]	[2,5]	[4,6]	5	0.35
12	政策变动风险	(−0.2,0.2)	[21,25]	[20,25]	[24,28]	[22,26]	[20,24]	23.45	0.69

由表 6-6 可知，专家意见离散度 g 较小，专家对风险发生的概率估算区间都比较集中，估算结果可以采用。

（4）风险损失量化

求出风险后果损失率 M_i 和风险发生概率 $\overline{P_i}$ 后，就可得到风险损失率 L_i。按照公式（6-9）计算得到风险损失率如表 6-7 所示。

表 6-7 风险损失率

序号	不确定性因素	风险后果损失率 M_i	风险发生概率$\overline{P_i}$/%	风险损失率 L_i/%
1	利率变动风险	0.0455	17.7	0.81
2	项目设计风险	0.01	38	0.38
3	建设成本超支风险	0.166	43.38	7.20
4	质量风险	0.1425	21.45	3.06
5	特许经营期变更风险	−0.01	24.39	−0.24
6	产品价格波动风险	0.0275	41.15	1.13
7	顾客量变化风险	−0.0175	47.95	−0.84
8	工艺和设备选择风险	0.071	21.74	1.54
9	材料成本调整风险	0.0095	72.79	0.69
10	设备维护费用调整风险	0.3625	22.92	8.31
11	不可抗力风险	0.167	5	0.84
12	政策变动风险	0.013	23.45	0.30

（5）风险分担

根据前文对风险分担的研究,若专家打分平均值≤3,则风险由政府承担;若3<专家打分平均值<9,则风险由政府和社会资本按比例共同承担;若专家打分平均值≥9,则风险由社会资本承担。专家打分及风险分担结果如表6-8所示。

表6-8　PPP 项目风险分担结果

序号	不确定性因素	A	B	C	D	E	平均分	承担部门
1	利率变动风险	8	9	9	9	10	9	社会资本
2	项目设计风险	10	10	10	10	10	10	社会资本
3	建设成本超支风险	8	9	10	9	9	9	社会资本
4	质量风险	9	8	9	10	9	9	社会资本
5	特许经营期变更风险	4	6	3	1	2	3.2	共同承担
6	产品价格波动风险	7	6	8	8	7	7.2	共同承担
7	顾客量变化风险	8	6	5	7	6	6.4	共同承担
8	工艺和设备选择风险	8	10	9	9	10	9.2	社会资本
9	材料成本调整风险	8	6	7	8	9	7.6	共同承担
10	设备维护费用调整风险	8	9	9	10	9	9	社会资本
11	不可抗力风险	6	6	6	7	6	6.2	共同承担
12	政策变动风险	1	2	2	2	3	2	政府

（6）风险值计算

根据得到的风险损失率和风险发生概率,风险成本现值＝计算成本现值×风险损失率×风险发生概率,各不确定性因素对应的计算成本现值为其对应的影响指标的数值。该项目风险承担现值计算如表6-9所示。

表6-9　风险承担现值

序号	不确定性因素	影响指标	计算成本现值	风险损失率/%	风险承担现值	承担部门	可转移风险现值	自留风险现值
1	利率变动风险	项目总投资	12978.72	0.81	104.52	社会资本	104.52	—
2	项目设计风险	项目总投资	12978.72	0.38	49.32	社会资本	49.32	—
3	建设成本超支风险	项目总投资	12978.72	7.20	934.61	社会资本	934.61	—
4	质量风险	项目总投资	12978.72	3.06	396.71	社会资本	396.71	—

序号	不确定性因素	影响指标	计算成本现值	风险损失率/%	风险承担现值	承担部门	可转移风险现值	自留风险现值
5	特许经营期变更风险	第三方收入	61990.41	−0.01	−6.20	共同承担	−2.02	−5.99
6	产品价格波动风险	第三方收入	61990.41	0.03	17.05	共同承担	11.93	5.11
7	顾客量变化风险	第三方收入	61990.41	−0.02	−10.85	共同承担	−4.70	−6.15
8	工艺和设备选择风险	运营成本	40599.51	1.54	626.67	社会资本	626.67	—
9	材料成本调整风险	运营成本	40599.51	0.69	280.75	共同承担	215.24	65.51
10	设备维护费用调整风险	运营成本	40599.51	8.31	3373.21	社会资本	3373.21	—
11	不可抗力风险	运营成本	40599.51	0.84	339.01	共同承担	180.81	158.20
12	政策变动风险	竞争中立调整值	5285.04	0.30	16.11	政府	—	16.11
合计							5886.30	232.79

由表 6-9 可知,可转移风险成本现值为:

$$NPV_3 = 5886.30 \text{ 万元}$$

自留风险承担成本现值为:

$$NPV_4 = 232.79 \text{ 万元}$$

6.4.2.4　PSC 值

$$PSC = NPV_1 + NPV_2 + NPV_3 + NPV_4$$
$$= -8412.18 + 5285.04 + 5886.30 + 232.79 = 2991.95 \text{ 万元}$$

6.4.3　VFM 定量评价模型构建

6.4.3.1　项目 PSC 值

由前文计算可知,项目的 PSC 值为 2991.95 万元。

6.4.3.2　PPP 值的计算

（1）测算的 PPP 合同价（CP）

本项目的 PPP 合同价 $CP=0$ 元。

（2）政府投资成本（ZT）

政府为项目提供建设资金 $ZT=1790.09$ 万元。

（3）政府自留风险承担成本（NPV_{re}）

$$NPV_{re}=NPV_4=232.79 \text{ 万元}$$

综上

$$PPP=CP+ZT+NPV_{re}=1790.09+232.79=2022.88 \text{ 万元}$$

6.4.3.3　VFM 值

$$VFM=PSC-PPP=2991.95-2022.88=969.07 \text{ 万元}$$

6.4.4　敏感性分析的应用

6.4.4.1　确定经济评价指标

根据前文的分析,选取 VFM 量值作为敏感性分析的经济评价指标。

6.4.4.2　选择不确定性因素

根据不确定性因素的选取原则,结合表 6-9 的风险承担现值,选取下列不确定性因素进行分析:

（1）建设项目总投资;

（2）运营维护费用;

（3）竞争中立调整值;

（4）风险量化值;

（5）折现率;

（6）第三方收入。

6.4.4.3　计算正常情况下 VFM 量值

根据前文的计算结果,正常情况下:

$$VFM=PSC-PPP=2991.95-2022.88=969.07 \text{ 万元}$$

6.4.4.4　计算波动情况下 VFM 量值和敏感性系数

假设各不确定性因素分别波动 $\pm10\%$,计算此时 VFM 量值和敏感性系数,结果如

表 6-10 所示。

表 6-10　不确定性因素波动±10％的 VFM 量值和敏感性系数

项目	变化幅度（VFM）			敏感性系数
	−10％	0	10％	
项目总投资	−328.80	969.07	2266.94	13.39
运营维护成本	−3090.88	969.07	5029.02	41.90
竞争中立调整值	440.57	969.07	1497.58	5.45
风险量化值	380.44	969.07	1580.98	6.19
第三方收入	7168.11	969.07	−5229.97	−63.97
折现率	785.09	969.07	456.14	−1.70

6.4.4.5　敏感性分析结论

（1）通过比较各不确定性因素的敏感性系数,得知影响物有所值实现的敏感性因素是运营维护成本和第三方收入,其敏感性系数分别是 41.90％和−63.97％,因此应对其进行重点监测和管控。

（2）项目总投资、运营维护成本、竞争中立调整值和风险量化值的敏感性系数均为正值,这些因素取值越大,VFM 越大,从而可以知道,项目建设规模越大、运营费用越高、政府占的优势越多,项目风险越大,采用 PPP 模式建设项目越物有所值。

6.4.4.6　临界值计算

对运营维护成本和第三方收入运用公式(6-19)和公式(6-20)计算其临界值,过程如下:

（1）运营维护成本

当波动率 $x_1 = 10\%$ 时,$VFM_1 = 5029.02$ 万元;当波动率 $x_2 = -10\%$ 时,$VFM_2 = -3090.88$ 万元,则有:

$$x = x_1 + \frac{VFM_1}{VFM_1 + |VFM_2|}(x_2 - x_1) = 10\% + \frac{5029.02}{5029.02 + |-3090.88|} \times [(-10\%) - 10\%]$$
$$= -1.56\%$$
$$i_x = i \times (1+x) = 40599.51 \times (1 - 1.56\%) = 39966.16 \text{ 万元}$$

（2）第三方收入

当波动率 $x_1 = -10\%$ 时,$VFM_1 = 7168.11$ 万元;当波动率 $x_2 = 10\%$ 时,$VFM_2 = -5229.97$ 万元,则有:

$$x = x_1 + \frac{VFM_1}{VFM_1 + |VFM_2|}(x_2 - x_1)$$
$$= (-10\%) + \frac{7168.11}{7168.11 + |-5229.97|} \times [10\% - (-10\%)] = 1.56\%$$

$$i_x = i \times (1+x) = 61990.41 \times (1+5.56\%) = 65437.08 \text{ 万元}$$

6.4.4.7 风险评价结论

根据临界值的计算结果可知:当运营维护成本波动率＜－1.56％或第三方收入波动率＞1.56％时,项目 VFM 量值＜0,项目不得采用 PPP 模式建设。通过表 6-7 可知,影响运营维护成本的风险最有可能的波动率之和为 11.38％,与－1.56％相差较远;影响第三方收入的风险最有可能的波动率之和为 0.05％,虽与 1.56％比较相近,但其最可能波动程度率仅达到临界波动率的 35.90％。由此可见,项目虽然存在一定的风险,但总体而言还是具有较强的抗风险能力。

6.5　本　章　小　结

本章首先介绍 PPP 项目的主要流程,对 VFM 评价方法进行分析,对《指引》中的缺陷和关键点进行分析。主要流程分为项目识别、项目准备、项目采购、项目执行和项目移交。物有所值评价发生在项目识别阶段,项目只有通过了物有所值评价,才可以继续后续的流程,否则就不宜采用 PPP 模式进行建设。常用的 VFM 评价方法有成本效益分析法、竞争性招标法和公共部门比较值(PSC)评价法。我国主要采用 PSC 法,有定性评价和定量评价两种类型。目前,我国的《指引》在折现率的选取和风险量化方面尚未细化。为了丰富和完善我国物有所值定量评价体系,对常见的折现率类型进行分析。针对风险量化,提出定性识别风险、定量评估和分担风险的研究设想。

其次,建立 VFM 定量评价模型,分析 VFM 的实现形式。将 PSC 值划分为初始PSC、竞争中立调整值、转移风险和自留风险。重点采用定性和定量分析法研究风险承担成本的组成。将 PPP 值划分为 PPP 合同价、政府投资成本、自留风险成本,清晰划分政府和社会资本双方投入的成本。VFM 最终是否可以实现取决于 PSC 值和 PPP 值。若 *PSC* 值大于 *PPP* 值,则 *VFM*＞0,可以采用 PPP 模式;若 *PSC* 值小于 *PPP* 值,则不宜采用 PPP 模式。

再次,对 VFM 定量评价模型进行敏感性分析,判断 PPP 项目 VFM 实现的风险程度,为项目决策提供可靠依据。采用单因素敏感性分析,以 VFM 量值作为经济评价指标。确定了选取不确定性因素的原则:对经济效益指标有重要影响且在计算期限内变化的可能性较大。给出主要参数(VFM、S_q、临界值)的计算公式。$|S_q|$ 越大,不确定性因素 q 对 VFM 的影响越大;$|S_q|$ 越小,不确定性因素 q 对 VFM 的影响越小。通过比较风险损失率和临界值对应波动率的差值,判断项目的风险程度。若两者相差较大,说明PPP 项目的风险较小,项目实现物有所值的可能性较大,采用 PPP 模式建设项目可行;若相差较小,甚至为负值,说明项目面临较大风险,项目实现物有所值的可能性较小,不宜采用 PPP 模式。当风险出现时,可采取多种策略应对,如自留、减轻、回避、转移和后备措

施等。具体采用哪一种或哪几种策略,要结合项目的实际情况确定。

最后,采用实证分析,验证基于敏感性分析的 VFM 定量评价模型的可行性和适用性。根据项目实际资料,分别计算 PSC 值、PPP 值、VFM 值、敏感性系数和临界值,并判断项目实现 VFM 的风险程度,从实践角度分析了该模型的应用。

(1) 通过对比敏感性系数的大小,可知影响物有所值实现的最敏感因素是运营维护成本和第三方收入,其敏感性系数分别是 41.90% 和 -63.97%,因此应对其进行重点监测和管控。

(2) 项目总投资、运营维护成本、竞争中立调整值和风险量化值的敏感性系数均为正值,这些因素取值越大,VFM 越大,从而可以知道,项目建设规模越大、运营费用越高、政府占的优势越多,项目风险越大,采用 PPP 模式建设项目越物有所值。

(3) 根据临界值的计算结果可知,当运营维护成本波动率 < -1.56% 或第三方收入波动率 > 1.56% 时,项目 VFM 量值 < 0,项目不得采用 PPP 模式建设。影响运营维护成本的风险最有可能的波动率为 11.38%,与 -1.56% 相差较大;影响第三方收入的风险最有可能的波动率为 0.05%,虽与 1.56% 比较相近,但其最可能波动程度率仅达到临界波动率的 35.90%。由此可见,该 PPP 项目虽然存在一定的风险,但总体而言还是具有较强的抗风险能力。

7 PPP 模式下经营性项目资产证券化退出机制研究

7.1 经营性 PPP 项目退出路径选择

7.1.1 经营性 PPP 项目资金退出需求分析

7.1.1.1 PPP 项目中公共资本的退出需求分析

公益项目的传统模式主要依赖公共部门的资金支持,而 PPP 模式借助社会资本减少了政府资金投入,能够快速解决政府投资退出的问题。2015 年 5 月,国务院办公厅发布了关于规范促进 PPP 项目发展的通知,通知的主要内容分为三部分:一是鼓励各层级政府大力推广 PPP 模式为大众服务;二是合理利用 PPP 模式的优势解决地方债务问题;三是选取恰当的形式开发基础设施。这表明大力推进 PPP 发展,改变传统政府付费的格局,发挥公共部门监管的长处,完成公共部门职责转换是未来 PPP 发展的重要任务。

在过去,国内一直将公共部门投资作为主要方式,社会资本的优势没有得到合理利用。在 PPP 项目中,公共部门和社会资本发挥作用不同,社会资本运用自身的成熟技术,公共部门负责监察督促,确保项目按期有序完成。公共部门资金退出能够推动基建的发展,让项目进程清晰可视,加快了基础设施的建成速度。

政府的投资退出,是为了提高政府资金周转效率,将有限的资金投入更多的领域,加快基础设施建设,推动经济的快速发展。利用经营性 PPP 项目加快公共资本的退出,积极推动公共服务 PPP 项目的实施,这是国家和政府在新形势下的发展需要。

7.1.1.2 PPP 项目中社会资本的退出需求分析

PPP 项目可能涉及专业知识、法律、技术等诸多领域,不确定因素很多,当双方的收益协调不当时,可能会出现双方合作关系的破裂、社会资本退出的情况。当社会资本以联合体的形式参与 PPP 项目时,就要关注社会资本个体在项目各个阶段发挥的长处,同时也需要考虑在项目中不占优势的社会资本个体退出的问题。

社会资本加入经营性 PPP 项目的目的是利用自己的投资来获取利润,而资本能够及时退出,作为保证利润落地、实现自有流动资金周转效率增加的必要条件,是提高社会资本加入 PPP 项目积极性的重要因素。

一个完整的 PPP 项目建设周期一般在 20～30 年,投资规模大、周期长,社会资本就需要考虑及时退出、保障自己收益的问题,社会资本退出主要有以下一些情况:

工程刚开始建设时,几乎不会发生退出的现象。而当工程建设完成开始运营的时候,就会出现退出的需求,这是因为社会资本完成了相应的责任,将进入它所不擅长的领域,就有了退出的想法。然而,当前社会资本在 PPP 模式中的退出路径不多,不能够在最佳时间用恰当的方式退出,这会让参与的社会资本处于一个比较尴尬的境地。

在工程建设时,社会资本有成熟的技术和丰富的经验,能够有序建成整个项目。而当工程建设完成开始运营时,社会资本不具备相应实力,无法继续带领项目科学高效的运转,若还继续担任重要职位,恐怕会让项目走一些弯路,损害项目的利益。社会资本希望把部分或者所有股份转移给有相应实力的单位,由拥有专业水平的部门接管。因此,工程建设合格后,负责基建的社会资本已经发挥了其最大价值,它的退出不会对项目公司造成经济损失,而且对于社会资本而言,其已完成了建设任务,创造了相应的价值,此时退出,不仅能够使自身收益落地,还能将资金流转获得更多的收益。

7.1.2 经营性 PPP 项目退出路径分析

7.1.2.1 现有退出路径的优缺点

经营性 PPP 项目常用退出路径有:到期移交、股权转让、股权回购、公开上市、发行债券、资产证券化和售后回租等[248]。

（1）到期移交

社会资本收回投入资金并取得一定的预期利润,经过约定的经营期限后,将无偿转让资产,完成整个 PPP 项目的运营,资产经过政府部门接收后再安排相应部门进行运维工作。到期移交方式操作简便,政府部门压力小,但是由于周期较长,社会资本生存压力大,不是初始进入 PPP 领域的社会资本的首选。

（2）股权转让

社会资本把在 PPP 项目公司中持有的股权转让完成资金退出。然而,PPP 项目的实际运行仍然需要依赖社会资本方的资本和技术实力,项目公司的所有权结构发生变化,很可能出现新的 PPP 项目控制人并不是合格的管理者的情况。因此,政府部门通常会在协议里确定一个锁定期,在锁定期内社会资本不得转让其持有的项目公司股份,保证 PPP 项目的正常有序运转。所以,股权转让虽然可以让社会资本短期内退出,但由于锁定期的存在,退出时间受到限制;而且股权数额大,潜在的股权购买方数量较少,竞价空间小。

（3）股权回购

股权回购是股权转让中的特殊情形,购买股权的主体是政府、其他社会资本或是 SPV(准经营性 PPP 项目公司)。当由政府回购时,政府持股比例不得超过 50%;当被项目公司其他社会资本回购时,此资本方将面临巨大的财政压力;当由 SPV 进行回购时,将会导致公司资本减少,不利于应对经营过程中遇到的风险。

(4)公开上市

当 SPV 公司的发展满足一系列的要求时,就可以发行股票,通过市场化定价和交易,实现股权的转移,从而让社会资本得以退出。公开上市可以让社会资本退出时收益剧增,而且股市信息透明度高,便于相关部门监管;但是,公开上市要求高,一般 PPP 项目难以达到,而且股价受市场影响波动大。

(5)发行债券

PPP 项目专项债券属于企业债券,主要针对特许经营、购买服务等 PPP 形式,一般由 PPP 项目公司发行,募集资金开展项目建设和运营。发行债券可以解决一部分的资金问题,引入现金流,确保社会资本的退出,但预期的收益却很难保障。根据相关政策要求,公司运营状况满足相应要求时才能发行债券,且累计发行的债券余额不能超过净资产的 40%。

(6)售后回租

项目公司将项目权属出售后再租赁回来,在运营期内通过项目的收费机制支付租赁价款,约定运营期结束后回购项目权属,再向政府部门移交,完成社会资本的退出。这种退出模式在西方国家非常普遍,但是在国内,项目公司不具备出售项目的权利,而且项目权属的反复变动极易滋生腐败,不利于 PPP 项目的运行。

7.1.2.2 资产证券化退出路径的优势

资产证券化能够将不具有流动性但拥有未来现金收入的各种资产集中统一管理,并且根据资产具有的特征进行恰当的组合,使其成为能够在金融市场上交易的证券。经营性 PPP 模式中引入资产证券化退出渠道具有如下优点:

(1)拓宽融资渠道

对于 PPP 项目,如果拥有适合作为基础资产的条件,经过证券化操作后发行相应产品,可以及时为项目获取融资,确保项目的高效运作。通过资产证券化,增强了资产的流动性,让资产得以在二级市场上交易,迅速获得回报,解决项目的资金困难。

(2)降低融资成本

通过结构化设计,将证券化产品分为优先级和次级,有需要的话还可以设置中间级,针对不同等级的产品,采取不一样的信用增级措施,可以使融资成本相应地减少。

(3)优化财务状况

在成立特殊目的机构后,将用于证券化的基础资产与剩余资产隔离开来,实现了破产隔离,基础资产流动性大大加强,同时初始权益人在获得证券化产品收益后,资金压力得以缓解,财务状况得到优化。

(4)丰富退出方式

在供气、供暖和地铁等市政 PPP 项目中,运营期间拥有明确的收费机制,项目具有稳定现金流,通过资产证券化后,可以将收费权益转变成二级市场的证券化产品,提前实现资金回笼,给社会资本方的退出提供了一种新的途径。

经营性 PPP 项目由于投资回收期较长,对社会资本的吸引力不足,在引入资产证券化融资方式后,将弥补这一明显短板,更加高效地引进社会资本,将经营性 PPP 项目的优势全部发挥出来。资产证券化这种融资模式不仅可以帮助社会资本方快速收回资金,而且还可以通过资产重组机制有效地进行风险隔离,有利于保护各方利益,保证社会资本方在短时间内获取收益。因此,在经营性 PPP 项目中引进资产证券化这种成熟的模式是行之有效的。

7.1.3 资产证券化的趋势

7.1.3.1 国家政策推动资产证券化规范化发展

2011 年,我国重新启动资产证券化业务后,资产证券化被认为是调整国家经济结构和促进经济发展的重要手段,国家高度重视资产证券化的推动工作,在之后的 5 年里,政府工作报告、国务院常务会议和银监会工作会议等累计十多次大型会议均提到促进国家资产证券化发展的必要性。与此同时,中国人民银行、证监会和各大交易所等与资产证券化相关的机构积极出台配套规章制度,为资产证券化的落地扫清障碍。

7.1.3.2 社会发展推进资产证券化规模化发展

在我国,资产证券化发挥的作用比在西方国家更加强大。我国作为发展中国家中的一员,资金短缺情况比较严重,而像银行贷款这类的常用融资方式成本又相当高,并且国内的资本市场尚处于初步发展阶段,金融服务行业的资金不多,借贷机制也不完善,许多项目融资比较困难。因此,资产证券化的融资方式一经提出,就得到广大社会资本的关注。基础资产的稳定和可预测性的现金流,以及多种信用评级增级方式,使证券化产品的风险大大降低。我国信贷资产证券化、企业资产证券化、资产支持票据的发行情况如图 7-1 所示。

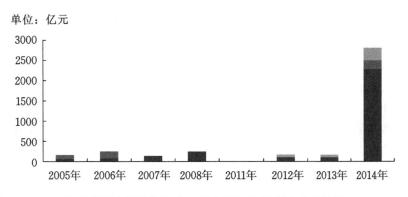

图 7-1 国内三种资产证券化产品发行情况

从图 7-1 中可以看出，从 2011 年重新启动资产证券化业务后，信贷资产证券化业务持续发展，而资产支持票据也在这个时候开始兴起并迅速发展。

7.1.4 经营性 PPP 项目资产证券化退出的必要性及可行性分析

7.1.4.1 经营性 PPP 项目资产证券化退出必要性分析

2014 年，国家财政部发布了有关 PPP 模式合同管理的文件，文件中明确表示，由于 PPP 项目周期可能长达二三十年，为了方便履行合同，要提前谋划并合理设置合同的调整和变更方式，对合同的期限和内容以及合同主体的变更作出相应说明，使 PPP 模式更加适应经济发展。从这个文件中也可以看出，PPP 模式的退出方式已经引起国家相关部门的关注，国家鼓励创造有利于 PPP 项目发展的退出途径。

随后，财政部发布的关于解决 PPP 模式在实践运用中问题的通知，从标准规范化合同文本的制定入手，重点把握退出渠道等一系列关键问题，指出合理的退出渠道是促进 PPP 模式快速发展的关键。此后，财政部又发布了 PPP 模式操作指南试行版，要求项目合同文本中必须指出具体的移交细则，重点介绍了移交注意事项。

与此同时，国务院出台了有关 PPP 模式中创新融资机制、鼓励社会资本投资的文件，明确提出健全 PPP 模式退出机制，探索政府和社会资本的合理退出渠道，确保项目持续高效运作。文件还指出，在项目结束合作模式后，政府方面要及时组织有经验的团队接管项目，重点做好资金回收和资产处理的事情。从这个文件中可以看出，国家已经开始重视 PPP 模式的资金退出方式。

不久，国家发展改革委也发布了指导 PPP 模式的意见。意见对 PPP 模式提前终止问题作出了规定：不论项目是由于不可抗力因素还是发生违约事件提前终止，项目公司都应该认真做好交接工作，确保项目的正常运行，保障社会公众利益不受损害或将损害降至最低。PPP 合作模式完结时，双方必须按照合同规定的移交标准和要求进行工作，确保项目及时验收移交、资产按时查验交割。意见中鼓励项目公司合理利用各类产权和股权交易平台，为 PPP 模式中社会资本方的退出提供多元化的选择。

通过对现有文件的研究可以得知，关于 PPP 模式的政策文件已经很多，且重心多放在准入制度上，而对 PPP 模式的退出规定较少。且现有文件考虑社会资本退出时，多从非正常情况下社会资本的退出和项目的接管问题入手，而对正常情况下社会资本的退出机制关注较少，相应的规范和操作细则不够全面。PPP 模式不够完善的退出方式逐渐成为限制社会资本进入的主要因素，PPP 项目应制定多样性的退出方式。

完备的社会资本方退出方式是 PPP 模式发展的必然趋势。PPP 合作模式的社会资本方并不是唯一的个体，而是整个群体，政府推进购买服务实际是引进市场化的结果。健全经济市场，需要拓宽市场入口，也需要灵活的退出渠道。资产证券化既是社会发展的需要，也是国家政策大力推动的结果，因此建立一个标准化的符合国家发展需要的资产证券化退出路径是非常必要的。

7.1.4.2 经营性 PPP 项目资产证券化退出可行性分析

2015 年,信贷资产证券化产品注册制度开始实行,免去了烦琐的审核制度,证券化迅速发展起来,成为促进 PPP 项目规模化发展的重要推力。在供气、供暖和地铁等市政 PPP 项目中,运营期间拥有明确的收费机制,项目具有稳定的现金流,通过资产证券化后,可以将收费权益转变成二级市场的证券化产品,提前实现资金回笼,给社会资本方的退出提供了一种新的途径。

2016 年,国家发展改革委发布了关于做好 PPP 项目的通知,通知中明确指出要建立多样化的退出方式,促进 PPP 模式结合社会经济发展,合理利用各类产权和股权交易平台,采用资产证券化的方式实现资金的退出,拓宽了 PPP 模式的退出路径,为社会资本方的退出提供了新思路。

资产证券化的退出机制符合国家的政策,符合 PPP 项目发展的需要,有利于政府和社会资本明确 PPP 项目的退出路径,保障项目持续稳定运行;有利于政府合理利用各类产权和股权交易平台,为 PPP 模式中社会资本的退出方式提供多元化的选择;同时也有利于健全市场机制,提高政府和社会资本长期合作的契合性。因此资产证券化退出机制是必要和可行的。

7.2 经营性 PPP 项目资产证券化退出方式的设计

7.2.1 资产证券化退出工作流程分析

一般来说,对于经营性 PPP 项目,利用资产证券化的途径实现退出要经历以下几个环节:首先是准备阶段,其次是执行阶段,再次是发行阶段,最后是后续管理阶段。如图 7-2 所示。

在准备阶段时,首先,原始权益人即 PPP 项目公司审查资产证券化的方式是否符合国家的相关政策,能否为项目谋取合理的利润,以及是否便于实施(在挑选基础资产时,可以是各种各样的收费权利或者其他现金流入的权利);然后,寻找合适的辅助单位,包括登记托管单位、计划管理人以及信用评级增级单位等;最后确立合适的方案。

在执行阶段时,首先,相应的中介单位通过科学的调查,仔细审查基础资产及其运行情况,在此基础上出具相关报告;然后,根据项目背景设计符合实际生产的产品结构图,初步拟定产品方案;最后,根据预计发行的证券规模进行有针对性的信用增级措施,使其满足发行条件。

在发行阶段时,PPP 项目公司作为发起人,对证券发行方案进行内部评审并修改,然

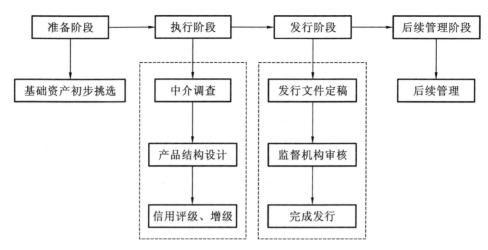

图 7-2　经营性 PPP 项目资产证券化退出工作流程图

后将文件定稿交给相应监督机构审核,在审核完成之后,即可进行产品的发行。

在后续管理阶段,计划的管理人或者服务人员对该证券进行全面管控,确保其能够按照预计的方式进行直至完结。

7.2.2　经营性 PPP 项目资产证券化具体步骤

当社会资本方选择退出时,以 PPP 项目公司为发起人,将项目全生命周期总收益权作为基础资产,发行资金管理专项计划,具体的流程结构如图 7-3 所示。

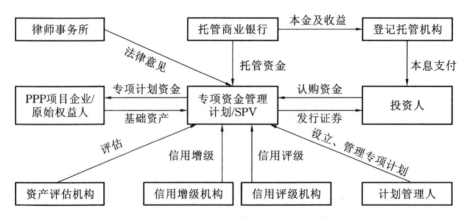

图 7-3　PPP 项目资产支持专项计划交易结构图

第一,基础资产选择。选取合适的资产作为证券化的切入点。

第二,组建 SPV。针对选定资产和所属项目的特征选择合适的 SPV 模式。

第三,发行和销售。社会资本方凭借售卖证券的收入,在较短的时间内收回部分或全部资金实现退出。

第四,后期服务与管理。计划管理人把收回来的资金放在特定账户,按时给证券持有者利息和本金。

7.2.2.1　基础资产选择

对具体某个经营性 PPP 项目而言,进行资产证券化的第一步以及面临的首要问题,是依据证券化的概念并按照工作流程选择基础资产。根据资产证券化实施的相关规定,基础资产应当满足相应法律法规的条件,且所有权确定,能够拥有稳定、独立和可预测的现金流。同时,基础资产还需符合以下要求[249]:

(1) 无权利瑕疵或负担:原始资产和其中的基础资产不应受到权利限制,并且应该是没有担保或质押的"清洁"资产。在采取一系列措施后,可以去掉其担保或者其他权利限制的资产,也可以成为基础资产。

(2) 依法可以转让:基础资产可以"真实"出售给 SPV,以此来实现破产隔离。因此,基础资产必须是依法可以转让的。

(3) 特定化的独立财产:法律要求基础资产必须具有特定化的性质,并且是独立的财产或者财产权利,不附加于其他财产或财产权利。

7.2.2.2　SPV 建立

SPV 是特殊目的机构的英文缩写,是由基础资产的原始权益人委托有相应资质的管理者成立的,其主要目的是对基础资产进行破产隔离和信用评级增级,并依据这些结构化处理成果发售证券化产品。

SPV 成立以后,资产的原始权益人采用约定的方式将基础资产售卖给 SPV,这是资产证券化的核心操作。SPV 接收基础资产时,必须与其所有者按照规定签订相关合同,完成相应手续,只有完成了资产真实出售,才能成功发售证券化产品。

SPV 与资产所有人签订的是《基础资产买卖协议》,这个协议主要是对基础资产权属转变进行规定。SPV 拥有基础资产所有权,包括与其相关的保证或抵押等从属权利。但是,SPV 对该资产进行管理及相应操作,不得基于机构本身的利益,而要从证券化产品的拥有者利益出发;当该资产的原始拥有者破产时,不得对该资产提出偿债要求。

针对资产证券化依据的特定资产和所属的项目公司不同,对应的 SPV 模式也各有千秋。当前,国内证券化系统中比较成熟的 SPV 有资产支持计划和专项计划,以及特殊目的信托。资产支持计划主要用于属于中国保险监督管理委员会管理的证券化产品发行;资产支持专项计划则主要用于不属于中国银监会管辖的金融企业或非金融企业证券化产品发行;特殊目的信托主要用于银行间市场信贷证券化产品发行。在经营性 PPP 项目中实施资产证券化融资时,因为项目属于非金融企业,所以对应的 SPV 为资产支持专项计划。

PPP 项目资产证券化中 SPV 运作流程如图 7-4 所示。

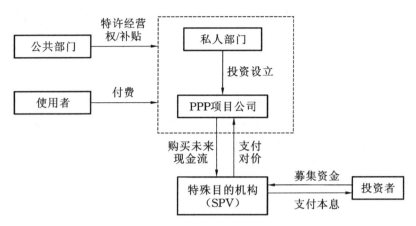

图 7-4　经营性 PPP 项目资产证券化 SPV 运作流程

7.2.2.3　信用增级方案选择

产品销售时,信用度的高低是消费者决定是否购买的重要依据,所以产品出售前,会从各方面对信用进行加强,以减小产品风险,吸引消费者购买。在经营性 PPP 项目中,后期资金收入的不确定是发售证券的重大风险所在,SPV 需要采取措施保障产品具有足够的资金收入,选择合适的方案来提高信用度,这样不仅可以减少信用风险量,还能够减少融资费用,节约发起人成本。在我国主要有外部增信和内部增信两种方法。

（1）内部信用增级

内部增信是目前我国发展比较完善的增信方式,其从证券化的本质出发,对资产结构进行再优化,使资产现金流符合实际需求,证券化信用等级达到预期级别。常用内部信用增级方法包括分级分层结构设计、超额担保以及设立超额利差账户等。对于经营性 PPP 项目这种风险比较大的证券,一般需要设置信用触发机制,并且还要对证券进行分级分层结构设计。

信用触发机制的工作原理,是将相关信用的条款放在证券化产品设计合同中,一旦证券的收益无法满足,将重新分配资金,修正资金的交易次序,并通过其他途径增加资金,使证券的本金和利息得到最大限度的保障,尽可能地降低证券所有人的亏损。PPP 项目的周期普遍达到二十年甚至更长,时间过长造成运行风险较大,有必要设置相应的信用触发机制确保投资人的利益。触发机制可以从项目公司的运营状况、重大安全事故及重大政策影响等方面着手设置。

进行证券的分级分层结构设计时,对选用的特定资产限制比较多,得满足一定的信用条件。证券可以按照收益支付的位置关系划分为优先级和次级,优先级中又可以分成多个层级。当证券正常运作时,不同等级的产品收益分配并没有区别;一旦出现偿付资金不足时,级别优先的证券就可以早一步获得本金和利息或相应补偿。在这种结构设计下,购买级别低的产品比级别高的产品承受的风险更为严重,低级别证券对高级别证券在一定程度上进行了保障。分级分层结构设计耗费的资金几乎可以忽略不计,成本相当低廉,是一种较好的增信方法。

但是,仅仅采用内部信用增级成效不明显,不足以覆盖经营性 PPP 项目的风险量,因此,外部增信手段应运而生。

(2) 外部信用增级

利用与此资产无关的相应金融服务单位给出一定的信用保证就是外部信用增级,这种方法受服务单位的信用情况影响比较大。证券的信用水平对服务单位依靠程度越高,那么外部机构信用情况变动对该产品的影响越强。保险、信用度、第三方担保以及差额补足承诺是最常用的几种外部信用增级方法。

在进行资产证券化设计时,最常见的外部信用增级方式就是保险。一般而言,SPV 为相关资产或证券选购保险产品,保险单位对在以后付给证券持有者的本金和利息给予保证。如果在证券流通期间,出现产品专项计划账户余额不足,那么保险单位需要按要求支付不足部分。

信用度的数额是根据 SPV 对证券达到计划等级所需资金的计算而来,一般而言,所需资金比较多,并且能够提供如此高信用度的金融单位也很难找到。第三方担保操作简便,资金消耗计算简单,但是消耗成本比较大。

经营性 PPP 项目在运行时有资金流入,正常情况下其净收益可以完全包住当期证券需偿付的本金和利息。因此,在证券化的实际运用时,允许信用评级较高的发起人或控股股东与实际控股人一起做出不能撤销的连带责任保证,保证弥补运行过程中的资金差值。在分配资产的收益时,应提前对以此资产发行的证券化产品的专项账户余额进行核算,确保其满足相应证券化产品的本金和利息的偿付。

在经营性 PPP 项目进行证券化融资时,难免会遇到各种各样的难题,如果只采用内部或外部增信手段,恐怕不能够完美解决。通常情况下,都是在内外两个方向一起使用增信措施,而将外部增信作为主要手段,内部增信措施作为补充,是目前比较成熟且有较高认可度的做法。

7.2.2.4 证券化定价思路

绝对估值定价和相对估值定价是资产证券化比较成熟的两种定价方法。绝对方法是采用合适的利息率计算产品依赖的基础资产在以后的资金收入现值,每期现值之和就是产品的绝对价值。相对方法是通过与标准产品进行对比计算,得出证券的合理收益率。相对估值定价法的原理在利差定价模型的运用上得到了全面体现,其中,利差是指期权调整利差与零波动利差以及名义利差。

在利率不一样时,期权实施程度不一样,造成资金的流动也不一样。因此,对证券化进行定价的时候,需要将利率变动的因素考虑在内。证券购买者只有明白这个特性,才能计算证券的真实价格。引入期权调整利差,有助于量化购买者的未来收益额。

某证券预期收益与同期基准折现率相减的差值,就是该证券的名义利差。在名义利差的计算过程中,第一步是计算该证券的收益率,然后查询同期基准折现率,再进行差值计算。其原理简单,计算方便,是证券价值的重要指标,缺点是精度较差。

零波动利差也称为静态利差,它是根据名义利差进行合理优化,综合了基准折现率的时间特征。由于资金流入时的参照标准证券利率不一样,得出的静态利差数值较为精确,更符合实际情况。

由于资产证券化在国内的运用开始不久,利差定价模型还未深入结合我国的具体情况,只能作为参考和借鉴,要建立符合我国特色的定价模型还需要一段时间的发展,因此,在我国证券化应用时普遍采用承销机构询价的方法。

7.2.2.5 产品发行

承销机构询价法发行证券的步骤如下:

(1) 首先了解项目背景,从中获取项目公司股权情况、项目特许经营期限、合同期限,以及项目公司经营收入。

(2) 进行以收费为收益权的相应产品的专项资产管理计划交易结构图设计。

(3) 产品设计

产品方案设计思路如下:

① 确定 1~X 年发行的证券;

② 证券分档分为优先股和普通股;

③ 信用增级:优先股为 AA+,次级股不参与信用增级;

④ 假设 1~X 年各档产品的发行利率根据市场条件预测值分别为 $y_1\%$、$y_2\%$ 和 $y_3\%$ 等;

⑤ 设置现金覆盖倍数为 m 倍左右;

⑥ 设计各档产品的本金规模初值,通过不断调试,将每年的现金覆盖倍数调到 m 倍左右,计算出各档产品本金规模;

⑦ 与评级机构进行沟通,确定最终各档产品的本金规模;

⑧ 根据上述思路,测算出 1~X 年各档产品的本金规模分别为若干元,融资规模之和相当于未来 X 年基础资产现金流总额的百分比,计算公式如下:

$$\frac{P}{N} \times 100\% = Q \tag{7-1}$$

式中　P——优先级现金规模之和;

　　　N——1~X 年扣除专项运营费后余额之和;

　　　Q——相应基础资产现金流入总额百分比。

⑨ 计算现金流出的支付方式如表 7-1 所示。

表 7-1　专项资产管理计划产品 2019—2021 年还款现金流出情况　　（单位:万元）

证券档次	优先 01	优先 02	优先 03	合计
第一年支付	C_1　$(1+y_1\%)$	C_2　$y_2\%$	C_3　$y_3\%$	第一年支付之和
第二年支付	—	C_2　$(1+y_2\%)$	C_3　$y_3\%$	第二年支付之和
第三年支付	—	—	C_3　$(1+y_3\%)$	第三年支付之和

注:C_1—优先 01 本金规模;C_2—优先 02 本金规模;C_3—优先 03 本金规模;$y_1\%$、$y_2\%$ 和 $y_3\%$—1～X 年各档产品的发行利率预测值。

　　经过中介机构对 X 年内项目资金流入数额进行推演,在不违背各项要求的条件下,每期资金收入对该计划支出的比例超过了现金覆盖倍数,该计划可以实施。某社会资本在专项计划发行后收回部分投资并获得一定合理回报,实现资金的退出。

7.2.3　经营性 PPP 项目资产证券化面临的困境及改善措施

7.2.3.1　退出时机与发行期限面临的困境及改善措施

（1）退出时机面临的困境

经营性 PPP 项目中,社会资本在参与时都会设定期望目标,可能是社会效益目标或者是经济效益指标,达到期望目标是社会资本退出的重要依据。退出时机还与投资目的、回报机制及金融市场等方面有关。PPP 项目运行一段时间后,社会资本想收回成本,增加资金的周转速度;但社会资本的退出会影响项目公司的正常运营,可能会损害公共利益,因此社会资本采用资产证券化的退出时机需要共同协商确定。

改善措施:PPP 项目一般可以分为建设期和运营期,建设期是项目的建设阶段,一般不会发生资金退出需求,运营期是项目公司资金回笼阶段,社会资本方在取得预期的效果后就会产生退出的想法。因此,项目公司在项目发起的合同签订阶段应当对资金(特别是不同的运作阶段控制方的资金)退出时机作出具体可操作的约定。约定的时间就是锁定期,其长短可以依据项目的实际需要设置,一般是从协议签订起到项目运营后的一段时间,比如到项目运营期的第 3 年或者第 5 年。锁定期设置的初衷是为了项目的合理运行,确保社会大众的利益,社会资本方在发挥全部优势、尽职尽责完成合同约定的义务后才能退出。在经营性 PPP 项目中,当项目进入运营期且过了锁定期后,项目公司就可以择机实施证券化满足资金的退出需求。

（2）发行期限面临的困境

经营性 PPP 项目证券化的时机确定后,将面临的另一大难题是证券化产品的期限问题。常见的资产证券化产品的持续时间通常在 5 年至 10 年之间,但是经营性 PPP 项目的运营时间一般都在 10 年以上,普遍是 20 年左右。因此,仅仅依靠一个资产证券化产品是很难做到全面覆盖 PPP 项目的后续运营期限的。

改善措施:特定资产是收费权利的证券化最常见的产品,由于收益权期限大于产品寿命,因此应当对产品结构进行合理设计,考虑期限错配,力求全面覆盖 PPP 项目的后续运营期限。当经营性 PPP 项目周期过长,亦可通过分阶段发行多只资产证券化产品以全面覆盖项目周期,并对后期退出的社会资本做出适当补偿。

7.2.3.2　具体操作面临的困境及改善措施

(1)"真实出售"面临的困境

资产证券化作为 PPP 模式中社会资本的重要退出途径,拥有诸多方面的优势,但是在 PPP 领域仍是一项新兴的融资改革,缺乏相关法律的支撑和指导,操作细则尚未明确。

在缺乏相关法律法规指导的情况下,经营性 PPP 项目在资产证券化时的资产转让存在较大风险。"真实出售"是实现资产破产隔离的关键,但是在经营性 PPP 项目中,"真实出售"却是一个很难实现的操作。社会资本方在运营期内承担项目运营维护责任,若是实现"真实出售",后续发生违约事件时违约责任将无法认定。

改善措施:应当尽早出台关于"真实出售"产品的法律法规,规范在经营性 PPP 模式中资产证券化的发展以及资产证券化转让实现"真实出售"后发生违约应承担的责任。

(2)信用评级增级面临的困境

信用评级增级工作是资产证券化操作的另一个难题。信用评级增级以降低融资成本是资产证券化的明显优势,所以信用评级是实施过程中的关键操作。但是,资产证券化不仅要考虑产品现金流分析和压力测试、产品结构增级效果与风险,还要考虑基础资产的信用资质、主要参与机构的信用资质和法律风险,信用评级是对经营性 PPP 项目进行的一次综合性很强的评估。然而,对于一个刚刚建成仅正常运营几年的项目,可以收集的资料十分有限,导致经营性 PPP 项目的资产证券化信用评级操作结果有很多种可能,缺乏统一的标准进行指导。

改善措施:应由相关部门出台信用评级增级的操作规范,以及明确在证券化的经营性 PPP 项目中社会资本和公共部门各自的权利和义务。

7.2.3.3　实际效果面临的困境及措施

实际效果面临的困境:随着资产证券化的一级市场持续发展扩大,二级市场交易情况却比较清淡,经营性 PPP 项目资产证券化产品的交易流通受阻。原因有三:首先,是由于市场体量不大,可交易性较小;其次,资产证券化产品处于起步阶段,标准化程度不高,交易范围狭窄;最后,投资者相对比较集中,主要是相互持有产品,交易需求不强。

除了资产证券产品交易不畅通外,经营性 PPP 项目整体收益率不高,也是一个难题。经营性 PPP 项目大多数是周期较长、利润较低的项目,投资者的收益一般在 6%～8%之间,并且当经济发展不景气时,收益率可能会更低。由于受到 PPP 项目自身利润的影响,PPP 模式资产证券化产品的收益也相对较低。查阅国家资产证券化分析网站的信息可知,在实际过程中资产证券化效果欠佳,截至 2016 年 11 月底,到期收益率仅仅达到 3.11%(AAA,1 年)、3.21%(AAA,3 年)、3.39%(AAA,5 年)、3.60%(AAA,10 年)、3.23%(AA+,1 年)、3.49%(AA+,3 年)、3.63%(AA+,5 年)和 3.87%(AA+,10 年)。在降息和银行理财成本上升的背景下,资产证券化产品的收益率对投资者来说严重不足。

改善措施:可以从资产证券化产品出发,对产品实行结构化设计,确保将优质资产作为基础资产,在产品发行时着重展现资产的优越性,而且还可以提供稳定的风险回报率、明确和可预测的制度环境以及相对透明的信息披露。

7.3 某垃圾处理经营性 PPP 项目资产证券化退出机制实例分析

7.3.1 项目背景

A 市生活垃圾处理项目采用经营性 PPP 模式运行,A 市生活垃圾处理有限公司作为政府出资方出资 2897.39 万元,股份占比为 40%,B 投资有限公司作为社会资本方出资 4346.09 万元,股权占比为 60%,项目总投资约 7243.48 万元。该项目具有生活垃圾处理费用的收费机制,且在一定年限后,能够通过正常运营收回成本并获得收益。

生活垃圾处理项目总持续时间是 20 年。项目已于 2015 年启动,2016 年建成并投入使用。项目公司股权情况如表 7-2 所示。

表 7-2　项目公司股权情况

股东	出资/万元	协议占股权比例/%
A 市生活垃圾处理有限公司	2897.39	40
B 投资有限公司	4346.09	60
合计	7243.48	100

具体收费机制如下:生活垃圾处理费由 A 市城东、城西、城南及城北生活垃圾处理站按规定从全市各区域相应企业和家庭获得,然后全部缴纳给市财政局,工作人员核对无误后再向该项目公司付款,用作该项目的运营和维护。

通过运营期前两年的营业收入分析,对后续经营收入进行合理推测,得出特许经营期内的经营收入表,如表 7-3 所示。

表 7-3　经营收入表

年份	2017	2018	2019	2021	2022	2023—2035
人数/万	13.84	15.8	17.76	19.72	23.25	23.25
户数/万	4.32	4.94	5.55	6.16	7.27	7.27
营业收入/万元	518.4	592.8	666	739.2	872.4	872.4

　　A 市生活垃圾处理厂开始运营以后,营业收入稳步上升。过了一段时间之后,B 单位因为市场需求,准备回收少量投资本金和利息,达到资产升值和流动的目的。利用该项目的垃圾处理费为现金流采用资产证券化的方式可以实现这个目标。

　　在收集多个证券化实例以后,通过对比归类研究方法,重点研究相似基础资产的项目,经过多次调整,最终选定该证券化产品的金额和回报率。该证券化方案的基础资产是本市今后三年垃圾处理现金流,发售数额为 1450 万元的专项计划收益凭证,优先级发行规模为 1400 万元,包括优先 01、优先 02 和优先 03,信用等级皆是 AA＋,售卖给符合要求的购买者;次级产品总数额是 50 万元,B 单位全部买入。

7.3.2　产品结构图

产品结构图见图 7-5。

(1) 以生活垃圾收费收益权为基础资产,制定发行专项计划收益凭证;

(2) 专项资产管理计划对收费收益权进行产品设计,由信用评级机构评级,担保机构信用增级制成资产证券;

(3) 发行证券,吸引社会资本方投资和信托银行募集资金;

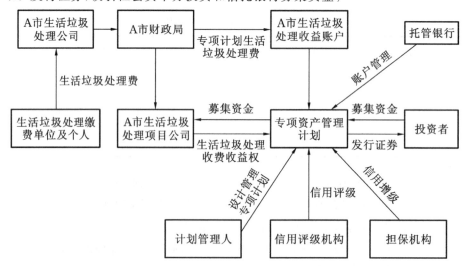

图 7-5　A 市生活垃圾处理收费收益权专项资产管理计划交易结构图

（4）资金的回收和分配，托管银行将计划管理人回收的由生活垃圾处理缴费的单位及个人上缴给 A 市生活垃圾处理公司然后全部缴纳给市财政局的现金流存入 A 市生活垃圾处理收益账户，并定期向社会资本方支付本息，从而使社会资本方在较短的时间内收回部分资金，实现社会资本的有序退出。

7.3.3   产品设计

（1）以未来 3 年收益权为基础资产，发行总额 1450 万元证券；

（2）证券分档分为：优先股和次级股，优先股发行规模为 1400 万元，次级股发行 50 万元；

（3）信用增级，优先股为 AA＋，次级股不参与信用增级；

（4）优先股预期收益率分别为：3.4％、3.6％、3.8％；

（5）现金覆盖倍数为：1.35；

（6）根据经验，初步确定各档产品金额，经过代入计算调整，使每期现金覆盖倍数接近 1.35，以此确定每种产品金额；

（7）经过信用评级及审核后，确定最终产品金额；

（8）按照以上步骤，计算出未来 3 年三种产品的金额分别是 400 万元、450 万元、550 万元，三种产品的总金额占基础资产未来 3 年现金流总额的 65.8％。产品设计如表 7-4 所示。

表 7-4   A 市生活垃圾处理收费收益权专项资产管理计划产品结构

产品特征	产品参数			
	优先 01	优先 02	优先 03	次级
规模/万元	400	450	550	50
规模占比/％	27.6	31.0	37.9	3.5
信用评级	AA＋			无
期限/年	1	2	3	3
预期收益率/％	3.4	3.6	3.8	—
支付方式	到期还本付息	每年付息一次，到期还本	每年付息一次，到期还本	按年分配剩余收益

还款现金流出情况如表 7-5 所示。

表 7-5   专项资产管理计划产品 2019—2021 年还款现金流出情况　　（单位：万元）

证券档次	优先 01	优先 02	优先 03	合计
第一年支付	413.6	16.2	20.9	450.7
第二年支付	—	466.2	20.9	487.1
第三年支付	—	—	570.9	570.9

7.3.4 基础资产分析

通过对 A 市 2019—2021 年垃圾处理收费收入的计算,在符合各项要求的条件下,A 市生活垃圾处理收费收入现金流对专项计划的现金覆盖倍数不低于 1.37 倍,在计划有效期内平均达到 1.41 倍,如表 7-6 所示,超过了预期系数 1.35,该计划可以实施。B 单位在该产品销售完成后取得了预期的收益,实现了资金的有序退出。

表 7-6　A 市 2019—2021 年生活垃圾处理收费预测现金流情况　　　　（单位:万元）

项目	2019 年	2020 年	2021 年	合计
A 市财政专户生活垃圾处理费现金流入	666	739.2	872.2	2277.4
扣除专项支付给生活垃圾处理运营费后余额	616	689.2	822.4	2127.6
专项计划还款现金流出	450.7	487.1	570.9	1508.7
现金覆盖倍数	1.37	1.41	1.44	1.41

7.3.5 信用增级措施分析

7.3.5.1　优先/次级分层

在产品设计阶段,通过结构化设计,将证券化产品分为了优先级和次级,次级产品规模最小,由 B 投资有限公司全额认购。由于次级产品无预期收益率,而且优先级产品分配完利润后按年向次级产品分配剩余收益,所以次级产品可以向优先级产品提供一定的信用支撑,相当于对优先级产品再次进行了信用增级。

7.3.5.2　基础资产现金流超额覆盖

通过计算结果可以得出,未来 3 年扣除运营费后的净现金流入超过证券化产品的还款现金流出,现金覆盖倍数分别达到了 1.37 倍、1.41 倍和 1.44 倍,平均现金覆盖倍数 1.41,超过了预计现金覆盖倍数。

7.3.5.3　原始权益人差额支付承诺

当接近证券利润发放的时间,产品服务单位都会核算相应账户流水,如果当期应付本息超过了相应专项计划账户收到的资金,那么超出的部分就由原始权益人补齐。

7.3.5.4　第三方担保

如果原始权益人不履行支付差额的条款,或者支付的金额不足以补齐差额,那么专项计划的管理人可以要求原始权益人按约定履行,或者向第三方担保人请求支付,担保人在收到《担保履约通知》后会及时补足差额。

7.4　本 章 小 结

本章第一步,首先从经营性 PPP 项目中公共资本和社会资本的退出需求进行分析,对现有的经营性 PPP 项目的退出路径,包括到期移交、股权转让、股权回购、公开上市、发行债券、资产证券化和售后回租等方式展开对比评析,得到采用资产证券化退出路径的优势;然后分析国家政策和社会发展对资产证券化的推动,促使资产证券化规范化和规模化发展;接着进行了经营性 PPP 项目资产证券化退出的可行性和必要性分析,指出资产证券化既是社会发展的需要,也是国家政策大力推动的结果;最后得出资产证券化的退出机制符合国家的政策,符合我国 PPP 项目发展的需要,有利于健全市场机制,提高政府和社会资本方长期合作的契合性,为资产证券化具体流程设计提供了重要支撑和保障。

第二步,讲述了经营性 PPP 项目资产证券化退出方式的设计。首先对资产证券化工作流程进行概述;然后分析基础资产选择、SPV 建立、信用增级、证券定价和发行这些具体步骤;接着研究资产证券化在实际进行过程中面临的困境,包括实施时机和期限、具体操作以及实际效果等方面;最后给出相应的改善措施,为实例设计提供了理论依据。

第三步,通过研究某垃圾处理经营性 PPP 项目实例,在既定项目背景下,根据资产证券化产品结构的特点,按照具体步骤进行了产品设计。通过对产品的现金覆盖倍数和信用增级措施进行分析,论证了经营性 PPP 项目资产证券化的可行性。

8 PPP模式下准经营性项目的绩效指标体系构建与评价研究

8.1 准经营性PPP项目的绩效指标体系

8.1.1 基于EVA-BSC准经营性PPP项目绩效评价研究的合理性与适用性

8.1.1.1 合理性分析

（1）平衡计分卡（BSC）的优势与劣势

BSC通过引入非财务指标，改变了以往企业只关注财务指标的缺陷，有效地克服了传统财务评价方法的滞后性。通过财务指标与非财务指标的综合评价，使企业更加关注长远利益的发展战略目标，更加有利于公司的战略管理与控制。

BSC虽然有着明确的维度划分，但是在评价过程中往往过分注重某一项指标，而对其他指标重视不够，如在财务层面缺少主要的财务指标时，就会使得整个绩效评价体系受到限制，项目的发展也会受到阻碍。

（2）经济增加值（EVA）的优势与劣势

EVA最明显的一个特点就是从调整后的营业利润中减去了权益成本，并将项目财务体系中不合理或存在缺陷的部分进行了适当调整，克服了传统会计指标中过于强调可靠性、过于应用谨慎原则，而忽视相关性的缺陷，增强了财务指标的适应性与反应能力，能够实现投资者的利益最大化，与项目的价值也最为相关。

EVA虽然能够反映项目的最终经营状况，但如果仅仅采用EVA作为绩效指标进行评价，会导致经营者为了提高EVA而优先选择风险低的短期项目，忽视了有利于长远发展的投资，所以仅仅将EVA作为绩效考核指标，则无法体现项目的增值过程，无法从更多的角度实现项目增值，仍然不够全面。

（3）两者优势互补

EVA与BSC相结合的模式是指将EVA的相关指标引入BSC的财务维度中，改变了传统上以利润额为基础的财务绩效指标，通过实现平衡模式与价值模式相互结合，充分发挥两者各自的优势。BSC从四个层面对项目绩效指标进行考核，从长远战略角度出发,正好弥补了经济增加值的缺陷,因此两者结合模式将其他财务与非财务指标联系在一起进行绩效评价,可以兼顾项目近期与远期需要关注的目标,最终指向价值创造的方向。EVA 与 BSC 相结合,可以起到取长补短的作用,使得构建的指标体系更加完善、全面。因此,要对项目进行全面的绩效评价,EVA 与 BSC 相结合是十分必要的。

EVA 的财务指标与 BSC 的财务层面具有一致性,虽然两者在理论上具有一定的差异性,但是其本质相同,并且都以创造价值为最终目标,所以两者结合并不矛盾,不会存在排他性。在准经营性 PPP 项目中,基于利益相关者考虑,势必会使项目为社会资本带来一定的利益价值,加大对社会资本参与的吸引力度,吸引更多的投资者参与进来。项目的 EVA 不仅可以帮助项目管理者维持短期可观的营业利润,也会帮助政府对项目的补贴额度与公共产品或服务的定价进行有效控制,继而减小政府的财政压力,所以 EVA 是准经营性 PPP 项目绩效评价的重要指标。将 EVA 融入 BSC 的财务维度可以实现项目的综合绩效评价,并且两者结合也是加强项目战略执行力的最有效的战略管理工具。

EVA 与 BSC 结合的绩效评价体系具有较好的一致性。近年来有很多学者针对EVA 与 BSC 相结合的绩效评价方法进行理论研究,并应用于实践,验证其是否适用有效,国内也有部分企业尝试运用,且效果良好。由此可见,二者相结合的绩效评价体系具有一定的合理性。

8.1.1.2　适用性分析

(1) 理论的适用性

BSC 中的“平衡”理念主要是指财务指标与非财务指标之间的平衡。准经营性 PPP项目具有很强的公益性,在进行绩效评估时所用到的基础理论是“公共产品理论”。对于准经营性 PPP 项目的评价要包含社会效益与经济效益两个方面,因此,准经营性 PPP 项目的社会性与经济性是绩效评价中十分重要的非财务指标,BSC 中的顾客维度正是对应了准经营性 PPP 项目的服务对象——公众,公众的满意程度可以体现出项目的社会效益。

BSC 中的“平衡”涉及内部与外部的平衡。准经营性 PPP 项目实施过程中涉及多方利益相关者对整体项目产生的影响,众多的利益相关者与项目已然形成了一个密不可分的整体,BSC 将准经营性 PPP 项目的内部与外部结合在一起,充分考虑了不同利益相关者的利益需求,从宏观视角对其进行全面的绩效评价。因此,利用 BSC 可以比较全面地反映项目中不同利益相关者的需求。

准经营性 PPP 项目涉及参与方众多,存在多层次委托代理关系,为使多元多需求的关系能够健康稳固发展下去,避免由于信息不对称引发的委托代理问题,充分发挥准经营性 PPP 项目中的激励与监督机制,可以利用 BSC 对项目内部流程的控制,对社会投资者和内部员工的激励进行有效调节,以平衡项目中委托代理关系的复杂性,保持绩效评价目标的一致性。

基于以上理论分析,证实了 BSC 能够有效地对准经营性 PPP 项目进行绩效评价。

(2) 政策的适用性

《操作指引》中对"绩效评价操作"所作出的具体规定,为 BSC 与 EVA 在准经营性 PPP 项目绩效评价中的应用提供了政策上的适用性。

① 坚持以目标为导向、各方参与的原则

《操作指引》中规定,在绩效评价方案中要推动各相关利益者的积极性,以项目的绩效目标作为评价过程中的起点与准则,重视相关利益者的需求。在准经营性 PPP 项目中参与方众多,包括政府、社会资本、社会公众、金融机构等,将其中政府、社会资本、社会公众确定为项目的三大参与主体。《操作指引》中明确了三大参与主体能够对项目绩效产生重要影响,并指出在绩效评价方案编制中要进行详细分析。EVA 与 BSC 结合应用于准经营性 PPP 项目的评价中,为利益相关者提供了评价基础。

② 项目调查主要方法的适用性

《操作指引》中要求,在制定绩效评价方案时需要有针对性地对项目所涉及的利益相关者展开多种形式的调查,其主要方法包括:数据填报、实地调研、案卷研究、专家访谈及各种形式的问卷调查等。在运用 BSC 与 EVA 对准经营性 PPP 项目进行绩效评价时,需要了解项目所在区域的经济收入水平、就业率、政府财政补贴状况以及社会公众的满意度,同时还应该对参与的社会资本展开调查,了解其信誉度以及是否由于社会资本的介入改善了当地公众生活、生态环境,是否带动了区域经济发展。由此可知,项目调查法为 BSC 与 EVA 结合模式的实际应用提供了适用性。

(3) 技术的适用性

在绩效评价操作中要求评价人员要坚持公开、公平、公正的原则,从客观实际出发,以事实为依据,公平合理地开展评价工作。准经营性 PPP 项目的绩效评价过程中,涉及较多的利益相关者,为保证评价结果的客观公正性,要求评价人员具备较强的职业操守,能够遵循基本原则,为多个利益相关者提供思想上的支持。

目前,我国从事资产评估行业的工作人员经验较为丰富,业务范围涉及广泛,包括法律、资产评估、金融、工程技术、房产、财务会计等,准经营性 PPP 项目的复杂性和综合性与之较为适应,因此,评估人员可以利用 EVA 与 BSC 结合的模式为准经营性 PPP 项目的绩效评价提供专业的技术支持。中国的资产评估行业起步于 20 世纪 80 年代末,伴随着中国经济市场的发展迅速壮大起来,目前从业人员达 6 万余人。近年来,资产评估行业人员参与财政支出绩效评价项目较多,在实践中积累了丰富的经验,受到了委托方与监督方的高度认可,这对准经营性 PPP 项目绩效评价具有较强的实践指导性。

基于以上分析,BSC 与 EVA 相结合的应用,从理论、政策、技术上都能够为准经营性 PPP 项目提供实践性的指导作用,因此具有较强的适用性。

8.1.2 准经营性 PPP 项目绩效评价的目标

准经营性 PPP 项目具有公益性与商业性的双重属性,其战略目标是由其本质属性所决定的。准经营性 PPP 项目实施过程复杂、生命周期长、涉及相关利益者众多。从三大参与主体自身利益的角度出发,不同的参与方有着不同的目标,绩效评价的目的是实现各参与方战略目标的平衡。

(1)确定三大参与主体的战略目标。对于政府而言,是通过社会资本的引入,实现缓解政府财政压力、优化资源配置、提高供给效率与公共服务质量,增加社会经济、生态环境的效益的目的,从而推进新型城镇化的可持续发展。对于社会资本而言,是取得合理的投资回报和项目技术创新,提高建设与运营效率,提升社会声誉。对于社会公众而言,是在合理的收费价格下获得优质的公共产品与服务,提高生活质量。

(2)确定准经营性 PPP 项目绩效评价的目标。通过客观、公正、科学的绩效评价结果和反馈机制,分析项目实施过程中的真实状况,判断达到绩效预期目标的契合度,从中发现问题、解决问题,汲取双方优势,充分考虑各利益相关者的需求,实现项目价值最大化。

8.1.3 准经营性 PPP 项目绩效指标构建的原则

各项指标的集合就是项目的绩效指标体系,将众多指标较好地整理起来以实现评价目标,需要遵循以下原则:

(1)相关性原则

选取的各个绩效指标与绩效评价目标有直接的联系,能够有效恰当地反映目标实现程度。

(2)全面性原则

准经营性 PPP 项目实施过程复杂、周期长,参与方众多,在绩效指标选取时应根据项目过程的各个环节充分考虑利益相关者的需求,全面、综合地选取有效指标。

(3)经济性原则

选取的指标要容易理解,易于操作并且是核心指标。

(4)合理性原则

在能够反映绩效评价目标的前提下,指标要精简,不宜量大,以提高效率。

(5)真实性原则

准经营性 PPP 项目涉及领域广泛,各个项目不尽相同,需要结合行业的技术操作规范、准则以及项目自身的实际状况与特点,保证指标的切实有效。

(6)定量和定性相结合,以定量为主原则

为提高绩效评价水平,选取指标应定量与定性结合,以定量为主,定性为辅,保证绩效评价结果的客观、公正与准确性。

8.1.4 准经营性 PPP 项目绩效指标体系的设计思路

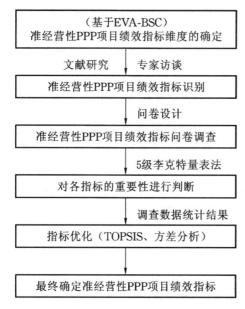

**图 8-1 准经营性 PPP 项目绩效
指标体系设计思路**

目前,国内外对于准经营性 PPP 项目绩效指标体系的研究较少。本书通过对国内外 PPP 项目及其他公共项目绩效评价研究现状进行分析,在已取得研究成果的基础上结合准经营性 PPP 项目的本质特征,构建准经营性 PPP 项目的绩效指标体系。

首先,将 EVA 指标融入 BSC 中的财务维度中,将 BSC 原有的四个维度拓展为五个维度,即投融资维度、财务维度、利益相关者维度、项目过程维度、效益及可持续性维度。然后,利用文献研究法初步识别共性指标,结合专家的意见初步建立绩效指标体系。接着,对所选取的绩效指标进行问卷调查,采用数理统计的方法对绩效指标进行双重优化。最终确定准经营性 PPP 项目的绩效指标体系。具体设计思路如图 8-1 所示。

8.1.5 准经营性 PPP 项目绩效指标体系初步构建

8.1.5.1 准经营性 PPP 项目绩效指标维度的确定

准经营性 PPP 项目实施过程复杂,涉及领域广泛,参与各方的战略目标不尽相同,对于指标维度及内容的设置,需要对各方利益均衡考虑。为使建立的绩效指标体系更加具有全面性、系统性,指标维度是各指标间联系的重要架构,从中可以体现出项目的总体战略目标。因此,本书遵循绩效评价的基本理念,既重视行为过程又重视结果,从准经营性 PPP 项目固有的基本特点出发,对 BSC 原有的四个维度及内容进行改进,实现准经营性 PPP 项目的绩效指标体系的构建。具体改进的基本框架如图 8-2 所示。

(1)项目投融资维度

对于准经营性 PPP 项目融资能力的评估,在绩效评价结果上有着重要的影响。项目的投融资结构在 PPP 项目中起着基础性的作用,合理的投融资结构有利于降低融资成本,吸引债务性融资[250]。项目是否有充足的运营资金与合理的投资报酬,可以反映出项目持续融资能力的强弱,因此,为了凸显准经营性 PPP 项目的融资能力,将 BSC 中的"财

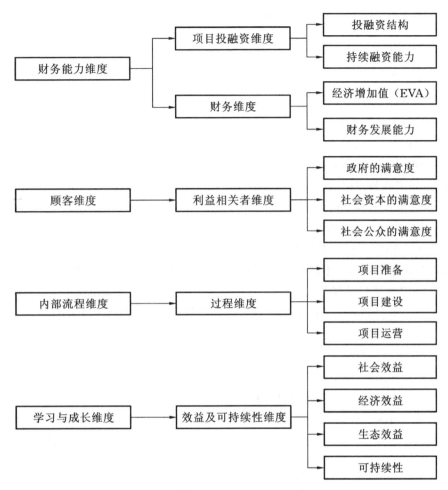

图 8-2 平衡计分卡的四个维度改进基本框架

务能力维度"拓展为"项目投融资维度"和"财务维度"。

　　项目的融资能力除了全生命周期的间接与直接可持续性融资情况外,还应具有融资过程的其他方面,包括静态融资与动态融资。

　　由于准经营性 PPP 项目不同于经营性 PPP 项目,其遵循的原则是盈利而不暴利,为降低项目运营阶段的风险,政府会给予一定的财政补贴,以弥补运营阶段效益的不足。同时为保证政府与社会资本的双方利益关系,降低融资成本,防止融资方案不合理、资金没有到位的现象发生,在项目投融资结构上要体现出在项目公司的股权结构、资金的到位率、政府出资比、融资成本,也要考虑融资方案的可行性。

　　(2) 项目财务维度

　　项目公司的财务指标可反映出项目的运营能力,是项目运行过程中的财务支持,正确地选取财务指标能够准确、直观地反映 PPP 项目的经营利润,因此,财务是项目绩效评价的重要指标。根据准经营性 PPP 项目的特点,项目公司不能仅仅依靠政府补贴生存,更需要本身具备一定的盈利能力,才能实现政府引入社会资本参与公共基础设施建设的目的,从根本上缓解政府财政压力。其中,净资产收益率与 EVA 是项目公司盈利的重要指标,体现了项目公司在运营中获取利润的能力,同时也表明了投资与报酬的关系。但这仅仅可以反映出项目公司短期的盈利能力,项目公司要实现可持续性发展,与长期战略目标相匹配,使社会资本能够长期有效地提供更为优质的公共产品与公共服务,充分满足各利益相关者的要求,还要对项目公司的营业收入增长率、总资产增长率与 EVA 的增长率进行有效评价,从而实现偿债能力,保证项目有效运营。根据《操作指引》关于PPP 项目绩效评价框架以及传统的财务评估指标,本书选取"盈利能力""财务发展能力"两大指标,其中盈利方面选取 EVA 和净资本收益率,财务发展能力方面选取营业收入增长率、总资产增长率和 EVA 增长率指标进行综合评价。

（3）项目利益相关者维度

准经营性 PPP 项目的参与方众多,除了政府与社会资本之间的直接合作,还包括社会公众以及其他参与者。不同的法律委托关系将众多的参与主体联系在一起,大大增加了准经营性 PPP 项目的复杂性。BSC 中的顾客维度指的是对产品的消费群体,准经营性PPP 项目产生的公共服务与产品所面对的消费群体则是社会公众,与 BSC 中顾客维度相对应,更加体现了 BSC 的适用性。根据对项目绩效评价影响的重要性,结合对相关文献研究的参考,本书选择政府、社会资本、社会公众作为准经营性 PPP 项目的核心利益相关者,其中,三方共同的"满意度"可以直接有效地对项目作出评价。

政府是参与准经营性 PPP 项目的核心主体之一,作为公共事务的管理者,政府职能由公共产品与服务的提供者转变为监督者与合作者,政府将原来的项目运营权交给了社会资本。通过减少政府行政权力的干涉,降低政府的行政成本与工作量,提高了市场运作的效率。为人民服务是政府执政的宗旨,在财政资金有效利用的同时,能否为社会公众提供高效优质的公共产品与服务,给社会经济带来可持续性发展,是政府引入社会资本的出发点,因此,通过政府对"财政资金的利用效率"与"公共服务质量"的满意度,可以有效地对准经营性 PPP 项目进行绩效评价。

社会公众是 PPP 项目需求的创造者,是公共产品的直接消费者与使用者,同时也是公共利益的获得者。合理有效地为社会公众提供公共产品与服务是准经营性 PPP 项目的最终目标。社会公众虽然不能直接参与公私部门的合作,但是社会公众对公共部门和私营企业具有法律所赋予的监督权与知情权。建立有效、完善的公众意见表达渠道可以使政府对企业信息的了解更加准确。因此,社会公众对"公共服务质量与监督渠道"的满意度是项目绩效评价的重要指标。

社会资本是政府重要的合作者之一,通常情况下社会资本更加关注的是项目给自身所带来的经济效益,在政策支持与财政补贴的保障下,社会资本可以通过合理的投资回报机制获取项目带来的利润,其中投资回报率的大小可以直接反映项目投资收益的高低。因此,在准经营性 PPP 项目中,政府给予的财政补贴与政策支持力度以及是否拥有合理的投资回报机制、满意的投资回报率,是社会资本是否积极参与 PPP 项目的重点需求,也是其满意度的直观体现。

(4)项目过程维度

绩效的基本概念包含结果与行为过程两个方面,绩效的评价也应该注重项目过程的合理合规以及项目投入与产出比是否高效,其结果是否与预期目标相契合。准经营性 PPP 项目从识别阶段到执行阶段过程中涉及评价的指标较多,为了使得评价的过程更加具有全面、有效性,本书结合准经营性 PPP 项目的运作流程,主要从项目准备、项目建设、项目运营三个方面对准经营性 PPP 项目过程维度指标进行构建。

① 项目准备

准经营性 PPP 项目在前期的准备阶段应该在宏观政策与经济的大环境下对可行性研究报告与实施方案进行准确的编制,其中实施方案的编制应该包括项目背景及依据、项目概况、风险分配框架、运作方式选择、交易结构设计、合同体系、项目投入与产出测算、监管架构、采购方式的选择、项目进度计划安排等内容。根据准经营性 PPP 项目经营的特殊性,拥有合理的价格调整机制是绩效评价的重要指标。同时,招标程序的完善与合理性、协议的清晰性、风险合理的分担机制也是绩效评价的核心指标。

② 项目建设

项目建设评价是指项目的基本建设程序以及法律法规的执行情况,以及管理工作与建设效果是否合法合规,是否符合规范要求,具体包括项目设计方案的合理性,项目的成本、质量、进度控制,安全管理,技术的先进性等内容。

③ 项目运营

准经营性 PPP 项目运营周期长,过程复杂,项目内部流程存在的风险不容小觑,有效的运营机制可以在一定程度上规避风险,因此项目在运营过程中,应由政府与公众进行监管,及时把控风险,将运营成本、运营安全、运营技术作为主要的控制目标。

(5)项目效益及可持续性维度

准经营性 PPP 项目效益的评价也是《操作指引》中注重项目结果的评价,结合 BSC 的指标建立原则,将学习与成长维度拓展为项目效益及可持续性维度,主要包括社会效益、经济效益、生态效益及可持续性指标。

① 社会效益

社会效益评价是项目建设成立、运营后在保持项目公司经营效益的同时,对项目区域内人民生活状况、公众生活质量以及周边行业发展所带来的重要影响,因此,社会效益主要体现了项目对社会的回报。社会效益评价主要对公众生活质量的提高、行业发展的影响性两个指标进行评价。

② 经济效益

经济效益是评价准经营性 PPP 项目在执行阶段对项目所在区域人民的就业状况、区域居民的平均收入以及项目实施对当地投资环境、相关产业发展带来的影响。

③ 生态效益

生态效益是评价项目实施以后对区域内生态环境的影响程度,是相关利益者实现可持续性的需求,对于生态保护的重要性不言而喻。因此,生态效益是对项目绩效评价的重要指标,具体体现在项目实施对区域内生态环境的改善状况、公众健康的影响程度、生态环境的有效保护三个分指标进行评价。

④ 可持续性

在可持续层面主要体现在项目经验的积累与项目的可推广性两个层面。目前,我国PPP 模式的应用仍处于规范发展阶段,没有对其形成有效、完全、统一的监管体制,大部分 PPP 项目都已落地,进入建设期,在我国可借鉴的全生命周期的 PPP 项目微乎其微。因此,在对准经营性 PPP 项目社会、经济、生态进行绩效评价的同时,也应该注重项目的可持续性发展,重视项目实施过程中经验的积累,对成功案例积极推广,供其他项目借鉴,为未来更好地管理 PPP 项目奠定良好的基础。

8.1.5.2 准经营性 PPP 项目绩效指标识别

本书首先采用文献研究的方法对绩效指标进行共性识别,然后根据《操作指引》绩效评价要求与利益相关者理论,结合准经营性 PPP 项目的本质特征,紧紧围绕评价战略目标,通过咨询专家,初步构建项目的绩效指标体系。

充分利用大学图书馆网上数据资源,分别在知网与维普上以"PPP 绩效"为关键词进行检索,共选取 21 篇核心以上级别的权威期刊论文,根据本书绩效评价思想,对初步识别的准经营性 PPP 项目绩效指标进行归纳总结,共识别出 44 个共性指标,如表 8-1所示。

由于准经营性 PPP 项目有着不同于其他类型 PPP 项目的回报机制,其付费机制是政府的可行性缺口补助,大部分资金来源是使用者付费,EVA 可以真实地反映财务状况,因此,结合专家的意见,将政策支持与财政补贴、合理的价格调整机制确定为准经营性 PPP 项目绩效的特有指标,将 EVA 定为项目绩效的特殊指标。

表 8-1　初步建立的准经营性 PPP 项目绩效指标体系

目标层	维度层	指标层	
		一级指标	二级指标
准经营性 PPP 项目绩效指标体系	项目投融资维度	投融资结构	项目公司的股权结构
			资金到位率
			股权资本和债务资本的比例
		持续融资能力	融资方案的可行性
			融资成本
	财务维度	盈利能力	经济增加值(EVA)
			净资本收益率

目标层	维度层	指标层	
		一级指标	二级指标
准经营性PPP项目绩效指标体系	财务维度	财务发展能力	营业收入增长率
			总资产增长率
			EVA增长率
	利益相关者维度	政府的满意度	财政资金的利用效率
			公共服务质量
		社会资本的满意度	投资回报率
			回报机制的合理性
			政策支持和财政补贴
		社会公众的满意度	公共服务的满意度
			公众意见反馈渠道
	过程维度	项目准备	宏观经济环境
			宏观政策环境
			PPP项目可行性研究的准确性
			招标程序的完善与合理性
			协议的清晰性
			风险分担机制的合理性
			合理的价格调整机制
		项目建设	项目技术方案的合理性
			成本管理
			质量管理
			进度控制
			安全管理
			技术的先进性
		项目运营	运营技术的可靠性
			运营成本管理
			运营安全管理
			政府监管到位
			公众参与监管

续表8-1

目标层	维度层	指标层	
		一级指标	二级指标
准经营性 PPP 项目绩效指标体系	效益及可持续性维度	社会效益	公众生活质量提高
			行业的发展
		经济效益	项目区域居民的平均收入
			区域经济带动情况
		生态效益	生态环境的改善状况
			有效的环境保护措施
			公众健康的影响程度
		可持续性	经验积累
			可推广性

8.1.6 问卷调查与指标优化

8.1.6.1 问卷调查

（1）问卷设计

本次问卷设计的目的是邀请 PPP 项目领域的专家对上述每个准经营性 PPP 项目绩效指标的重要性进行评估,并对各个指标的重要程度进行打分。本书设计的调查问卷总体分为三个部分:

第一部分是了解问卷调查对象的工作单位类型以及从事 PPP 项目或准经营性 PPP 项目的相关工作或研究年限。

第二部分是请专家对各指标进行重要性评估。本书采用"5级李克特量表"方法进行打分,即用数值 5、4、3、2、1 依次对应指标的非常重要、重要、一般、不重要、非常不重要。

第三部分是向调查对象询问所建立的准经营性 PPP 项目绩效指标体系的意见或建议。

（2）问卷发放及回收

问卷的发放方式是通过微信小程序"乐问卷"平台、发放纸质问卷、邮件等途径,向从事 PPP 项目相关工作的政府部门、建设单位、高校等研究机构及工程咨询单位的人员发放问卷。此次共收回 57 份问卷,剔除其中无效问卷(将调查内容出现信息不全或评分存在明显异常的问卷视为无效问卷)6 份,剩余有效问卷 51 份。

（3）问卷基本情况分析

对问卷受访者的相关信息进行整理,分析结果如下:

本次受邀的调查对象分别来自高校等科研机构(37%)、政府单位(21%)、建设单位(28.5%)以及工程咨询单位(13.5%),如图 8-3 所示。受访者从事 PPP 项目所涉及的领域主要包括轨道交通、水利、环境保护、医疗、教育、卫生等。其中,从事 PPP 项目或准经营性 PPP 项目的工作年限分别为:1~3 年的占 14%、3~5 年的占 50%、5~8 年的占 30%、8 年以上的占 6%,如图 8-4 所示。

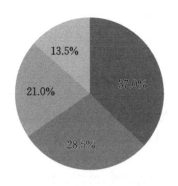

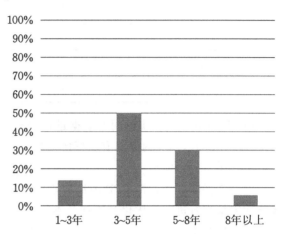

图 8-3 调查对象所在工作单位的类型   图 8-4 调查对象从事 PPP 项目的工作年限

图 8-3 的统计数据显示,此次调查问卷所邀请的受访者中,基于高校等研究机构人员在 PPP 模式的各个方面有着丰富的理论基础和实践指导经验,因此占的比例最大;其次是建设单位人员在 PPP 模式的实践操作方面有着深刻的了解与认知,排在第二位;政府单位与工程咨询单位的专家对于 PPP 模式的健康持续发展同样有着不可或缺的重要作用。调查对象工作单位的多样性可以保障此次调查的科学性与合理性。

图 8-4 的统计数据显示,被调查的专家在 PPP 模式的理论研究与实际应用方面都有丰富的经验,从他们的工作年限上可以看出 3~5 年、5~8 年的占比最大,同时也表明我国的 PPP 项目多处于发展阶段。

综上所述,受访者所拥有的专业经验与理论知识完全满足本书对准经营性 PPP 模式绩效评价的研究需要,从而更加有效地保障了研究结果的科学性与可靠性。

8.1.6.2 指标优化

(1) 问卷信度分析

问卷信度即问卷的可靠性,主要是指采用同一种方法对问卷数据进行重复测量,检验其所得结果的一致性程度。信度检测的方法主要有重测信度法、复本信度法、折半信度法、α 信度系数法,其中 α 信度系数法(Cronbach's alpha)是目前较为常用的方法,本书决定采用该方法检测问卷的可信度,公式为:

$$\alpha = \frac{k}{k-1} \times \left(1 - \sum \frac{S_i^2}{S_T^2}\right)$$

其中 $0<\alpha<1$，k 为题目的总数量，S_i^2 为第 i 题得分的方差，S_T 为全部题项总得分的方差，α 值越大表明其信度越高。α 的取值范围及对应的信度状况如表 8-2 所示。

表 8-2 α 的取值范围与信度状况

α 取值范围	问卷信度状况
$\alpha>0.9$	非常好
$0.8<\alpha<0.9$	比较好
$0.7<\alpha<0.8$	可接受
$\alpha<0.7$	较差，需考虑重新修订

利用 SPSS 软件对收集的问卷数据进行分析，得到克伦巴哈 α 系数等于 $0.82>0.8$，表明可信度比较好，问卷内部具有较好的一致性，可以继续研究。

（2）TOPSIS 分析法

为进一步保障准经营性 PPP 项目绩效指标体系的科学合理性，对前文中初步构建的绩效指标体系进行进一步优化和筛选。本书基于问卷调查采集到的数据，采用 TOPSIS 方法进行定量分析，根据分析的结果对其重要性进行排序。该方法由学者 C.L.Hwang 和 K.Yoon 在 20 世纪 80 年代初期创立，是一种针对有限方案多目标决策分析的常用方法[251]，其基本思想是：基于归一化后的原始矩阵，找出最优解与最劣解，然后分别计算各个评价对象与最优解和最劣解之间的距离，通过对比各个研究对象与最优解和最劣解的接近程度，将多个研究对象进行优劣排序，以此作为评判被评价对象的优劣依据。由于该方法对样本数据的要求不高，易理解且计算简便，因此已经在各个研究领域得到广泛运用。其主要计算步骤如下：

① 构造规范化矩阵

评价对象	指标 1	指标 2	…	指标 m
1	x_{11}	x_{12}	…	x_{1m}
2	x_{21}	x_{22}	…	x_{2m}
…	…	…	…	…
n	x_{n1}	x_{n2}	…	x_{nm}

② 对初始矩阵进行趋同化处理

$$x'_{ij}=\begin{cases} x_{ij} \\ \dfrac{1}{x_{ij}} \\ \dfrac{M}{M+|x_{ij}-M|} \end{cases} \quad\quad (8-1)$$

其中 x'_{ij} 由优劣与中性指标转化而来。

③ 对趋同化的数据归一化

$$z = \begin{cases} \dfrac{x_{ij}}{\sqrt{\sum\limits_{i=1}^{n}(x_{ij})^2}} & \text{（原高优秀指标）} \\ \\ \dfrac{x'_{ij}}{\sqrt{\sum\limits_{i=1}^{n}(x'_{ij})^2}} & \text{（原低优指标或中性指标）} \end{cases} \tag{8-2}$$

④ 得到规范化矩阵

$$\boldsymbol{Z} = \begin{bmatrix} z_{11} & z_{12} & \cdots & z_{1m} \\ z_{21} & z_{22} & \cdots & z_{2m} \\ \cdots & \cdots & \cdots & \cdots \\ z_{n1} & z_{n2} & \cdots & z_{nm} \end{bmatrix} \tag{8-3}$$

⑤ 设立最优解和最劣解

最优解 Z^+ 由 $\boldsymbol{Z}$ 中每列的最大值构成：

$$Z^+ = (\max z_{i1}, \max z_{i2}, \cdots, \max z_{im})$$

最劣解 Z^- 由 $\boldsymbol{Z}$ 中每列的最小值构成：

$$Z^- = (\min z_{i1}, \min z_{i2}, \cdots, \min z_{im})$$

⑥ 分别计算各研究对象与 Z^+ 和 Z^- 的距离 D_i^+ 和 D_i^-

$$D_i^+ = \sqrt{\sum_{i=1}^{m}(\max z_{ij} - z_{ij})^2} \tag{8-4}$$

$$D_i^- = \sqrt{\sum_{i=1}^{m}(\min z_{ij} - z_{ij})^2} \tag{8-5}$$

⑦ 最优解的接近程度 C_i

$$C_i = \frac{D_i^-}{D_i^+ + D_i^-} \tag{8-6}$$

其中，$0 \leqslant C_i \leqslant 1$，$C_i \to 1$，表明评价对象越优。

⑧ 根据 C_i 的值对各研究对象进行排序，得出排序结果

结合本书数据采集方法的特点，各项指标即为待评价对象，而每位受访者的打分可视为指标在各个维度的取值，把最优解与最劣解分别设置为 $Z^+ = (5, 5, \cdots, 5)$，$Z^- = (1, 1, \cdots, 1)$，按照上述 TOPSIS 方法的计算步骤，运用 Excel 软件对各个指标的重要性进行评估对比，最终得到各指标的 C_i 值及排序结果，如表 8-3 所示。

表 8-3　准经营性 PPP 项目初步建立指标的 C_i 值及排序

指标名称	C_i	排序
项目公司的股权结构	0.5032	38
资金到位率	0.6234	27
股权资本和债务资本的比例	0.5856	28
融资方案的可行性	0.7632	7
融资成本	0.6246	25
经济增加值(EVA)	0.7267	10
净资本收益率	0.6842	16
营业收入增长率	0.5347	35
总资产增长率	0.6842	16
EVA 增长率	0.7723	4
财政资金的利用效率	0.6524	22
公共服务质量	0.4530	39
投资回报率	0.6572	21
回报机制的合理性	0.6584	19
政策支持和财政补贴	0.5327	36
公共服务的满意度	0.7623	8
公众意见反馈渠道	0.5362	34
宏观经济环境	0.4289	40
宏观政策环境	0.4144	41
PPP 项目可行性研究的准确性	0.6382	23
招标程序的完善与合理性	0.7652	6
协议的清晰性	0.8365	3
风险合理分担机制	0.7652	6
合理的价格调整机制	0.8673	1
项目技术方案的合理性	0.6325	24
项目成本管理	0.6720	18
项目质量管理	0.5263	37
项目进度控制	0.5624	32
项目安全管理	0.5382	33

指标名称	C_i	排序
技术的先进性	0.6325	24
运营技术的可靠性	0.6859	14
运营成本管理	0.7621	9
运营安全管理	0.5845	29
政府监管到位	0.5632	30
公众参与监管	0.6878	13
公众生活质量提高	0.7690	5
行业的发展	0.6852	15
项目区域居民的平均收入	0.7084	11
区域经济带动情况	0.6235	26
生态环境的改善状况	0.6952	12
有效的环境保护措施	0.8621	2
公众健康的影响程度	0.6582	20
经验积累	0.6752	17
可推广性	0.5627	31

从表8-3中显示的数据可以得知,公共服务质量、宏观经济环境与宏观政策环境三项指标排名较低,离最优解的距离最远,说明这三项指标重要程度不高,不是需要评价的核心指标,经过与专家咨询,可予以剔除。

在构建的准经营性PPP项目绩效指标体系中,这三项指标重要程度较低的可能原因:

① 政府对项目所提供的公共服务质量的满意度可以由公众对产品或服务质量的满意度来表现,具有重复性。

② 项目在建设期的宏观经济和政策环境具有较强的客观性,目前,我国的经济环境比较稳定,政府对于PPP项目的相关政策正在逐渐完善,因此,这两项指标对于项目的影响不是太大。

8.1.6.3　方差分析

为确保数据的科学性与可靠性,用方差分析的方法对所建立的指标进行二次筛选。方差可以用来判断所获数据的稳定性,通过样本数据域均值的偏离程度,可以得出该指标方差的大小,方差越大,说明该数据越不稳定,专家对该指标的意见分歧也较大,所以需要对方差 $S^2 \geqslant 1$ 的指标进行淘汰。方差公式为:

$$S^2 = \frac{\sum_{i=1}^{n}(X_i - \overline{x})^2}{n-1} \qquad (8\text{-}7)$$

式中 X_i——任何一个随机变量；

$\overline{x}$——样本均值；

n——样本数。

对于经过第一次指标筛选的指标,利用方差法进行第二次分析,发现各个指标的方差值均未大于 1,分析结果如表 8-4 所示,说明样本数据具有较好的一致性。

表 8-4 方差(S^2)分析结果

序号	指标	方差 S^2	序号	指标	方差 S^2
1	项目公司的股权结构	0.62	22	项目技术方案的合理性	0.68
2	资金到位率	0.53	23	项目成本管理	0.56
3	股权资本和债务资本的比例	0.56	24	项目质量管理	0.55
4	融资方案的可行性	0.83	25	项目进度控制	0.63
5	融资成本	0.67	26	项目安全管理	0.79
6	经济增加值(EVA)	0.80	27	技术的先进性	0.82
7	净资本收益率	0.72	28	运营技术的可靠性	0.65
8	营业收入增长率	0.63	29	运营成本管理	0.58
9	总资产增长率	0.72	30	运营安全管理	0.67
10	EVA 增长率	0.52	31	政府监管到位	0.89
11	财政资金的利用效率	0.63	32	公众参与监管	0.88
12	投资回报率	0.62	33	公众生活质量提高	0.85
13	回报机制的合理性	0.73	34	行业的发展	0.67
14	政策支持和财政补贴	0.65	35	项目区域居民的平均收入	0.66
15	公共服务的满意度	0.43	36	区域经济带动情况	0.82
16	公众意见反馈渠道	0.66	37	生态环境的改善状况	0.78
17	PPP 项目可行性研究的准确性	0.78	38	有效的环境保护措施	0.65
18	招标程序的完善与合理	0.81	39	公众健康的影响程度	0.52
19	协议的清晰性	0.62	40	经验积累	0.75
20	风险合理分担机制	0.75	41	可推广性	0.86
21	合理的价格调整机制	0.46			

8.1.7　准经营性 PPP 项目绩效指标体系的最终确定

通过以上对各个绩效指标的共性识别及二次优化筛选,最终确定准经营性 PPP 项目绩效指标体系,如表 8-5 所示。

表 8-5　准经营性 PPP 项目绩效指标体系

目标层	维度层	指标层	
		一级指标	二级指标
准经营性 PPP 项目绩效指标体系	项目投融资维度 A	投融资结构 A_1	项目公司的股权结构 A_{11}
			资金到位率 A_{12}
			股权资本和债务资本的比例 A_{13}
		持续融资能力 A_2	融资方案的可行性 A_{21}
			融资成本 A_{22}
	财务维度 B	盈利能力 B_1	经济增加值(EVA)B_{11}
			净资本收益率 B_{12}
		财务发展能力 B_2	营业收入增长率 B_{21}
			总资产增长率 B_{22}
			EVA 增长率 B_{23}
	利益相关者维度 C	政府的满意度 C_1	财政资金的利用效率 C_{11}
		社会资本的满意度 C_2	投资回报率 C_{21}
			回报机制的合理性 C_{22}
			政策支持和财政补贴 C_{23}
		社会公众的满意度 C_3	公共服务的满意度 C_{31}
			公众意见反馈渠道 C_{32}
	过程维度 D	项目准备 D_1	PPP 项目可行性研究的准确性 D_{11}
			招标程序的完善与合理性 D_{12}
			协议的清晰性 D_{13}
			风险合理分担机制 D_{14}
			合理的价格调整机制 D_{15}
		项目建设 D_2	项目技术方案的合理性 D_{21}
			项目成本管理 D_{22}
			项目质量管理 D_{23}

续表8-5

目标层	维度层	指标层	
		一级指标	二级指标
准经营性PPP项目绩效指标体系	过程维度 D	项目建设 D_2	项目进度控制 D_{24}
			项目安全管理 D_{25}
			技术的先进性 D_{26}
		项目运营 D_3	运营技术的可靠性 D_{31}
			运营成本管理 D_{32}
			运营安全管理 D_{33}
			政府监管到位 D_{34}
			公众参与监管 D_{35}
	效益及可持续性维度 E	社会效益 E_1	公众生活质量提高 E_{11}
			行业的发展 E_{12}
		经济效益 E_2	项目区域居民的平均收入 E_{21}
			区域经济带动情况 E_{22}
		生态效益 E_3	生态环境的改善状况 E_{31}
			有效的环境保护措施 E_{32}
			公众健康的影响程度 E_{33}
		可持续性 E_4	经验积累 E_{41}
			可推广性 E_{42}

本书构建的绩效指标体系仅适用于一般的准经营性PPP项目（不包括移交阶段），在具体使用时还需要根据项目的实际情况在本研究建立的绩效指标体系中进行合理的指标选取。

8.2 准经营性PPP项目的绩效评价模型

8.2.1 权重的确定

8.2.1.1 权重方法的选择

（1）权重

权重的定义单从数学角度上讲是指某一因素所占的百分比，而在实际运用中更加强调的是某一因素或指标对于某一事物的影响程度或重要性,比较倾向于重要性或贡献度。

（2）方法的选择

准经营性 PPP 项目的绩效指标体系是由各个指标组成的集合,其中每个指标对于项目的绩效评价都有着不同程度的影响,因此,在对项目进行绩效评价时需要根据具体的指标赋予相应的权重。权重确定的方法有多种,其中熵值法、主分量分析法、层次分析法及德尔菲法等是目前在实践与研究中较为常用的方法。根据上述四种方法的主客观性大小可分为两大类:第一类是熵值法与主分量分析法,被赋予的客观因素占比较大;第二类是层次分析法与德尔菲法,被赋予的主观因素占比较大。准经营性 PPP 项目的绩效指标体系较为复杂,指标层次较多,为了保证绩效评价结果的可靠性与科学性,本书决定采用熵值法对各个指标赋予权重。

（3）采用熵值法对各个指标进行赋权的优越性

熵值法是一种客观赋权法,是对影响因素不确定性的一种度量。在信息量比较大的情况下,不确定性或混乱程度越小,其熵值也就越大,反之亦同。通过熵值的计算可以反映出单个指标的离散性,其离散性愈大,则说明对综合绩效评价的影响程度就愈大。熵值法在实际运用中,首先要邀请具有丰富经验的专家对各个指标进行打分,然后对所收集到的数据进行科学、合理的统计与计算,最终得到各项指标的权重。其优越性主要在于能将主、客观因素进行有效的结合,其中客观性比较强,避免了人为因素带来的偏差,可信度比较高。准经营性 PPP 项目的绩效指标体系较为复杂,在进行绩效评价时需要借助经验较为丰富的专家进行主观打分,同时也需要较为客观的数理统计方法对数据结果进行处理,减少人为主观因素的影响,因此,本书选用熵值法对各个指标进行权重赋值。

8.2.1.2　熵值法的计算步骤

首先计算特征比重 P_{ij},其公式为:

$$P_{ij} = \frac{X_j}{\sum\limits_{i=1}^{n} X_{ij}} \tag{8-8}$$

式中　X_{ij}——第 i 个样本对第 j 项指标的打分;

　　　X_j——单独某个样本对指标的打分。

然后计算指标 j 的熵值 E_j,其公式为:

$$E_j = -\frac{1}{\ln m} \sum\limits_{i=1}^{n} P_i \ln P_i \tag{8-9}$$

式中　m——指标个数;

　　　n——样本数量。

接着计算各指标的差异性系数 G_j,其公式为:

$$G_j = \left| 1 - E_j \right| \tag{8-10}$$

最后确定指标权重 W_j,其公式为:

$$W_j = \frac{G_j}{\sum\limits_{i=1}^{m} G_i} \tag{8-11}$$

8.2.1.3 熵值法确定指标权重

按照熵值法确定指标权重的计算步骤,结合调查问卷的数据,根据公式可以计算出准经营性 PPP 项目各个指标层的权重 W_j,计算结果如表 8-6 所示。

表 8-6 准经营性 PPP 项目绩效指标权重的计算结果

维度层	关于目标层权重	一级指标	关于维度层权重	二级指标	关于一级指标的权重	关于目标层的权重
项目投融资维度 A	0.1047	投融资结构 A_1	0.5138	项目公司的股权结构 A_{11}	0.1766	0.0095
				资金到位率 A_{12}	0.4238	0.0228
				股权资本和债务资本的比例 A_{13}	0.3996	0.0215
		持续融资能力 A_2	0.4862	融资方案的可行性 A_{21}	0.5501	0.0280
				融资成本 A_{22}	0.4499	0.0229
财务维度 B	0.1261	盈利能力 B_1	0.4203	经济增加值(EVA)B_{11}	0.5264	0.0279
				净资本收益率 B_{12}	0.4736	0.0251
		财务发展能力 B_2	0.5797	营业收入增长率 B_{21}	0.2435	0.0178
				总资产增长率 B_{22}	0.3434	0.0251
				EVA 增长率 B_{23}	0.4131	0.0302
利益相关者维度 C	0.1372	政府的满意度 C_1	0.1742	财政资金的利用效率 C_{11}	1	0.0239
		社会资本的满意度 C_2	0.4796	投资回报率 C_{21}	0.3663	0.0241
				回报机制的合理性 C_{22}	0.3663	0.0241
				政策支持和财政补贴 C_{23}	0.2674	0.0176
		社会公众的满意度 C_3	0.3462	公共服务的满意度 C_{31}	0.5874	0.0279
				公众意见反馈渠道 C_{32}	0.4126	0.0196
过程维度 D	0.3930	项目准备 D_1	0.3835	PPP 项目可行性研究的准确性 D_{11}	0.1553	0.0234
				招标程序的完善与合理性 D_{12}	0.1858	0.0280
				协议的清晰性 D_{13}	0.2031	0.0306
				风险合理分担机制 D_{14}	0.1858	0.0280
				合理的价格调整机制 D_{15}	0.2701	0.0407

维度层	关于目标层权重	一级指标	关于维度层权重	二级指标	关于一级指标的权重	关于目标层的权重
过程维度 D	0.3930	项目建设 D_2	0.1220	项目技术方案的合理性 D_{21}	0.1902	0.0232
				项目成本管理 D_{22}	0.2016	0.0246
				项目质量管理 D_{23}	0.0877	0.0107
				项目进度控制 D_{24}	0.1689	0.0206
				项目安全管理 D_{25}	0.1615	0.0197
				技术的先进性 D_{26}	0.1902	0.0232
		项目运营 D_3	0.3061	运营技术的可靠性 D_{31}	0.2095	0.0252
				运营成本管理 D_{32}	0.2319	0.0279
				运营安全管理 D_{33}	0.1779	0.0214
				政府监管到位 D_{34}	0.1713	0.0206
				公众参与监管 D_{35}	0.2095	0.0252
效益及可持续性维度 E	0.2391	社会效益 E_1	0.2309	公众生活质量提高 E_{11}	0.5453	0.0301
				行业的发展 E_{12}	0.4547	0.0251
		经济效益 E_2	0.2041	项目区域居民的平均收入 E_{21}	0.5328	0.0260
				区域经济带动情况 E_{22}	0.4672	0.0228
		生态效益 E_3	0.3756	生态环境的改善状况 E_{31}	0.2840	0.0255
				有效的环境保护措施 E_{32}	0.4477	0.0402
				公众健康的影响程度 E_{33}	0.2683	0.0241
		可持续性 E_4	0.1895	经验积累 E_{41}	0.5453	0.0247
				可推广性 E_{42}	0.4547	0.0206

8.2.2　评价方法的确定

8.2.2.1　传统评价方法与评析

目前,随着不同学者对于绩效综合评价方法的深入研究,其评价方法也愈来愈多,常用的客观评价方法主要有层次分析法、灰色综合评价法、数据包络分析法、模糊综合评价法以及其他数学方法。本书主要对以下常用的四种方法进行研究分析,选出适用于准经营性 PPP 项目绩效评价的方法。

（1）层次分析法

层次分析法由美国运筹学家匹茨堡大学教授 T.L.Saaty 在 20 世纪 70 年代中期创设，自 20 世纪 80 年代我国引入以来，众多的研究者越来越青睐于这一定性与定量相结合的决策分析法，极大地帮助研究者解决了社会与经济科学领域里一些难解决的定性问题。其运用的主要原理是将相关的影响因素进行多级分层，可以分为目标层、标准层、指标层等多种层次，然后结合定性与定量的原则来解决实际评价或决策中遇到的难题，为管理者提供有效的指导[252]。

层次分析法的优势在于能够将决策思维层次化、数学化，且方法简单，易于操作，具有一定的可信度，但其劣势是过于依赖专家经验的主观性，从而导致评价准确性不强，主要适用于简单的评价系统。因此，在运用层次分析法进行绩效评价时，管理者需要对整个项目进行充分、全面的分析与了解，继而作出决策，同时也需要与其他的评价方法进行有效的结合，不可单纯地采用该方法。

（2）灰色综合评价法

灰色系统理论（系统关联度分析）是由我国华中科技大学计算机系邓聚龙教授于 20 世纪 80 年代初创立的，以"少数据、贫信息"不确定系统为研究对象，其原理主要是根据系统原有的已知部分信息来判断未知部分信息，继而实现对整个系统的运行进行准确、有效的控制。经过几十年的发展，在理论与应用层次均得到了较大的发展。

灰色综合评价是在多因素相互作用下的一种综合判断，根据所给的条件，给每个评价对象赋予一个最优评价值，以最优值的接近程度实现对评价对象的排序或择优，从中挑出最优与最劣的对象[253]。其主要优势在于对样本的信息量要求不严格，多用数学计算的方法进行评价，所以科学性与客观性较强。其劣势在于不适用于定性指标较多的绩效评价体系，且较为复杂。

（3）数据包络分析法

数据包络分析法（Data Envelopment Analysis，简称 DEA）由美国运筹学家 A. Charnes 和 W.W.Cooper 在 20 世纪 70 年代末创立，它是将运筹学、管理科学与数理经济学进行综合性交叉研究的一个学科，根据评价对象的多个投入与产出指标，采用线性规划对同类型、可比性的单位进行数量分析与相对有效性评价。其优势在于对投入与产出的函数关系与权重不作要求与假设，只需单纯型求解法即可得到评价结果。其劣势在于对统计数据的要求比较严格，对异常数据值较敏感。

（4）模糊综合评价法

模糊综合评价法是一种基于模糊数学中隶属度理论的综合评价方法，根据隶属度理论可以将定性转化为定量进行评价。运用该方法可以对受到多个因素影响的事物进行综合评价，得出一个总体的评价结果[254]。该方法虽然存在一定的主观性，且隶属度函数的确定较为复杂，但可以很好地解决模糊、难以量化的问题，同时具有结果清晰、系统性较强等特点。

8.2.2.2   选取模糊综合评价法的优越性

(1)模糊综合评价法可以整体评价受到多个因素影响的事物,利用模糊数学原理能较好地将定性问题转化为定量问题,并最终通过数学准确计算得到评价结果。因此,对于定性问题比较多的准经营性 PPP 项目,选用模糊综合评价法,从本质上看是比较适用的。

(2)准经营性 PPP 项目系统复杂,涉及领域及利益者众多,对其实行全面的绩效评价,要选用的指标数量与层次非常多,并且其中含有不确定性因素,对其研究在数据搜集方面需要耗费很大的工程量,很难保证数据绝对可信,如果仅仅采用主观的评价方法难以得出真实准确的结果。模糊综合评价法可以在实际工作中解决比较模糊且较难量化的各种问题,操作简便、综合性较强。虽然在评价过程中存在专家打分环节,带有一定的主观因素,但是模糊综合评价法的客观性比较突出,经过数据的处理,极大地削弱了主观因素的影响。因此,该方法是一种客观性较强的评价方法,可信度比较高,具有一定的权威性。

根据上述四种常用评价方法的优劣势对比分析,并结合绩效指标特点,本书决定采用模糊综合评价法对准经营性 PPP 项目进行绩效评价并建立绩效评价模型。

8.2.3   评价模型的建立

模糊综合评价法以客观性为主导,操作性强,结果可靠,具有明显的优势。本书将结合准经营性 PPP 项目的绩效指标体系,采用该方法进行绩效评价,其具体的评价模型建立步骤如下:

8.2.3.1   建立指标评语集

由于每个指标都有着不同的评价值,往往会形成不同的等级结果。为准确评价准经营性 PPP 项目的各项指标,本书选择"优、良、中、差、很差"五个等级的评价结果构成评语集,即:$E=(v_1,v_2,v_3,v_4,v_5)=$(优,良,中,差,很差),为了便于评价,将评价等级分别赋予相应的分值,详见表 8-7。

表 8-7   评价等级及分值

评价等级	优	良	中	差	很差
分值	[100,80)	[80,60)	[60,40)	[40,20)	[20,0)

8.2.3.2   建立评价因素集

设评价对象共含有 n 个指标,则评价对象的因素集可表示为:$F=(A,B,\cdots,n)$,结

合本书表 8-5 建立的准经营性 PPP 项目指标体系可知,因素集合一共分为三层:

第一层:$F=(A,B,C,D,E)$,其中 A 指的是投融资维度,B 指的是财务维度,C 指的是利益相关者维度,D 指的是项目过程维度,E 指的是效益及可持续性维度。

第二层:$A=(A_1,A_2)$,其中 A_1 指的是投融资结构,其余依次类推。

第三层:$A_1=(A_{11},A_{12},A_{13})$,其中 A_1 指的是项目公司的股权结构,其余依次类推。

8.2.3.3 确定评价因素的权重向量

权重反映的是评价指标的重要程度,每一个因素对于综合评价结果所起的作用不同,因此,需要对每个因素进行权重分配。权重用 W_i 表示(其中 $i=1,2,\cdots,n$),各权重 W_i 组成的模糊集合称为权重集,则设 $\boldsymbol{W}=(w_1,w_2,w_3,\cdots,w_n)$,为权重分配模糊矢量,且需满足:$w_i \geqslant 0$,$\sum w_i=1$。

在前面内容中已经选用熵值法对各项指标的权重进行了确定,权重对于绩效评价结果有着很大的影响,权重的不同会导致结论的不同。

8.2.3.4 对单因素进行模糊评价,确立模糊关系矩阵 $\boldsymbol{L}$

单因素模糊评价是指单独针对一个因素进行评价,得出评价集合关于评价对象的隶属度,在本书中指以准经营性 PPP 项目的单个指标为角度对项目进行绩效评价。要得到指标 F_i 的单因素评价集合 F_{ij},就要从指标 F_i 关于评判结果 E_i 的隶属度进行判断,并将所有指标的单因素评价集组合起来,构成模糊关系矩阵。假设评价专家人数为 p,对第 i 项指标的评价中选择优的个数为 q,则第 i 项指标对等级"优"的隶属度即为 $l_{ij}=q/p$,通过对每项指标的每个等级重复以上算法,即可得到评价的隶属度矩阵 $\boldsymbol{L}$。其方法如下:

$$\boldsymbol{L}=\begin{pmatrix} l_{11} & \cdots & l_{1n} \\ \vdots & \ddots & \vdots \\ l_{m1} & \cdots & l_{mn} \end{pmatrix} \tag{8-12}$$

其中 $l_i=(l_{i1},l_{i2},\cdots,l_{in})$,$\sum l_{ij}=1$,$l_{ij}$ 表示某个被评价对象从因素 F_i 来看对评价等级模糊子集 E_i 的隶属度。

8.2.3.5 多指标综合评价,确定评价结果

各被评价对象的模糊综合评价结果矢量 $\boldsymbol{Z}$ 是利用模糊合成算子($\cdot$)将模糊权矢量 $\boldsymbol{W}$ 与模糊关系矩阵 $\boldsymbol{L}$ 合成得到的。模糊综合评价的模型为:

$$\boldsymbol{Z}=\boldsymbol{W}\cdot\boldsymbol{L}=(w_1,w_2,\cdots,w_m)\begin{pmatrix} l_{11} & \cdots & l_{1n} \\ \vdots & \ddots & \vdots \\ l_{m1} & \cdots & l_{mn} \end{pmatrix}=(z_1,z_2,\cdots,z_n) \tag{8-13}$$

其中,z_j 表示被评级对象从整体上看对评价等级模糊子集元素 e_j 的隶属程度,$z_j = \sum_{i=1}^{n} w_i l_{ij}$,综合隶属度向量 z_1、z_2、$\cdots$、z_n 中的最大值所对应的等级即为项目绩效评价的最终等级。

最后利用综合隶属度向量与指标评价集计算,得出准经营性 PPP 项目绩效的模糊综合评价的最终得分 S,方法如下:

$$S = Z \cdot Y \tag{8-14}$$

其中,Y 是对 E 中的 m 个评价结果分别赋予一定分数值组成的分数集,即:

$$Y = (y_1, y_2, \cdots, y_m)^{\mathrm{T}} \tag{8-15}$$

8.3 某自来水厂准经营性 PPP 项目的绩效评价实例分析

8.3.1 项目概况

某区域政府为解决当地居民饮用水问题,于 2013 年 4 月确定采用 PPP 模式建设 A 自来水厂,具体采用模式为"ROT",特许经营期 20 年,采用的回报机制为"可行性缺口补助",实施单位为水利局农村供水管理总站,通过公开招标,于 2014 年 1 月最终确定社会资本方 A 供水公司,并由该公司在当地注册组建 PPP 项目公司(SPV),然后与水利局签订合作合同,明确了双方的权利与义务,在合同中详细罗列了项目风险等重要协议条款,由社会资本方负责项目的勘察、设计、建设、运营、管理及移交等一系列工作。项目总投资 12682.85 万元,其中包括固定资产投资 12626.82 万元,流动资金 56.03 万元,其中,政府出资 4200 万元,社会资本方出资 6482.85 万元,银行贷款 2000 万元。

该项目由当地政府部门组建专家顾问团,主要由投融资顾问、技术顾问、财务顾问、法律顾问等组成。经过前期对项目进行的深入研究,形成了项目具体的实施方案,于 2014 年 6 月完成各项审批手续,经过 13 个月的建设期,于 2015 年 8 月正式投入运营。项目运营过程中收费定价机制透明,价格调整机制灵活,改善了当地居民的饮水质量,提升了当地基础配套设施水平,在很大程度上提高了当地居民的生活水平,还为当地居民提供了数十人的就业机会,提升了居民的收入。在运营过程中实现销售收入并产生利润,为当地增加了税收,带动了当地经济快速发展。但是在冬季常发生供水不足的现象。

供水人口及规模:供水服务总人口 15.5 万人,供水规模 9743.9 $\mathrm{m^3/d}$。沉淀池总容量达到 11 万 $\mathrm{m^3}$、清水池容量达到 1.1 万 $\mathrm{m^3}$。备用水源为两眼井(深度为 200 m 以下)。管网:主管道增加长度 76 km、管道更换 105 km、增加 45 km、更换支管道 1483 km。

该项目的自来水价格为居民生活用水 1.74 元/$\mathrm{m^3}$、非居民生活用水 2.84 元/$\mathrm{m^3}$、特种用水 4.1 元/$\mathrm{m^3}$ 时,财务内部收益率(税前)5.74%,平均投资利润率4.55%,平均投资利税率 5.13%。从敏感性分析来看,盈亏平衡点为 58.05%。

自项目实施以来,不仅为当地居民解决了水源问题,而且使乡下发展家庭种植及养殖业的人数持续增加,区域居民生活环境得到极大改善,同时还在一定程度上增加了当地人口的就业人数,提高了人民生活水平,促进了城乡经济发展。

8.3.2 项目绩效综合评价

由于该项目的部分资料未公开,未获得项目前期准备阶段到运营阶段的单因素指标模糊综合评价所需的原始数据,因此特邀请了对该项目较为了解的 11 位专家(包括项目实施机构人员 3 名,建设单位 4 名人员,PPP 项目咨询公司 4 名人员)进行评价打分,各项指标按照"优、良、中、差、很差"五个等级进行评价,数据统计结果如表 8-8 所示。

表 8-8　数据统计结果

序号	指标名称	优	良	中	差	很差
1	项目公司的股权结构	1	3	5	2	0
2	资金到位率	2	4	5	0	0
3	股权资本和债务资本的比例	3	2	6	0	0
4	融资方案的可行性	4	3	3	1	0
5	融资成本	3	4	4	0	0
6	经济增加值(EVA)	1	3	3	2	2
7	净资本收益率	2	4	4	1	0
8	营业收入增长率	4	3	2	2	0
9	总资产增长率	3	3	3	1	1
10	EVA 增长率	2	3	4	2	0
11	财政资金的利用效率	1	4	4	2	0
12	投资回报率	4	4	3	0	0
13	回报机制的合理性	3	2	4	2	0
14	政策支持和财政补贴	2	5	4	0	0
15	公共服务的满意度	3	4	1	2	1
16	公众参与监管	0	3	2	3	3
17	PPP 项目可行性研究的准确性	3	5	2	1	0
18	招标程序的完善与合理性	3	4	3	1	0

序号	指标名称	优	良	中	差	很差
19	协议的清晰性	4	4	3	0	0
20	风险合理分担机制	2	4	3	2	0
21	合理的价格调整机制	3	5	3	0	0
22	项目技术方案的合理性	4	3	3	1	0
23	项目成本管理	3	4	1	2	1
24	项目质量管理	2	5	4	0	0
25	项目进度控制	3	5	2	1	0
26	项目安全管理	4	5	1	1	0
27	技术的先进性	3	3	5	0	0
28	运营技术的可靠性	3	5	2	1	0
29	运营成本管理	4	5	2	0	0
30	运营安全管理	1	4	5	1	0
31	政府监管到位	1	4	3	2	1
32	公众参与监管	2	2	3	1	3
33	公众生活质量提高	3	5	3	0	0
34	行业的发展	2	4	3	2	0
35	项目区域居民的平均收入	2	4	5	0	0
36	区域经济带动情况	4	5	2	0	0
37	生态环境的改善状况	4	4	1	1	1
38	有效的环境保护措施	3	4	2	2	0
39	公众健康的影响程度	3	5	2	0	1
40	经验积累	3	3	4	0	1
41	可推广性	3	4	3	1	0

根据专家评价的结果,结合前文建立的绩效模糊综合评价模型,对项目案例自来水厂评价模型的指标层与维度层进行模糊综合评价。

8.3.2.1　指标层模糊综合评价

(1) 投融资结构 A_1

因素集 $F_{11} = (A_{11}, A_{12}, A_{13})$,权重集 $W_{11} = (0.1766, 0.4238, 0.3996)$,模糊关系矩阵:

$$\boldsymbol{L}_{11} = \begin{bmatrix} 1/11 & 3/11 & 5/11 & 2/11 & 0 \\ 2/11 & 4/11 & 5/11 & 0 & 0 \\ 3/11 & 2/11 & 6/11 & 0 & 0 \end{bmatrix}$$

将权重矩阵与模糊关系矩阵进行运算,即:

$$\boldsymbol{Z}_{11} = \boldsymbol{W}_{11} \cdot \boldsymbol{L}_{11} = (0.1766, 0.4238, 0.3996) \begin{bmatrix} 1/11 & 3/11 & 5/11 & 2/11 & 0 \\ 2/11 & 4/11 & 5/11 & 0 & 0 \\ 3/11 & 2/11 & 6/11 & 0 & 0 \end{bmatrix}$$

$$= (0.2021, 0.2749, 0.4909, 0.0321, 0)$$

根据表 8-6 中的评语等级表对评语集进行赋值,即 $Y = (90, 70, 50, 30, 10)$,则对 A_{11} 的指标综合模糊评价结果为:

$$\boldsymbol{S}_{11} = \boldsymbol{Z}_{11} \cdot \boldsymbol{Y} = (0.2021 \quad 0.2749 \quad 0.4909 \quad 0.0321 \quad 0) \cdot (90, 70, 50, 30, 10)^{\mathrm{T}} = 62.9358$$

查询等级评分表 8-7 可得对投融资结构 A_{11} 的绩效评价结果为良。

(2)持续融资能力 A_2

$$\boldsymbol{Z}_{12} = \boldsymbol{W}_{12} \cdot \boldsymbol{L}_{12} = (0.5501, 0.4499) \begin{bmatrix} 4/11 & 3/11 & 3/11 & 1/11 & 0 \\ 3/11 & 4/11 & 4/11 & 0 & 0 \end{bmatrix}$$

$$= (0.3227, 0.3136, 0.3136, 0.0500, 0)$$

$$\boldsymbol{S}_{12} = \boldsymbol{Z}_{12} \cdot \boldsymbol{Y} = 68.1750$$

查询等级评分表 8-7 可得持续融资能力 A_2 的绩效评价结果为良。

(3)盈利能力 B_1

$$\boldsymbol{Z}_{21} = \boldsymbol{W}_{21} \cdot \boldsymbol{L}_{21} = (0.5264, 0.4736) \begin{bmatrix} 0.0909 & 0.2727 & 0.2727 & 0.1818 & 0.1818 \\ 0.1818 & 0.3636 & 0.3636 & 0.0909 & 0 \end{bmatrix}$$

$$= (0.1340, 0.3158, 0.3158, 0.1387, 0.0957)$$

$$\boldsymbol{S}_{21} = \boldsymbol{Z}_{21} \cdot \boldsymbol{Y} = 55.0650$$

查询等级评分表 8-7 可得盈利能力 B_1 的绩效评价结果为中。

(4)财务发展能力 B_2

$$\boldsymbol{Z}_{22} = \boldsymbol{W}_{22} \cdot \boldsymbol{L}_{22} = (0.2435, 0.3434, 0.4131) \begin{bmatrix} 0.3636 & 0.2727 & 0.1818 & 0.1818 & 0 \\ 0.2727 & 0.2727 & 0.2727 & 0.0909 & 0.0909 \\ 0.1818 & 0.2727 & 0.3636 & 0.1818 & 0 \end{bmatrix}$$

$$= (0.2573, 0.2727, 0.2881, 0.1506, 0.0312)$$

$$\boldsymbol{S}_{22} = \boldsymbol{Z}_{22} \cdot \boldsymbol{Y} = 61.4800$$

查询等级评分表 8-7 可得,财务发展能力 B_2 的绩效评价结果为良。

(5)政府的满意度 C_1

$$\boldsymbol{Z}_{31} = \boldsymbol{W}_{31} \cdot \boldsymbol{L}_{31} = (1) [0.0909 \quad 0.3636 \quad 0.3636 \quad 0.1818 \quad 0]$$

$$= (0.0909, 0.3636, 0.3636, 0.1818, 0)$$

$$\boldsymbol{S}_{31} = \boldsymbol{Z}_{31} \cdot \boldsymbol{Y} = 59.0850$$

查询等级评分表 8-7 可得政府的满意度 C_1 的绩效评价结果为中。

（6）社会资本的满意度 C_2

$$Z_{32}=W_{32} \cdot L_{32}=(0.3663,0.3663,0.2674)\begin{bmatrix} 4/11 & 4/11 & 3/11 & 0 & 0 \\ 3/11 & 2/11 & 4/11 & 2/11 & 0 \\ 2/11 & 5/11 & 4/11 & 0 & 0 \end{bmatrix}$$

$$=(0.2817,0.3213,0.3303,0.0666,0)$$

$$S_{32}=Z_{32} \cdot Y=66.3570$$

查询等级评分表 8-7 可得社会资本的满意度 C_2 的绩效评价结果为良。

（7）社会公众的满意度 C_3

$$Z_{33}=W_{33} \cdot L_{33}=(0.5874,0.4126)\begin{bmatrix} 3/11 & 4/11 & 1/11 & 2/11 & 1/11 \\ 0 & 3/11 & 2/11 & 3/11 & 3/11 \end{bmatrix}$$

$$=(0.1602,0.3261,0.1284,0.2193,0.1659)$$

$$S_{33}=Z_{33} \cdot Y=51.9017$$

查询等级评分表 8-7 可得社会公众的满意度 C_3 的绩效评价结果为中。

（8）项目准备 D_1

$$Z_{41}=W_{41} \cdot L_{41}=(0.1553,0.1858,0.2031,0.1858,0.2701)\begin{bmatrix} 3/11 & 5/11 & 2/11 & 1/11 & 0 \\ 3/11 & 4/11 & 3/11 & 1/11 & 0 \\ 4/11 & 4/11 & 3/11 & 0 & 0 \\ 2/11 & 4/11 & 3/11 & 2/11 & 0 \\ 3/11 & 5/11 & 3/11 & 0 & 0 \end{bmatrix}$$

$$=(0.2716,0.4023,0.2586,0.0648,0)$$

$$S_{41}=Z_{41} \cdot Y=67.4769$$

查询等级评分表 8-7 可得项目准备 D_1 的绩效评价结果为良。

（9）项目建设 D_2

$$Z_{42}=W_{42} \cdot L_{42}=(0.1902,0.2016,0.0877,0.1689,0.1615,0.1902)\begin{bmatrix} 4/11 & 3/11 & 3/11 & 1/11 & 0 \\ 3/11 & 4/11 & 1/11 & 2/11 & 1/11 \\ 2/11 & 5/11 & 4/11 & 0 & 0 \\ 3/11 & 5/11 & 2/11 & 1/11 & 0 \\ 4/11 & 5/11 & 1/11 & 1/11 & 0 \\ 3/11 & 3/11 & 5/11 & 0 & 0 \end{bmatrix}$$

$$=(0.2967,0.3671,0.2339,0.0840,0.0183)$$

$$S_{42}=Z_{42} \cdot Y=66.7978$$

查询等级评分表 8-7 可得项目建设 D_2 的绩效评价结果为良。

（10）项目运营 D_3

$$Z_{43} = W_{43} \cdot L_{43} = (0.2095, 0.2319, 0.1779, 0.1713, 0.2095) \begin{bmatrix} 3/11 & 5/11 & 2/11 & 1/11 & 0 \\ 4/11 & 5/11 & 2/11 & 0 & 0 \\ 1/11 & 4/11 & 5/11 & 1/11 & 0 \\ 1/11 & 4/11 & 3/11 & 2/11 & 1/11 \\ 2/11 & 2/11 & 3/11 & 1/11 & 3/11 \end{bmatrix}$$

$$= (0.2113, 0.3675, 0.2649, 0.0854, 0.0727)$$

$$S_{43} = Z_{43} \cdot Y = 61.1485$$

查询等级评分表 8-7 可得项目运营 D_3 的绩效评价结果为良。

（11）社会效益 E_1

$$Z_{51} = W_{51} \cdot L_{51} = (0.5453, 0.4547) \begin{bmatrix} 3/11 & 5/11 & 3/11 & 0 & 0 \\ 2/11 & 4/11 & 3/11 & 2 & 0 \end{bmatrix}$$

$$= (0.2314, 0.4132, 0.2727, 0.0827, 0)$$

$$S_{51} = Z_{51} \cdot Y = 65.8598$$

查询等级评分表 8-7 可得社会效益 E_1 的绩效评价结果为良。

（12）经济效益 E_2

$$Z_{52} = W_{52} \cdot L_{52} = (0.5328, 0.4672) \begin{bmatrix} 2/11 & 4/11 & 5/11 & 0 & 0 \\ 4/11 & 5/11 & 2/11 & 0 & 0 \end{bmatrix}$$

$$= (0.2667, 0.4061, 0.3271, 0, 0)$$

$$S_{52} = Z_{52} \cdot Y = 68.7858$$

查询等级评分表 8-7 可得经济效益 E_2 的绩效评价结果为良。

（13）生态效益 E_3

$$Z_{53} = W_{53} \cdot L_{53} = (0.2840, 0.4477, 0.2683) \begin{bmatrix} 4/11 & 4/11 & 1/11 & 1/11 & 1/11 \\ 3/11 & 4/11 & 2/11 & 2/11 & 0 \\ 3/11 & 5/11 & 2/11 & 0 & 1/11 \end{bmatrix}$$

$$= (0.2985, 0.3880, 0.1560, 0.1072, 0.0502)$$

$$S_{53} = Z_{53} \cdot Y = 65.5431$$

查询等级评分表 8-7 可得生态效益 E_3 的绩效评价结果为良。

（14）可持续性 E_4

$$Z_{54} = W_{54} \cdot L_{54} = (0.5453, 0.4547) \begin{bmatrix} 3/11 & 3/11 & 4/11 & 0 & 1/11 \\ 3/11 & 4/11 & 3/11 & 1/11 & 0 \end{bmatrix}$$

$$= (0.2727, 0.3140, 0.3223, 0.0413, 0.0496)$$

$$S_{54} = Z_{54} \cdot Y = 64.3743$$

查询等级评分表 8-7 可得可持续性 E_4 的绩效评价结果为良。

8.3.2.2 维度层指标模糊综合评价

（1）投融资维度 A

因素集 $\boldsymbol{F}_1 = (A_1, A_2)$，权重集 $\boldsymbol{W}_1 = (0.5135, 0.4862)$，模糊关系矩阵：

$$\boldsymbol{L}_1 = \begin{bmatrix} 0.2021 & 0.2749 & 0.4909 & 0.0321 & 0 \\ 0.3227 & 0.3136 & 0.3136 & 0.0500 & 0 \end{bmatrix}$$

将权重矩阵与模糊关系矩阵进行运算，即：

$$\boldsymbol{Z}_1 = \boldsymbol{W}_1 \cdot \boldsymbol{L}_1 = (0.5135, 0.4862)\begin{bmatrix} 0.2021 & 0.2749 & 0.4909 & 0.0321 & 0 \\ 0.3227 & 0.3136 & 0.3136 & 0.0500 & 0 \end{bmatrix}$$

$$= (0.2607, 0.2936, 0.4045, 0.0408, 0)$$

根据表 8-6 中的评语等级表对评语集进行赋值，即 $\boldsymbol{Y} = (90, 70, 50, 30, 10)$，则对 A 的指标综合模糊评价结果为：

$$\boldsymbol{S}_1 = \boldsymbol{Z}_1 \cdot \boldsymbol{Y} = (0.2607, 0.2936, 0.4045, 0.0408, 0)(90, 70, 50, 30, 10)^{\mathrm{T}} = 65.4664$$

查询等级评分表 8-7 可得可持续性 A 的绩效评价结果为良。

（2）财务维度 B

$$\boldsymbol{Z}_2 = \boldsymbol{W}_2 \cdot \boldsymbol{L}_2 = (0.4203, 0.5797)\begin{bmatrix} 0.1340 & 0.3158 & 0.3158 & 0.1387 & 0.0957 \\ 0.2573 & 0.2727 & 0.2881 & 0.1506 & 0.0312 \end{bmatrix}$$

$$= (0.2055, 0.2908, 0.2967, 0.1456, 0.0583)$$

$$\boldsymbol{S}_2 = \boldsymbol{Z}_2 \cdot \boldsymbol{Y} = 58.6348$$

查询等级评分表 8-7 可得可持续性 B 的绩效评价结果为中。

（3）利益相关者维度 C

$$\boldsymbol{Z}_3 = \boldsymbol{W}_3 \cdot \boldsymbol{L}_3 = (0.1742, 0.4796, 0.3462)\begin{bmatrix} 0.0909 & 0.1818 & 0.3636 & 0.1818 & 0 \\ 0.2817 & 0.3213 & 0.3303 & 0.0666 & 0 \\ 0.1602 & 0.3261 & 0.1284 & 0.2193 & 0.1659 \end{bmatrix}$$

$$= (0.2064, 0.2978, 0.2662, 0.1395, 0.0574)$$

$$\boldsymbol{S}_3 = \boldsymbol{Z}_3 \cdot \boldsymbol{Y} = 57.5527$$

查询等级评分表 8-7 可得利益相关者维度 C 的绩效评价结果为中。

（4）过程维度 D

$$\boldsymbol{Z}_4 = \boldsymbol{W}_4 \cdot \boldsymbol{L}_4 = (0.3835, 0.3104, 0.3061)\begin{bmatrix} 0.2716 & 0.4023 & 0.2586 & 0.0648 & 0 \\ 0.2967 & 0.3671 & 0.2339 & 0.0840 & 0.0183 \\ 0.2113 & 0.3675 & 0.2649 & 0.0854 & 0.0727 \end{bmatrix}$$

$$= (0.2609, 0.3807, 0.2529, 0.0771, 0.0279)$$

$$\boldsymbol{S}_4 = \boldsymbol{Z}_4 \cdot \boldsymbol{Y} = 65.3689$$

查询等级评分表 8-7 可得过程维度 D 的绩效评价结果为良。

（5）效益及可持续性维度 E

$$Z_5 = W_5 \cdot L_5 = (0.2309, 0.2041, 0.3765, 0.1895) \begin{bmatrix} 0.2314 & 0.4132 & 0.2727 & 0.0827 & 0 \\ 0.2667 & 0.4061 & 0.3271 & 0 & 0 \\ 0.2985 & 0.3880 & 0.1560 & 0.1072 & 0.0502 \\ 0.2727 & 0.3140 & 0.3223 & 0.0413 & 0.0496 \end{bmatrix}$$

$$= (0.2717, 0.3838, 0.2494, 0.0672, 0.0283)$$

$$S_5 = Z_5 \cdot Y = 66.0641$$

查询等级评分表 8-7 可得效益及可持续性维度 E 的绩效评价结果为良。

8.3.2.3 目标层绩效综合评价

因素集 $F = (A, B, C, D, E)$，权重集 $W = (0.1047, 0.1261, 0.1372, 0.3930, 0.2391)$，则模糊关系矩阵：

$$L = \begin{bmatrix} 0.2607 & 0.2936 & 0.4045 & 0.0408 & 0 \\ 0.2055 & 0.2908 & 0.2967 & 0.1456 & 0.0583 \\ 0.2064 & 0.2978 & 0.2662 & 0.1395 & 0.0574 \\ 0.2609 & 0.3807 & 0.2529 & 0.0771 & 0.0279 \\ 0.2717 & 0.3838 & 0.2494 & 0.0672 & 0.0283 \end{bmatrix}$$

将权重矩阵与模糊关系矩阵进行运算，即：

$$Z = W \cdot L = (0.1047, 0.1261, 0.1372, 0.3930, 0.2391) \begin{bmatrix} 0.2607 & 0.2936 & 0.4045 & 0.0408 & 0 \\ 0.2055 & 0.2908 & 0.2967 & 0.1456 & 0.0583 \\ 0.2064 & 0.2978 & 0.2662 & 0.1395 & 0.0574 \\ 0.2609 & 0.3807 & 0.2529 & 0.0771 & 0.0279 \\ 0.2717 & 0.3838 & 0.2494 & 0.0672 & 0.0283 \end{bmatrix}$$

$$= (0.2490, 0.3496, 0.2753, 0.0893, 0.0330)$$

根据表 8-6 中的评语等级表对评语集进行赋值，即 $Y = (90, 70, 50, 30, 10)$，则对目标的指标综合模糊评价结果为：

$$S = Z \cdot Y = (0.2490, 0.3496, 0.2753, 0.0893, 0.0330)(90, 70, 50, 30, 10)^T = 63.6613$$

查询等级评分表 8-7 可得准经营性 PPP 项目的绩效模糊综合评价结果为良。

8.3.3 项目绩效评价结果分析

A 自来水厂项目属于典型的准经营性 PPP 项目，有着明显的准经营性特征，采用的回报机制为政府可行性缺口补助，因此，在绩效指标选取时，采用了表 8-5 构建的绩效指标体系。在对其进行绩效评价时，共邀请到对该项目较为了解的 11 位专家进行量化打分，最后利用建立的绩效评价模型对该项目进行评价。通过由指标层到维度层、目标层三级的模糊综合评价计算得出自来水厂 PPP 项目的最终评价结果为 63.6613，绩效评价等级为"良"。该结果较好地反映了该自来水厂从项目识别阶段到运营阶段的实际状况，以下主要从准经营性 PPP 项目绩效指标体系的五个维度对该评价结果进行综合分析。

8.3.3.1　投融资维度

项目在投融资维度上获得的绩效模糊综合评分为 65.4664,表明该项目的投融资结构与持续融资能力综合表现良好。从出资比例上来看,政府占 33% 左右,虽然社会资本仍占有股权结构的绝大部分,但是没有充分体现引入社会资本的优势,因此,项目公司的股权结构不太合理,政府占比应在 20% 左右为宜。同时,政府对当地居民饮用水源的安全问题比较重视,将该项目作为当时的重点项目来抓,对于项目的推进工作实施力度较大,因此,项目的融资成本较低,资金的到位情况表现良好。

8.3.3.2　财务维度

项目在财务维度上获得的绩效模糊综合评价得分为 58.6348,表明该项目的盈利能力与财务发展能力综合表现一般。由于 PPP 项目是以公益性服务为基础,不以盈利为主要目的,影响了专家对此的评分。根据准经营性 PPP 项目的特点,项目公司的资金来源除了国家部分资金补贴外,大部分资金还是要从消费者那里获取,因此,企业要想长期生存下去,获得合理的回报,就要平衡好其中的关系。EVA 在财务维度中的比重较大,应该给予重视,采取合理的措施可以帮助公司实现短期的扭亏为盈。随着公共服务市场化的不断扩大,自来水厂有其独有的特征,有稳定的客户群体,同时在市场中占有的份额相当大,因此,该项目拥有长期、稳定、可持续的市场发展空间,在财务发展能力方面还是比较可观的。

8.3.3.3　利益相关者维度

项目在利益相关者维度上获得的绩效综合评价得分为 57.5527,其中,政府满意度评价得分 59.0850,社会资本的满意度评价得分 66.3570,社会公众的满意度评价得分 51.9017,基于以上评价结果,政府、社会资本及社会公众的综合满意度为一般。

该项目在运营阶段,消费群体较为固定,再加上政府定期给予的财政补贴,社会资本的投资回报率达到 68%,说明该项目的回报机制设定较为合理,社会资本表现较为满意。由于政府每年在财政方面给予项目大量的资金补贴,导致政府在财政方面的压力没有得到根本化解,只是起到了缓解的作用,因此,政府在财政资金利用效率方面表现略有不足,影响了政府的满意度。同时,由于该项目在冬季时常出现供水不足的现象,再加上项目公司没有设置可行的用户意见反馈渠道,导致社会公众对于服务质量稍有不满,因此给予的评分略低。

8.3.3.4　项目过程维度

项目在过程维度上获得的绩效综合评价得分为 65.3689,其中项目准备评价得分67.4769,项目建设过程评价得分 66.7978,运营过程评价得分 61.1485,基于以上评价结果,该项目在准备、建设、运营过程中的综合表现良好。

根据项目在前期准备工作中的调研报告,由 PPP 项目领导小组进行了详实的可行性研究,撰写了可实施的方案,同时由专家组进行多次论证及优化,通过公开招标的形式引入社会资本,签订协议内容较为全面清晰,为项目的顺利开展提供了良好的保障。但是,项目在推进的过程中,由于公私双方的经验不足,相关法律与机制不完善,导致了项目在审批上略有延误,耗费时间过长,对项目的绩效产生了一定影响。项目在建设与运营过程中充分发挥了社会资本在技术与管理方面的优势,给项目成本、安全、质量提供了保障,减轻了政府方面的工作压力,从而使项目的监管更加高效,但是缺乏公众参与监管的有效渠道。在项目过程的评价中,项目运营绩效评分较低,表明项目的运营管理有待提高。

8.3.3.5 效益及可持续性维度

项目在效益及可持续性维度上获得的绩效综合评价得分为 66.0641,其中社会效益评价得分 65.8598,经济效益评价得分 68.7858,生态效益评价得分 65.5431,可持续性评价得分 64.3743,表明该项目在效益及可持续性方面的综合表现良好。

通过该项目的引入,解决了当地居民的饮水困难问题,方便了居民的日常生活,提高了区域就业率。同时使乡下发展家庭种植、养殖业的人数持续增加,区域居民的生活环境得到了较大改善,提高了人民生活水平,带动了周边的经济发展。虽然目前项目正在运营期,但是项目比较注重在全生命周期的各阶段、各环节的经验积累,为后续的移交工作奠定了基础,期望将来能供其他 PPP 项目借鉴。

8.3.4 基于 EVA-BSC 准经营性 PPP 项目绩效评价模型的优越性分析

结合 A 自来水厂 PPP 项目绩效评价的过程与结果分析,本书基于 EVA-BSC 所建立的准经营性 PPP 项目绩效评价模型的优越性主要表现在以下几个方面:

8.3.4.1 战略目标更加明确

准经营性 PPP 项目涉及领域广泛,参与者众多,其中三大参与主体分别是政府、社会资本与社会公众,本书充分考虑了不同参与主体的利益相关需求,运用平衡计分卡的平衡理念,更加明确了准经营性 PPP 项目绩效评价的战略目标,为整个绩效指标体系与评价模型的建立提供了正确的导向,平衡了 A 自来水厂各参与者的不同利益诉求。

8.3.4.2 指标选取更加全面具体

根据准经营性 PPP 项目的基本特征,所涉及的指标项非常多。通过对平衡计分卡原有的四个维度进行改进,拓展成五个维度,围绕五个维度将各个指标进行逐级具体化,进行模块化处理,然后结合文献阅读与专家调研的方法最终建立较为合理与全面的核心指标体系,克服了关键绩效指标法容易造成指标堆砌的缺陷,减少了对指标归类划分的人为主观影响。

8.3.4.3　各指标的选取与权重确定更加客观

本书在相关理论的基础上,采用 EVA-BSC 构建了准经营性 PPP 项目的绩效指标体系,进而利用 TOPSIS 与方差的方法对初步选取的指标进行双重优化筛选,更加保障了绩效指标体系的科学性,降低了仅采用一种数学方法与专家访谈方法的主观性,增强了客观性。本书通过对各权重确定方法的对比分析,得出熵值法是一种成熟且客观性较强的权重确定方法,最终选择熵值法对准经营性 PPP 项目的各项指标进行权重的确定,使得到的各项指标权重更加科学、准确。

8.3.4.4　克服了传统财务指标过于注重项目短期效益的缺陷

在 A 自来水厂 PPP 项目的绩效评价结果中,通过 EVA 的绩效指标与传统的财务绩效指标进行比较分析,发现项目的净利润值远大于 EVA 值,项目的盈利能力并没有那么可观,原因在于传统的财务指标没有考虑到权益资本成本,忽视了股东权益,而 EVA 值则真实反映了项目是否盈利,可以让投资者意识到报酬与风险的关系,即要实现项目真正盈利,必须要提高项目效率、控制成本、避免铺张浪费,可见将 EVA 引入财务维度中,平衡了管理者追求项目的短期与长期效益。

通过对 A 自来水厂 PPP 项目的五个维度绩效评价,真实有效地反映了该项目的绩效水平,使政府及相关部门对项目各个方面绩效表现的程度有了更加深入的了解,同时为项目管理者提供了更为科学合理的决策参考。因此,基于 EVA-BSC 建立的准经营性 PPP 项目绩效指标体系与评价模型具有一定的可行性与可操作性。

8.3.5　对策分析

PPP 模式在我国还处于规范发展阶段,监管体制还不完善,绩效评价管理上还存在许多不足,因此,根据我国 PPP 模式实践发展与国内外 PPP 项目绩效评价研究现状,并结合本书研究的结论,特提出以下对策与建议,以期有利于项目的健康持续发展。

8.3.5.1　完善 PPP 项目专门法律政策体系,明确协调机构监管内容

PPP 模式在我国的应用还不够成熟,缺乏统一的 PPP 项目法律、法规、政策体系,目前的 PPP 立法仅仅止步于部门规章,立法层级较低,未能对 PPP 项目投资人形成良好的法制环境,且现有的 PPP 规范性文件尚不成熟。因此,应当立足于现有的 PPP 项目规范性文件,展望未来的专门 PPP 法律来作为提高法律位阶的规范性文件,并在制定时全面考虑项目全生命周期的各个影响要素,重点关注存在争议或模糊的地方。在准经营性PPP 项目中,社会资本与政府所追求的目标不同,如果不能对项目实行有效的监管措施,

有可能发生因社会资本过于追求经济利益而降低其所提供的公共服务或产品的质量。虽然国家相关部门颁布了一些监管办法,但是没有出台具体的实施细则,基于此,建议国家以部门规范性文件的形式明确对 PPP 项目的监管,改变对 PPP 项目监管无序的状态。

8.3.5.2 明确绩效评价管理体制

目前,我国对准经营性 PPP 项目的绩效监测主体多为政府机构,政府在绩效评价过程中起到主导性作用,过于单一,使项目绩效评价结果的真实性受到质疑。因此,对于准经营性 PPP 项目绩效的评价中,应当明确绩效监测主体,政府可作为绩效监测的主要负责部门,委托专业的第三方机构共同对项目公司进行绩效评价。在美国的《PPP 项目立项(Establish a p3 program)》以及我国香港的《PPP 指南(PPP Guide 2008)》中均指出第三方机构宜作为 PPP 项目绩效监测的责任主体,可以负责项目的独立审计、审查、数据收集、定期或随机监测过程和结果以及争议处理等事项。为确保准经营性 PPP 项目绩效评价结果的真实性、准确性、客观性与公正性,应当注重绩效考核的机制,科学评价建设成效,出台准经营性 PPP 项目绩效评价的规范流程及评价细则,可以借用 BSC 与 EVA 相结合的绩效评价模式,对绩效指标进行统一的定量化,减少人为主观因素的影响,为项目绩效评价过程提供依据,同时应该对绩效评价过程与结果进行公示透明化,得到社会的共同监督。

8.3.5.3 设置合理的公共定价机制

准经营性 PPP 项目具有公益性和商业性的双重属性,在定价管理上应当遵循盈利而不暴利的基本原则,充分考虑政府、社会资本和社会公众等多个参与方的相关利益,既要保证项目运行及社会资本的合理收益,又不损及公共利益。在定价影响因素分析上,要遵循客观、公正、科学、系统、全面的原则,制定出合理的价格调整机制,对项目收益制定补贴、调整或约束的条款,增强社会资本参与 PPP 项目的积极性,为社会公众提供优质的产品与服务[255]。

8.3.5.4 加强培养准经营性 PPP 项目绩效评价的专业化人才

由于我国 PPP 项目相关业务仍处于起步阶段,各项工作需要不断完善,相关 PPP 项目绩效评价的专业人才比较缺乏。准经营性 PPP 项目过程复杂、周期长,绩效评价内容广泛,涉及多方利益关系,对绩效评价人员的专业素质要求较为严格,因此需要建立比较完善的人才培养体系,让评价人员不断地学习 PPP 相关业务,以提高绩效评价业务水平,对绩效评价影响因素作出准确的判断。准经营性 PPP 项目绩效评价内容涉及专业领域广泛,需要各个专业领域的人才对项目实施过程进行综合绩效评价,才能保证绩效评价的科学性、合理性,可以组建 PPP 项目绩效评价的专家群体,具体可以邀请拥有扎实理论水平和丰富实践经验的高校等科研机构与项目实施单位的专家,为项目绩效评价业务提供指导及咨询服务,也可以为我国培养 PPP 项目绩效评价的专业化人才,实现人才的可持续性保障。

8.4　本　章　小　结

本章首先根据准经营性 PPP 项目的绩效评价目标与指标选取原则,通过文献研究法与专家访谈法初步构建了绩效指标体系,继而基于调查问卷的数据统计结果,运用 TOPSIS 与方差法进行双重优化筛选,结合专家意见淘汰了重要性较低的指标,确定了 41 个绩效指标,最终构建了包括维度层 5 个、一级指标 14 个、二级指标 41 个的准经营性 PPP 项目绩效指标体系,有利于进一步对准经营性 PPP 项目绩效评价模型的研究。

然后对准经营性 PPP 项目的绩效评价模型进行重点研究。先对权重方法进行了分类比较,采用了较为客观的熵值法分别对维度层、指标层的各项绩效指标进行了权重赋值,继而通过各评价方法的优缺点比选,最终采用了模糊综合评价法建立了准经营性 PPP 项目的绩效评价模型,该模型可以应用于实际项目进行综合绩效评价。

最后选用较为典型的 A 自来水厂 PPP 项目对本章建立的绩效指标体系与评价模型进行验证分析。先对项目概况进行了数据分析,然后邀请了对 A 自来水厂 PPP 项目比较了解的 11 位专家对各个绩效指标进行评价,以补充原始数据的不足,有利于保证项目绩效评价结果的科学性与可靠性,继而对数据结果进行计算分析,最后根据各个维度的评价结果进行分析总结,验证了该模型具有一定的实践性,并进行了对策分析。

9 结论与展望

9.1 研 究 结 论

PPP 模式是我国公共基础设施及公共服务项目建设领域的一种新型融资模式,经过近些年的发展,在我国已有广泛的应用,为社会资本投资基础设施项目提供了一条有效途径,在缓解地方政府财政压力方面也起到了积极的作用。

9.1.1 研究 PPP 模式下项目公司股权结构优化模型

本书分析了 PPP 模式在国内外的研究及应用发展现状,提出了 PPP 项目股权结构分配问题,采用理论与实践相结合、定性与定量相结合的方法进行了研究,分析了在 PPP 项目中可能发生的潜在风险及公私双方约定各自需承担的风险,估算出各方开展实施项目所需要的综合成本,以此来确定公私双方在实施项目时对成本的节约,并将此种成本节约视为各参与方对合作联盟的贡献程度。在此基础之上,利用 Shapley 模型计算公共部门和社会资本分别所获得的收益,以此来进一步确定公共部门和社会资本双方的股权结构比例,然后将所构建的 Shapley 模型运用到某市污水处理项目上进行实证分析,得出了以下主要研究成果。

(1)利用 Shapley 模型确定 PPP 项目股权结构比例的问题是可行的

公共部门和社会资本进行合作共同完成某项基础设施项目时,首先要解决的便是 PPP 项目公司双方各自的股权占比问题,这也是 PPP 项目后续工作开展的基础。由前文分析可知,本书假定将公私双方的成本节约视作收益,且根据最后的收益分配额确定股权比例。公共部门和社会资本双方最后收益的多少是一个相互协商、相互博弈的过程,此问题与解决收益分配问题的经典方法 Shapley 模型可以巧妙地结合在一起,因此,利用 Shapley 模型确定 PPP 项目股权结构比例的问题是可行的。

(2)基于 Shapley 值理论构建了 PPP 项目股权结构分配模型

依据合作博弈论中的 Shapley 值理论,建立 PPP 项目股权结构分配模型。在模型中,首先要考虑到公共部门和社会资本双方组成的合作联盟共同实施 PPP 项目时各自的成本节约,本书假定将此种节约视为公私双方各自的收益;然后根据各方的成本节约确定公私双方对合作联盟的贡献程度;接着利用 Shapley 值理论计算得出公共部门和社会资本各自所获得的收益分配额;最后根据收益分配额得出公私双方股权结构比例。该模型使得实际股权结构比例分配结果更加公平合理,使公私双方根据自身的实际情况对 PPP 项目的股权比例有一个预期的参考标准。

(3) 以某市污水处理项目为实例验证了模型的有效性和实用性。

以某市开发区污水处理项目作为案例,利用 Shapley 模型进行实证研究分析,根据相关测算资料估算出公共部门和社会资本双方合作时各自对合作联盟的贡献程度,通过对股权结构分配方案的详细分析,得出采用 PPP 模式建设该污水处理项目比各参与方单独建设能够获得更大的收益,计算结果与项目实际值基本一致。本书通过实例验证了 Shapley 模型对 PPP 项目股权结构的配置有很好的实践指导意义,为公私双方股权结构的选择提供了一种参考,同时也有助于 PPP 项目的实际应用与发展。

9.1.2 研究 PPP 模式下污水处理项目收益分配

从近几年的发展来看,污泥处理和中水回用得到了大力推广,污水处理项目也逐渐具备了一定的收益能力,吸引了一大批我国社会资本和国外资本加入进来,促进了 PPP 模式在污水处理行业的应用发展。对于社会资本方而言,如何在风险承担后得到期望的、合理的收益是参与项目的根本目的,但是社会资本方常常陷入一个误区,那就是只要分担大量的风险就能得到期望的收益。社会资本方盲目地承担过量风险,而当风险实际发生时却无能力承担后果,从而导致项目失败。因此需要确定社会资本方独自承担的风险和收益分配之间的关系,使得社会资本方不急于盲目承担风险,在收益分配方案初定时对己方的收益有个大概的认识,进而采取恰当的风险分担框架,最终大大提高项目的成功率。为了使得社会资本正确看待独自承担风险所获得的收益,本书对独自承担风险和收益之间的关系建立了收益分配模型,得到以下研究结论:

(1) PPP 模式是政府仍然持有项目的所有权,而私营企业通过特许经营权获得项目的经营权。通过阐述 PPP 模式在污水处理领域应用中针对新建和改扩建项目的具体应用,进行比选后得出改扩建项目宜采用 TOT 模式、ROT 模式和托管运营模式三种模式,而新建项目多采用 BOT 模式的结论。

(2) 对污水处理项目的风险因素进行归纳梳理,得到了 40 个主要风险因素;阐述了每一个风险因素的释义及归类,将 40 个主要风险因素划分为建设风险、金融风险、运营与市场风险、法律与合同风险、政治风险、决策风险 6 大类;同时对社会资本方单独承担的风险或者可能单独承担的风险进行总结,得到 25 个风险因素。

(3) 通过在社会资本单独承担或者可能单独承担的风险因素中,问卷分析得到建设成本超支、融资风险、完工风险、运营成本超支、市场需求变化、收益不足为六大关键因素。

(4) 运用层次分析法,以建设成本超支、融资风险、完工风险、运营成本超支、市场需求变化、收益不足为方案层进行权重分析,最终确定融资风险为最大风险指标;然后通过选择权重较大的风险因素,运用博弈论构建纳什收益分配模型,确定出收益的最优分配,促使社会资本和政府共同发展。

9.1.3 研究 PPP 模式下供水项目定价机制

PPP 模式下自来水的定价思路,是在充分认清自来水商品性、垄断性、福利性和不可再生性等特征的前提下,坚持市场定价和政府价格管制相结合,制定出符合政府、消费者和企业价值需求的价格水平。本书从水资源的利用现状出发,引出在 PPP 模式条件下居民供水项目的水价制定问题;然后将综合成本法应用于 PPP 供水类项目,并采用约定路径法对项目综合成本进行分摊,从而构建出与其相适应的定价模型,这是对供水类 PPP 项目定价办法的扩展和创新。综合理论研究与实证分析,主要得出以下几点结论:

（1）产品价格研究是经济学研究的重要组成部分。价格作为联系商品买卖双方的基本桥梁,涉及所有经济活动参与方的利益,开展产品价格研究具有强烈的现实意义。作为实现社会公平和社会福利目标的重要手段,产品价格理论一直是经济理论研究的重要内容之一。水价的制定既要符合节约用水的基本目标,又要促进供水行业的长久发展,更要与居民的消费能力相适应,满足居民生存和发展的基本需求。

（2）我国水资源浪费、低效利用的一个重要原因就是居民用水价格的不合理。自来水是公共事业的重要组成部分,长期以来我国各级政府对自来水水价进行财政补贴,过低的自来水价格难以使消费者养成节约用水的消费习惯;同时,过低的水价也让政府背上沉重的财政负担,降低了公共财政的使用效率,最终阻碍了公共事业的发展。

（3）综合成本法目前主要应用在垄断领域里,其本质是会计学中的成本核算。供水行业的自然垄断性是采用综合成本法的基本条件,将综合成本法理论运用于 PPP 供水项目中,并利用约定路径法对项目综合成本进行合理分摊,能够确保项目在运营过程中的收支平衡,保障项目的长期健康运营。

（4）采用综合成本法确定供水价格的关键在于对综合成本的分摊,本研究采用约定路径法分摊供水项目的综合成本。与传统的完全由政府定价模式不同,采用约定路径法计算出来的某一区域内的供水产品价格是与其生产成本相适应的真实价格,定价结果更加符合价值规律的基本要求,是市场经济条件下自来水定价的重要依据。

9.1.4 研究 PPP 模式下项目 VFM 定量评价

为了缓解财政压力,政府将社会资本引入基础设施建设和公共服务中来,因此 PPP 模式在我国被大力推广运用。然而由于 PPP 模式在我国应用的时间还较短,相关理论研究和实践分析都存在许多不足。尽管我国财政已出台《PPP 物有所值评价指引(试行)》,但该《指引》对折现率、风险分析等关键点只作了简单描述,未进行深入研究。本书针对《指引》存在的局限性,分析了折现率的选取原则,并针对风险提出包括风险识别、损失评估和分担的风险分析体系,建立了 VFM 定量评价模型,并对其进行敏感性分析,以判断 PPP 项目实现 VFM 的风险程度,为项目的决策提供参考。主要结论如下:

(1) 运用定性分析法和定量分析法建立 PPP 项目的风险分析体系。根据相关理论研究和实践经验,对影响 VFM 的关键指标——折现率和风险进行着重分析,完善和细化了我国《指引》。对于风险分析,采用定性分析法和定量分析法(专家评分法、集值统计法)建立涵盖风险识别、损失评估和分担的风险分析体系,使 PSC 值、PPP 值和 VFM 值更准确。

(2) 建立 VFM 定量评价模型,并对其进行敏感性分析。通过分析 PSC 值和 PPP 值的构成,将 PSC 值分为初始 PSC 值、竞争中立调整值和风险承担成本,将 PPP 值划分为 PPP 合同价、政府投资成本和自留风险成本,清晰划分政府和社会资本双方投入的成本。以 VFM 量值作为经济评价指标,确定了选取不确定性因素的原则,给出了 VFM、敏感性系数、临界值的计算过程,判断 PPP 项目实现 VFM 的风险程度并给出相应对策,为项目决策提供可靠依据,使决策者可以采取有效防范措施规避或减少风险的发生,最大限度保障 VFM 的实现。

(3) 通过实证分析,对本书构建的模型进行算例演示,检验基于敏感性分析的 VFM 定量评价模型的可行性和科学性,同时为该项目的前期决策提供参考。

9.1.5 研究 PPP 模式下经营性项目资产证券化退出机制

经营性 PPP 项目的合理退出方式一直是社会资本关注的重点,资产证券化方式更是关注的重点。本书从 PPP 项目的发展现状出发,挑选备受关注的经营性 PPP 项目,通过全面分析常见的各种退出途径,明确了资产证券化退出的优势,以实例论证了资产证券化的可行性,并结合我国发展现状指出经营性 PPP 项目资产证券化退出面临的困境和改善措施,得到如下结论:

(1) 通过对现有的经营性 PPP 项目退出路径——到期移交、股权转让、股权回购、公开上市、发行债券、资产证券化和售后回租等展开对比分析,得出了资产证券化退出的优势,即可以起到拓宽融资渠道、降低融资成本、丰富退出方式的效果。

(2) 本书对经营性 PPP 项目参与方采用资产证券化实现资金退出的方式进行了切合实际的方案设计,并给出了具体操作流程,包括从准备阶段的基础资产筛选、执行阶段的产品结构设计到发行阶段的定价,然后对基础资产及证券化产品进行后续管理,最后指出资产证券化退出机制在经营性 PPP 项目中面临的难题及保障措施。将资产证券化这种良好的退出机制引入 PPP 项目中,体现出其具有很强的实用价值,克服了社会资本退出渠道不畅的困难。

(3) 当前国家大力提倡 PPP 模式,但是由于 PPP 项目周期长且缺乏完善的退出机制,导致社会资本望而却步,本书结合国家政策引导和社会发展趋势,明确完善且多元化的退出机制是政府和社会资本的共同追求。

（4）经营性 PPP 项目由于自身的特点，在资产证券化的实际操作中面临着困境。但是，随着越来越多的经营性 PPP 项目落地，PPP 模式日益成熟，加上国家配套法律法规的不断出台，资产证券化退出方式将趋于规范化标准化发展，资产证券化会表现出很大的优势，将吸引更多的社会资本投入。

（5）将资产证券化这种成熟的概念引入经营性 PPP 项目中，增强了经营性 PPP 项目的优势，丰富了资产证券化的内涵，在研究分析 PPP 模式的退出机制时有一定的参考意义。

9.1.6　研究 PPP 模式下准经营性项目的绩效指标体系构建与评价

以准经营性 PPP 项目绩效指标的体系构建与评价模型为研究对象，通过查阅国内外 PPP 项目及绩效评价研究的相关文献与资料，在了解现阶段 PPP 项目绩效评价的研究现状及存在问题的基础上，结合准经营性 PPP 项目特有的性质与特点，选择将 EVA 与 BSC 相结合的方法引入项目绩效指标的构建中。首先对研究对象所涉及的概念、理论及研究方法进行确定；然后采用文献研究结合专家访谈的方法初步建立指标体系，并运用 TOPSIS 与方差法对指标进行二次优化筛选，构建了绩效指标体系；接着确定熵值法为各项指标权重的计算方法，模糊综合评价法为绩效评价模型；最后选用实际项目对该模型的可操作性与可行性进行了验证。研究结论主要体现在以下三个方面：

（1）改良了准经营性 PPP 项目的绩效指标体系。基于利益相关者理论与《操作指引》对绩效评价的要求，确定了准经营性 PPP 项目绩效评价的战略目标，并对准经营性 PPP 项目绩效指标体系进行改良，利用 EVA 与 BSC 相结合的方法，将 BSC 原有的四个维度拓展为五个维度，分别为投融资、项目财务、利益相关者、项目过程、效益及可持续性。

（2）通过对绩效指标体系的优化排序，获得了重要的绩效指标。对初步建立的绩效指标体系，利用 TOPSIS 与方差的方法进行双重优化与筛选，最终得出合理的价格调整机制、对生态的保护、协议的清晰性、公众生活质量的提高、EVA 是项目绩效评价的重要指标，这五项指标对项目的绩效水平有着重要的影响，在绩效评价的过程中应该给予重点关注。

（3）验证了绩效指标体系与评价模型具有一定的可行性与可操作性。本书通过熵值法确定了各个指标的权重，在此基础上运用模糊综合评价法对准经营性 PPP 项目建立了模糊综合绩效评价模型。经过对实际项目进行论证分析，得出基于 EVA-BSC 建立的准经营性 PPP 项目绩效指标体系与评价模型具有一定的可操作性与可行性。

9.2　研 究 展 望

PPP 项目在运营过程中的复杂性决定了 PPP 项目实施方案确立的复杂性,需要在后续的研究中不断完善。本书研究展望主要有以下几点:

(1) PPP 项目股权结构因素影响研究及定量化研究。随着我国公共基础设施及公共服务项目等领域的快速发展,PPP 模式已在我国的基础设施项目建设中发挥了至关重要的作用。而 PPP 项目中的股权结构问题是目前众多专家学者关注的焦点之一,对该问题的研究必将形成一种趋势。后续关于 PPP 项目股权结构问题的研究可着眼于影响 PPP 项目股权结构因素的研究及如何展开定量化研究、对股权结构方案的进一步优化研究等方面。

(2) 城市污水处理属于准公共产品,适合运用 PPP 模式,但是由于该行业一直以来都是国家投资,没有社会资本的介入,对于城市污水处理项目中的社会资本方的风险和收益分配没有深入的研究。本书对 PPP 模式下城市污水处理项目中社会资本方的风险和收益分配进行了研究,其中对于整个风险要素的概括尚不全面,建立收益模型时削弱了政府在比例模型中的作用,接下来会对深层次的问题(例如社会资本的风险承担比重与收益是始终保持正相关关系还是有某一极限,极限值如何确定等)做深入的研究。总的来讲,提高社会资本方对 PPP 模式的兴趣,能够更快速地推广 PPP 模式的运用。

(3) PPP 模式条件下供水项目定价机制研究是传统定价理论研究的重要组成部分。针对模型存在的不足之处,还应从简化计算过程和提高模型的适用性及计算结果的精确性两方面对 PPP 供水项目定价理论进行进一步研究。

(4) 运用多因素敏感性分析方法改进 VFM 定量评价模型,寻求风险定量分析的客观方法。本书对 VFM 定量评价模型进行单敏感性分析,而实际中各因素之间存在一定的相关关系,当一个因素波动时,会同时存在若干因素受其影响而波动,因此多因素同时波动对 PPP 项目实现 VFM 的影响可作为未来研究的方向。目前,还未建立风险定量分析的数据库,风险定量分析在全球范围都是一个难题。本书在研究定量分析风险时多采用主观评价法,估算值含有主观色彩,而传统的项目经验还不足以支持复杂的风险定量分析,风险概率分布和风险损失等还难以获取。如何更客观、公正地对风险进行定量分析,是一个值得讨论和研究的问题。

(5) 随着我国 PPP 项目的发展,资产证券化将会用于越来越多的经营性 PPP 项目,现在普遍采用的承销机构询价定价发行模式将受到阻碍,难以适应新形势的发展,且不利于与国际接轨。将国际市场常用的定价模型充分用于 PPP 项目投资分析是主流发展方向,而不是仅仅作为参考。后续关于 PPP 项目资产证券化问题的研究,可着眼于 PPP 项目模型定价的研究及如何将理论定价运用到实际定价方案并进一步优化研究等方面。

(6) 继续研究全生命周期的准经营性 PPP 项目绩效指标体系,进一步对准经营性

PPP 项目绩效指标进行定量化设置的研究。根据准经营性 PPP 项目的本质特点,其具有公益性和商业性的双重属性,将 EVA 引入 BSC 中的财务维度,虽然构建的指标体系相对比较完善,但是存在适用的局限性,项目过程维度中缺少移交阶段的指标,这主要是考虑到我国的 PPP 项目大都还处在建设、运营期,缺乏全生命周期的准经营性 PPP 项目来验证,期望在后续的研究中得以体现。在实行问卷调查的过程中,由于准经营性 PPP 项目绩效指标涉及的领域较为广泛,专业性强,被调查群体对 PPP 项目的认知度不同,所处的角度也不同,不乏带有主观性。在今后的学习研究中为方便绩效评价,可以将项目指标进行定量设置,进一步降低人为主观性影响。

参 考 文 献

[1] 孙恰恰.基于累积前景理论的污水处理 PPP 项目风险决策分析[D].大连:东北财经大学,2016.

[2] 李佳嵘,王守清.我国 PPP 项目前期决策体系的完善和补充[J].项目管理技术,2011,9(05):17-22.

[3] 陈炳泉,侯祥朝,许叶林,等.PPP 污水处理项目关键风险因素探讨:泉州某污水处理项目实践[J].建筑经济,2009,04:40-43.

[4] UNITED NATIONS INSTITUTE FOR RAINING AND RESEARCH.PPP-For sustainable development[R].New York:United Nations Secretariat,2000:95-100.

[5] THE NATIONAL COUNCIL FOR PPP.For the good of the people:using PPP to meet America's essential needs[R].Washington:NCPPP,2002.

[6] EUROPEAN COMMISSION.Guideuines for successful public private partnerships [N].2003,01.http://ec.europa.eu/regional_pouicy/sources/docgener/guies/ppp_en.pdf.

[7] 张晓燕.经营性基础设施建设项目融资模式选择研究[D].重庆:重庆交通大学,2013.

[8] KWAK Y H,IBBS C W.Towards a comprehensive understanding of private partnerships for infrastructure development[J].California Management Review,2009,51(2):51-78.

[9] HART O.Incomplete contracts and public ownership:remarks and an application to public private partnership[J].Economic Journal,2003,113(486):69-76.

[10] HARALAMBIDES H,GIRISH G.The Indian diy ports sector,pricing policies and opportunities for public-private partnerships[J].Research in Transportation Economics,2011,33(3):51-58.

[11] SCHARLE P.PPP in transport infrastruction development as a social game[J].Innovation,2002,10(15):4-6.

[12] 李秀辉,张世英.PPP:一种新型的项目融资方式[J].中国软科学,2002(4):51-54.

[13] SECRETARIAT C.The infrastructure PPP project development process[J].Transport Research,2010(6):41-45.

[14] BEYENE T T.Factors for implementing public-private partnership（PPP）in the development process:Stakeholders perspective from Ethiopia [J]. Unknown Journal,2014(5):63-67.

[15] BEYENE T T.Policy,legal,and institutional frameworks for PPP implementation in development process:Stakeholders' perspective[J].US China Economic Review:

English Edition,2015(3):143-158.

[16] 余晖,秦虹.中国城市公用事业绿皮书:公私合作的中国试验[M].上海:上海出版社,
2005,32-88.

[17] HAMMAMI M,YEHOUE E.Determinants of public-private-partnerships in infrastructure[J].IMF Working Papers,2006,99(06):1-38.

[18] ESTACHE A.Where do we stand on transport infrastructure deregulation and public-private partnership[J].Social Science Electronic Publishing,2006,(03):1-27.

[19] TANG L,SHEN Q,CHENG E W.A review of studies on public-private partnership projects in the construction industry[J].International Journal of Project Management,2010,28(7):683-694.

[20] JSC A,HPT B,CLB C,et al.Critical factors and risk allocation for PPP policy:Comparison between HSR and general infrastructure projects[J].Transport Policy.2012,22:36-48.

[21] AKINTOYE A,BECK M,HARDCASTLE C.Public-private partnerships:managing risks and opportunities[M].UK:Blackwell Science,2008,28-56.

[22] DAUBE D B,VOLLRATH S S.A comparision of project finance and the forfeiting model as financing forms for PPP projects in germany[J].International Journal of Project Management,2008,26(4):376-387.

[23] CHEN C,DOLOI H.BOT application in China:Driving and impeding factors[J].International Journal of Project Management,2018,26(4):388-398.

[24] BENNETT J,IOSSA E.Building and managing facilities for public services[J].Journal of Public Economics,2006,(90):2143-2160.

[25] IOSSA E,MARTIMORT D.The simple micro-economics of public-private partnerships[J].CEIS Working Paper,2008,(06):1-57.

[26] MOSZORO M,GASIOROWSKI P.Optimal capital structure of public-private partnerships[J].International Monetary Fund,2008,1(08):1-15.

[27] BETTIGNES J,ROSS T W.Public-private partnerships and the privatization of financing:An incomplete contracts approach[J].International Journal of Industrial Organization,2009,27(3):358-368.

[28] BENTZ A,GROUT P A,HALONEN M L.What should governments buy from the private sector-assets or services? [J].World Scientific Books,2004,9(01):83-92.

[29] SAVAS E S.Privatization and public private partnerships[M].New York:Chatam House,2002.

[30] LI B,KINTOYE A,PETER J.The allocation of risk in PPP/PFI construction pro-

jects in the UK[J]. International Journal of Project Management,2005,23(4):25-35.

[31] AL-SOBIEI O S. Assessment of risk allocation in construction projects[D]. Chicago:Illinois Institute of Technology,2001.

[32] GRIMSEY D,LEWIS M K.Evaluating the risks of public private partnerships for infrastructure projects[J]. International Journal of Project Management,2002,20 (2):107-118.

[33] LAM K C,WANG D,LEE P T K,et al.Modelling risk allocation decision in construction contracts [J].International Journal of Project Management,2007,25(5): 485-493.

[34] MOLES P,WILLIAMS G.Privately funded infrastructure in the UK:Participants risk in the Skye Bridge project[J].Transport Policy,1995,2(2):129-134.

[35] NG A,LOOSEMORE M.Risk allocation in the private provision of public infrastructure [J].International Journal of Project Management,2007,25(1):66-76.

[36] PATRICK.A sartorial review of risks associated with major infrastructure projects [J].International Journal of Project Management,1999,17(2):77-87.

[37] JAHN K,ABDUL A.Objectives,success and failure factors of housing public-private partnerships in Malaysia[J].Habitat International,2010,35(1):150-157.

[38] ALBERT P C CHAN,JOHN F Y YEUNG,CALVIN C P YU,et al.Empirical study of risks assessment and allocation of public-private partnership projects in China[J].Journal of Management in Engineering.2010,27(3):136-148.

[39] MEDDA F.A game theory approach for the allocation of risks in transport public private partnerships[J].International Journal of Project Management,2007,25(3): 213-218.

[40] BAKATJAN S,ARIKAN M,TIONG R L K.Optimal capital structure model for BOT power projects in Turkey [J].Journal of Construction Engineering and Management,2010,129(1):89-97.

[41] DIAS JR A,IOANNOU P G.Debt capacity and optimal capital structure for privately financed infrastructure projects[J].Journal of Construction Management and Engineering,1995,121 (4):404-414.

[42] YUN S,HAN S H,KIM H,et al.Capital structure optimization for build-operate-transfer (BOT) projects using a stochastic and multi-objective approach[J].Canadian Journal of Civil Engineering,2009,36(5):777-790.

[43] TIMOTHY B,MAITREESH G.Government versus private ownership of public goods[J].The quarterly Journal of Economics,2001,116(4):1343-1372.

[44] HART O,SHLEIFER A,VISHNY R W.The proper scope of government:theory

and an application to prison[J].The Quarterly Journal of Economics,1997,112(4):1126-1161.

[45] LAFFONT J,MARTIMORT D.The theory of incentives:The principal-agent model[M].Princeton:Princeton University Press,2002.145-148.

[46] DOH J P,RAMAMURTI R.Reassessing risk in developing country infrastructure [J].Long Range Planning,2003,36(4):337-353.

[47] 李婷.生活垃圾焚烧发电 BOT 项目风险研究[D].重庆:重庆大学,2016.

[48] LOOSEMORE M,RAFTERY J,REILLY C.Risk management in projects [M].London:Taylor & Francis,2006.

[49] RENZETTI S,KUSHNER J.Full cost accounting for water supply and sewage treatment concepts and case application[J].Canadian Water Resources,2004,29(1):13-22.

[50] AGGARWAL V,MAURYA N,JAIN G.Pricing urban water supply [J].Environment and Uranization Asia,2013,4(1):221-241.

[51] ANDERSON S P DE,PALMA A.The economics of pricing parking[J].Journal of Urban Economics,2004,55(1):1-20.

[52] MEERSMAN H,PAUWELS T,EDDY VAN DE VOORDE E,et al.Applying SMC pricing in PPPs for the maritime sector[J].Research in Transportation Economics,2010,30(1):87-101.

[53] EVENHUIS E,VICKERMAN R.Transport pricing and public-private partnerships in theory:Issues and suggestions[J].Research in Transportation Economics,2010,30(1):6-14.

[54] 彭为,陈建国,穆诗煜,等.公私合作项目物有所值评估比较与分析[J].软科学,2014,28(05):28-32+42.

[55] 孙本刚.准经营性基础设施项目 PPP 模式研究[D].上海:同济大学,2006.

[56] 高会芹,刘运国,亓霞,等.基于 PPP 模式国际实践的 VFM 评价方法研究:以英国、德国、新加坡为例[J].项目管理技术,2011,9(03):18-21.

[57] 范恒蔚.PPP 模式在准经营性基础设施项目中的应用[J].经济视角,2006(12):45-46.

[58] GRIMSEY D,LEWIS M K.Are Public Private Partnerships value for money? Evaluating alternative approaches and comparing academic and practitioner views [J].Accounting Forums,2005,29:345-378.

[59] JEANS S.A critical financial analysis of the private finance initiative:Selecting a financing method or allocating economic wealth[J].Critical Perspectives on Accounting.2005,16:441-471.

[60] ANDREW C.Value for money in PFI proposals:A commentary on the UK

treasury guidelines for public sector comparators[J].Public Administration,2008, 2:483-498.

[61] IQBAL K.The actual evaluation of school PFI bids for value for money in the UK public sector[J].Critical Perspectives on Accounting,2008,19:1321-1345.

[62] KERALI H.Public sector comparator for highway PPP projects[J]:World Bank, 2006,8(23):09.

[63] LAMB D,MERNA A.Development and maintenance of a robust public sector comparator[J].The Journal of Structured Finance,2004,10(1):86-95.

[64] SHUGART C.PPPs,the public sector comparator,and discount rates:Key issues [J].Critical Perspectives on Accounting,2008,15:1-36.

[65] TSUKADAL S.Adoption of shadow bid pricing for enhanced application of "Value for Money" methodology to PPP programs[J].Public Works Management &. Policy,2015,20(3):248-263.

[66] BROADBENT J,GILL J,LAUGHLIN R.Evaluating the private finance initiative in the national health service in the UK [J]. Accounting, Auditing and Accountability Journal,2003,16(3):422-455.

[67] SOBHIYAK M H,BEMANIAN M R,KASHTIBAN Y K.Increasing VFM in PPP power station projects- Case study:Rudeshur gas turbine power station[J].International Journal of Project Management,2009,10(27):512-521.

[68] AKINTOYE A,BECK M,HARDCASTLE C.Framework for risk management and management of PFI projects,final report[J].Glasgow:Glasgow Caledonian University,2002,29:345-378.

[69] GOMPERS P,LERNER J.An analysis of compensation in the U.S.venture capital partnership[J].Journal of Financial Economics,1999,51(1):3-44.

[70] NEUS W,WALZ U.Exit timing of venture capitalists in the course of an initial public offering[J].Journal of Financial Intermediation,2002,14(2):253-277.

[71] CHEN T X.Research on China's promoting the PPP model in public service[C]. Proceedings of International Conference on Public Administration, 2015 (11th): 398-404.

[72] ZHANG X Q.Financial viability analysis and capital structure optimization in privatized pubc infrastructure project[J].Journal of Construction Engineering and Management,2005,131(6),656-668.

[73] BENVENISTER L M,BERGER A N.Securitization with recourse:An instrument thatoffers uninsured bank depositors sequential claims[J].Journal of Banking &. Finance,1987,13(3):403-424.

[74] STEVEN S L.The alchemy of asset securitization[J].Stan.J.L.Bus.&.lin,1994(1)

111-115.

[75] CHAN A P C,CHAN A P L.Key performance indicators for measuring construction success[J].Benchmarking:An International Journal,2004,11(2):203-221.

[76] COLLINS A,THEOPHILUS A K,DE-GRAFT O M.Exploring value formoney (VFM))assessment methods of public-private partnership projects in Ghana [J]. Journal of Financial Management of Property and Construction,2015,20(3): 268-285.

[77] AUGUSTINOVA E.Performance measurement and management of public-private partnership projects[C] //13th Sgem Geo Conference On Ecology Economics Education and Legislation,2013.

[78] TAKIM R,AKINTOYE A.A performance indicators for successful construction project performance[J].Association of Researchers in Construction Management, 2002(02):545-555.

[79] BENNETT S.Economic value added[J].Corporate Finance,2010(10):63-65.

[80] 柯永建,王守清,陈炳泉.私营资本参与基础设施 PPP 项目的政府激励措施[J].清华大学学报,2009,49(9):1480-1483.

[81] 郝伟亚,王盈盈,丁慧平.城市轨道交通 PPP 模式核心要点研究:北京地铁 M 号线案例分析[J].土木工程学报,2012,45(10):175-180.

[82] 王雪青,喻刚,赵辉.城市基础设施建设项目融资的 PPP 模式[J].科技管理研究,2008,28(4):146-148.

[83] 何寿奎,傅鸿源.城市基础设施 PPP 建设模式挑战与对策[J].生产力研究,2007 (08):65-67.

[84] 吕宝生.完善地方财政投融资体系的几点建议[J].中国财政,2009(23):44-45.

[85] 邓连喜.公司合作模式在准经营性基础设施项目中的应用[J].城市轨道交通研究, 2007(11):44-48.

[86] 陈柳钦.公共基础设施 PPP 融资模式问题探讨[J].甘肃行政学院学报,2008(6): 83-90.

[87] 刘志强,郭彩云.基础设施建设项目引入 PPP 融资方式探讨[J].建筑经济,2005 (06):40-42.

[88] 来庆泉.轨道交通 PPP 投融资条件与基本框架[J].现代城市轨道交通,2006(02):4-8+1.

[89] 高颖,张水波,冯卓.PPP 项目运营期间需求量下降情形下的补偿机制研究[J].管理工程学报,2015,29(02):93-102.

[90] 贺静文,刘婷婷.PPP 项目争端谈判的关键影响因素[J/OL].土木工程与管理学报, 2017,34(04):125-131.

[91] 黄伟.PPP 模式应用于产业新城开发的案例研究[D].成都:西南交通大学,2017.

234

[92] 唐玉华.PPP 模式下特色小镇建设路径研究——以香河机器人小镇为例[J].现代经济信息,2019(01):493.

[93] 贡爽.PPP 模式在我国基础设施建设中的应用研究[D].长春:吉林建筑大学,2017.

[94] 李海科.PPP 模式下污水处理厂的建与管的思考[J].科技风,2017(21):95.

[95] 李茂亿.PPP 模式在黑龙江省农村生活垃圾治理中的应用建议[J].商业经济,2017(12):11-12.

[96] 樊阳.论我国 PPP 模式法律制度构建[D].济南:山东大学,2017.

[97] 袁竞峰,邓小鹏,李启明,等.PPP 模式立法规制及其在我国的应用研究[J].建筑经济,2007(03):95-99.

[98] 赵新奎.法治视觉下我国 PPP 模式推进中的法律问题浅析[J].法制博览,2018(33):189-190.

[99] 刘新平,王守清.试论 PPP 项目的风险分配原则和框架[J].建筑经济,2006(02):59-63.

[100] 朱冰,李启明.工程项目风险分担问题的探讨[J].江苏建筑,2005(03):50-52.

[101] 韩振.PPP 项目融资风险控制研究[D].济南:山东大学,2018.

[102] 亓霞,柯永建,王守清.基于案例的中国 PPP 项目的主要风险因素分析[J].中国软科学,2009,(5):107-113.

[103] 王弈桥,刘宁,邹浩,等.基于 SEM 的 PPP 项目关键风险实证研究[J].建筑经济,2016,37(1):41-45.

[104] 霍丽伟.PPP 项目的风险分析与对策研究[D].重庆:重庆大学,2010.

[105] 郭永.项目风险分析的人工神经网络模型[J].电力学报,2005,20(3):307-309.

[106] 梁冬玲.PPP 模式建设项目隐性风险研究[D].哈尔滨:东北林业大学,2014.

[107] 田萤.PPP 模式下准经营性基础设施项目的风险分担研究[D].重庆:重庆大学,2014.

[108] 马晓勇,姬辉,张艺馨,等.层次分析法在元坝气田钻井风险评价中的应用[J].石油工业技术监督,2013(6):5-8.

[109] 江新,赵静.工程项目群的 AHP-NET 风险评价模型[J].中国安全科学学报,2012,22(10):158-163.

[110] 王爽,罗蕴姣.基于模糊数学的 EPC 总承包风险评价模型研究[J].吉林建筑工程学院学报,2013,30(2):59-63.

[111] 陈敬武,袁志学,黄耕,等.PPP 项目风险的模糊综合评价方法研究[J].河北工业大学学报,2006,35(5):47-50.

[112] 李辉,徐霞.基于熵值权的 PPP 项目风险的模糊综合评价方法研究[J].商场现代化,2008,(03):163-164.

[113] 李林,刘志华,章昆昌.参与方地位非对称条件下 PPP 项目风险分配的博弈模型[J].系统工程理论与实践,2013,33(08):1940-1948.

[114] 何亚伯,徐冰,常秀峰.基于改进熵权灰色关联模型的城市轨道交通 PPP 项目风险评价[J].项目管理技术,2016,14(3):112-117.

[115] 何涛.基于 PPP 模式的交通基础设施项目风险分担合理化研究[D].天津:天津大学,2011.

[116] 高云莉,王庆春,王楠楠.基于合作的工程项目风险模糊评价新方法[J].数学的实践与认识,2013,43(43):14-22.

[117] 聂明.PPP 项目全寿命周期的风险评估模型及应用研究[D].长沙:中南林业科技大学,2015.

[118] 张雷.PPP 模式的风险分析研究[D].北京:财政部财政科学研究所,2015.

[119] YE S D,TIONG R L K.NPV-at-risk method in infrastructure project investment evaluation[J].Journal of Construction Engineering and Management-ASCE, 2000,126(3):227-233.

[120] 盛和太.PPP/BOT 项目的资本结构选择研究[D].北京:清华大学,2013.

[121] 刘宇文.PPP 项目再融资最优资本结构研究[D].北京:清华大学,2012.

[122] 孙慧,范志清,石烨.PPP 模式下高速公路项目最优股权结构研究[J].管理工程学报,2011,25(01):154-157.

[123] 孙建平,李胜.蒙特卡洛模拟在城市基础设施项目风险评估中的应用[[J].上海经济研究,2005,(2):12.

[124] 卢颖,赵冰梅.模糊综合评价法在企业综合竞争力评估中应用[J].辽宁工程技术大学学报,2007(04):611-613.

[125] 王颖林,刘继才,赖芨宇.基于风险偏好的 PPP 项目风险分担博弈模型[J].建筑经济,2013,(12):44-47.

[126] 寇杰.基于政府视角的 PPP 项目风险分担与收益分配研究[D].天津:天津大学,2016.

[127] 崔邦权.城市污水处理项目的风险分担及收益分配研究[D].天津:天津大学,2012.

[128] 喻雯雯.PPP 项目建设风险与收益分配的研究[D].成都:西南交通大学,2011.

[129] 曹仪民,袁文薇.小城镇污水处理厂管网建设融资 BT 模式研究[J].浙江建筑,2010,27(09):75-77.

[130] 张维,张帆,朱青.城市垃圾处理 PPP 项目定价模式比较研究——基于产业升级因素的分析[J].价格理论与实践,2018(06):130-133.

[131] 刘佳.上海供水价格管制政策研究[D].上海:上海交通大学,2013.

[132] 李宝琼.基于多方满意的 PPP 公共项目调价机制研究[J].企业家天地(下半月刊),2014(3):23-24.

[133] 苏素.产品定价的理论与方法研究[D].重庆:重庆大学,2001.

[134] 王守清,伍迪,彭为,等.PPP 模式下城镇建设项目政企控制权配置[J].清华大学学报(自然科学版),2017,57(04):369-375.

[135] 郭斌,张晶.PPP模式下准经营性项目产品定价问题研究:模型建构与案例验证[J].现代财经(天津财经大学学报),2017,37(05):26-35.

[136] 佟庆远,高建.中国居民用水价格制定的"晕染"模式[J].技术经济,2017,36(07):84-89.

[137] 王丹阳.城市居民生活用水定价理论及应用[D].广州:广东财经大学,2015.

[138] 张爽.城市自来水定价机制研究[D].天津:天津商业大学,2011.

[139] 李永香.关于水资源定价方法及模型的研究[D].济南:山东大学,2008.

[140] 刘晶.基于公共产品理论的自来水定价方法研究[D].镇江:江苏科技大学,2012.

[141] 曹丽娜.基于PPP的B市水务项目管理模式研究[D].西安:西安石油大学,2017.

[142] 周阳.我国城市水务业PPP模式中的政府规制研究[J].中国行政管理,2010(03):63-66.

[143] 王蕾蕾,李敏.水务企业应用PPP模式探析[J].中国水利,2016(10):45-49.

[144] 刘梦娜.输配电费用分摊模型和方法的研究[D].北京:华北电力大学(北京),2011.

[145] 张爱萍,林其友,庞彦.电力市场输配电综合成本定价法综述[J].安徽电力,2009,26(02):77-81.

[146] 何莉,廖家平,王淑青,等.发电企业基于成本分析的现货市场报价策略[J].中国水运(下半月刊),2011,11(02):49-50.

[147] 申玉玉,杜静.公共项目采用私人主动融资模式的资金价值分析[J].建筑管理现代化,2008(03):53-55.

[148] 姜爱华.政府采购"物有所值"制度目标的含义及实现——基于理论与实践的考察[J].财政研究,2014(08):72-74.

[149] 孙慧,周颖,范志清.PPP项目评价中物有所值理论及其在国际上的应用[J].国际经济合作,2009(11):70-74.

[150] 邱泰如.论政府采购物有所值及其实现所需的举措[J].中国政府采购,2013(07):73-76.

[151] 刘广生,文童.PPP项目资金价值PSC评价法的改进探讨[J].工业技术经济,2013,32(10):17-22.

[152] 袁竞峰,王帆,李启明,等.基础设施PPP项目的VFM评估方法研究及应用[J].现代管理科学,2012(01):27-30.

[153] 陆晓春,杜亚灵,岳凯,等.基于VFM的政府与社会资本合作项目决策问题研究[J].天津经济,2014(11):56-59.

[154] 胡嵩.影视城PFI项目的VFM评估方法研究[J].天津科技,2013,40(03):76-79.

[155] 钟云,薛松,严华东.PPP模式下水利工程项目物有所值决策评价[J].水利经济,2015,33(05):34-38+78-79.

[156] 周晓亚,李利华.PPP模式中社会资本退出机制探析[J].银行家,2018(5):23-25.

[157] 张锐.国际融资租赁资金退出机制研究[D].青岛:中国海洋大学,2014.

[158] 王善才.PPP 模式退出机制多样性研究[J].财政监督,2017(14):90-94.

[159] 沈军.市政工程 PPP 项目社会资本退出机制研究[J].产业与科技论坛,2017,16(14):232-233.

[160] 张国.PPP 项目社会资本投资退出机制研究[J].建筑经济,2018(3):33-36.

[161] 伊璐.资产证券化是特色小镇融资优选路径[N].中国出版传媒商报,2017-09-15(010).

[162] 陈晓红,黎璞.我国中小企业资产证券化的突破模式[J].科学学与科学技术管理,2003(14):29-32.

[163] 陈洪.资产证券化的运行机制及风险防范[J].财经视线,2007(02):22-26.

[164] 彭欢宇.湘环公司高速公路收费权资产证券化融资方案设计[D].长沙:中南大学,2010.

[165] 王明吉,崔学贤.PPP 项目资产证券化之会计处理与税务影响[J].财会月刊,2017(1):61-63.

[166] 朱世亮,赵菁.以资产证券化与 PPP 结合模式化解地方债的法律路径初探[J].证券法苑,2015 (1),14-17.

[167] 张文京,郑宏宇,杜丽娟,等.PPP 项目资产证券化的政策法律依据及作用[J].人间,2016(29):224-228.

[168] 翁燕珍,王利彬.谈收费公路 PPP 项目资产证券化路径[J].中国公路,2017(3):44-51.

[169] 郭宁,安起光.PPP 模式资产证券化定价研究——基于期权调整利差模型的分析[J].山东财政学院学报,2017,29(1):11-18.

[170] 侯丽,张超,盛国军.PPP 项目资产证券化实务解析[J].建筑经济,2017(7):14-17.

[171] 吴小军.PPP 项目的绩效评价体系研究[D].西安:西安建筑科技大学,2016.

[172] 赵新博.PPP 项目绩效评价研究[D].清华:清华大学,2009.

[173] 马露婷.PPP 项目绩效影响因素研究[D].北京:北京外国语大学,2016.

[174] 杨凤娇.PPP 项目绩效影响因素研究[D].重庆:重庆大学,2016.

[175] 王珮.基于平衡计分卡的 PPP 项目绩效评估研究[D].杭州:浙江财经大学,2017.

[176] 李伟丽.PPP 项目绩效管理体系研究[D].青岛:青岛理工大学,2011.

[177] 倪恒意.PPP 项目中合作关系、交易费用和绩效的关系研究[D].西安:西安建筑科技大学,2016.

[178] 袁竞峰,SKIBNIEWSKI MIROSLAW J,邓小鹏,等.基础设施建设 PPP 项目关键绩效指标识别研究[J].重庆大学学报(社会科学版),2012,18(03):56-63.

[179] 綦淇.PPP 投融资模式特点及其绩效评价[D].昆明:云南大学,2016.

[180] 牟玲玲,尹赛,齐丹.PPP 模式下准经营性项目风险评价研究[J].河北工业大学学报(社会科学版),2018,10(04):15-21.

[181] 孟宪薇,韩锡沙.准经营性 PPP 项目融资风险研究[J].工程管理学报,2018,32

（03）:58-63.

[182] 姜琳,黄蕾鑫.PPP 模式下准经营性基础设施融资结构影响因素研究[J].天津城建大学学报,2018,24(01):74-79.

[183] 宋丁.准经营性 PPP 项目的资金退出问题研究[D].大连:东北财经大学,2016.

[184] 李珍珍.准经营性基础设施 PPP 项目 VFM 定量评价研究[D].西安:西安理工大学,2017.

[185] 曹盼盼.准经营性 PPP 项目治理水平评价指标体系研究[J].价值工程,2017,36(22):29-33.

[186] 马晨露.政府与社会资本合作（PPP）模式的法律规制研究[D].长春:吉林财经大学,2016.

[187] 周正祥,张秀芳,张平.新常态下 PPP 模式应用存在的问题及对策[J].中国软科学,2015(09):82-95.

[188] 刘晓凯,张明.全球视角下的 PPP:内涵,模式、实践与问题[J].国际经济评论,2015(04):53-67＋5.

[189] KERNAGHAN K.Partnerships and public administration:Conceptual and practical considerations[J].Canadian Public Administration,1993,36(1):57-76.

[190] 叶晓甦,徐春梅.我国公共项目公私合作（PPP）模式研究述评[J].软科学,2013,27(06):6-9.

[191] 贾康,孙洁.公私伙伴关系（PPP）的概念、起源、特征与功能[J].财政研究,2009(10):2-10.

[192] 夏颖哲,王泽方,冯林琳.中国清洁基金的 PPP 模式特点及发展方向[J].中国财政,2014(09):27-28.

[193] 许娜.准经营性城市基础设施 PPP 模式的关键成功因素研究[D].重庆:重庆大学,2014.

[194] TREASURY H M.Value for money assessment guidance[Z].The Stationery Office,London,2006.

[195] 杨正蔚.国际资产证券化理论研究及借鉴[D].长春:吉林大学,2005.

[196] 魏益民.资产证券化应用研究[D].武汉:武汉大学,2004.

[197] 刘元根.中国资产证券化现状及发展探讨[J].经济研究导刊,2013(05):73-74.

[198] 大卫·休谟.人性论[M].关文运,译.北京:商务印书馆,1980.

[199] 亚当·斯密.国民财富的性质和原因的研究[M].郭大力,王亚南,译.北京:商务印书馆,1972.

[200] 约翰·穆勒.政治经济学原理[M].赵荣潜,桑炳彦,朱泱,等,译.北京:商务印书馆,1991.

[201] 李雪萍.城市社区公共产品供给研究[D].武汉:华中师范大学,2007.

[202] 王舒.基础设施 PPP 项目融资风险分担研究[D].重庆:重庆交通大学,2012.

[203] 白锐.城市基础设施建设项目 PPP 模式应用研究[D].重庆:重庆交通大学,2012.

[204] FREEMAN R E.Strategic management:A stakeholder approach[M].Boston:MA Pitman,1984.

[205] 郑明珠,赛云秀,李俊亭.大型建筑工程项目利益相关者管理研究述评[J].项目管理技术,2019,17(03):23-27.

[206] 杨林泉,雷晓凌,刘翘楚.基于利益相关者理论的 PPP 项目绩效评价研究[J].项目管理技术,2017,15(08):25-28.

[207] YU W S.Game theory and economy[M].Beijing:Higher Education press,2007.

[208] 郭上.我国 PPP 模式物有所值评价研究[D].北京:财政部财政科学研究所,2015.

[209] 秦长海.水资源定价理论与方法研究[D].北京:中国水利水电科学研究院,2013.

[210] 贾国宁,黄平.居民用水阶梯式水价及其节水效果测算模型研究[J].自然资源学报,2013,28(10):1788-1796.

[211] 林其友.输配分离市场模式下供电公司电价模型的研究[D].南京:河海大学,2006.

[212] 冯洪亮.我国基础设施资产证券化研究[D].广州:暨南大学,2007.

[213] 曹娜娜.绩效定义的探索性研究[J].山东省青年管理干部学院学报,2009(04):107-109.

[214] 鲁秀钰.基于 EVA-BSC 的 SD 公司绩效评价研究[D].沈阳:沈阳工业大学,2018.

[215] 范如国.博弈论[M].武汉:武汉大学出版社,2011.

[216] 魏熙晔,张前程.最优股权结构与公司价值——理论模型与来自中国的经验证据[J].当代经济科学,2014,36(03):92-103+127.

[217] 李亚静,朱宏泉,黄登仕,等.股权结构与公司价值创造[J].管理科学学报,2006(05):65-74.

[218] 刘小祯.基础设施建设 PPP 模式的风险研究——以城市污水处理厂为例[J].金融经济,2017(10):126-128.

[219] 李妍,王新宇,马丽斌.基于风险最优分配理论的 PPP 项目风险分担博弈模型——以河北张家口桥西区集中供热 PPP 项目为例[J].会计之友,2016(14):71-75.

[220] 张乐.基于层次分析法的中小企业财务风险评价研究[D].蚌埠:安徽财经大学,2014.

[221] 叶晓甦,吴书霞,单雪芹.我国 PPP 项目合作中的利益关系及分配方式研究[J].科技进步与对策,2010,27(19):36-39.

[222] 王志美.重庆市大型体育场馆公私合作经营(PPP)产权配置研究[D].重庆:重庆大学,2015.

[223] 徐可,何立华.PPP 模式中 BT、BOT 与 TOT 的比较分析——基于模式结构、风险分担、所有权三个视角[J].工程经济,2016,26(01):61-64.

[224] 辛连珠.PPP 项目付费机制税收问题研究[J].税务与经济,2017(02):85-88.

[225] 郭丰菲.政府与社会资本合作模式的风险管理研究[D].北京:财政部财政科学研究

所,2015.

[226] 廖传瑞.自来水定价问题研究[D].郑州:郑州大学,2013.

[227] 刘佳丽.自然垄断行业政府监管机制、体制、制度功能耦合研究[D].长春:吉林大学,2013.

[228] 张人戈.我国城市供水行业的政府规制研究[D].长春:吉林大学,2013.

[229] 王晓腾.我国基础设施公私合作制研究[D].北京:财政部财政科学研究所,2015.

[230] 贾国威.论政府和社会资本合作模式下市政公用事业的价格监管[D].重庆:西南政法大学,2016.

[231] 蔡今思.英国PPP模式的构建与启示[J].预算管理与会计,2015(12):47-51.

[232] 张文婷.收费公路通行费率调整模型的研究[D].南京:南京林业大学,2011.

[233] 蒋涌.法国政府和社会资本合作模式的发展及其借鉴意义[J].法国研究,2016(01):1-6.

[234] 张艺.美国价格监管模式及其启示[J].市场经济与价格,2014(08):31-32+39.

[235] 赖俊宇,彭海城.保障房开发商合理利润率确定机制研究——基于资本资产定价模型[J].建筑经.济,2014(03):82-84.

[236] 张丹青.PPP项目价格调整机制研究[D].南京:南京林业大学,2015.

[237] 杨卫华.基于风险分担的高速公路BOT项目特许定价研究[D].大连:大连理工大学,2007.

[238] 高新育.PPP项目物有所值评价理论与应用研究[D].青岛:青岛理工大学,2016.

[239] 财政部政府和社会资本合作中心.PPP物有所值研究[M].北京:中国商务出版社,2014:12,42-47.

[240] 胡田.浅析PPP模式物有所值评价中折现率的选取[J].中国经贸,2015(14):102-102.

[241] 俞波.污水产业BOT项目风险综合评估[J].福建建设科技,2006(01):44-46.

[242] 张家诚.考虑不确定性的PPP项目物有所值定量评价研究[D].成都:西南交通大学,2016.

[243] 刘宪宁,王建波,赵辉,等.基于AHP与改进灰色关联度理论的城市轨道交通PPP项目融资风险综合评价[J].项目管理技术,2011,9(08):43-46.

[244] 徐丹妮.基于项目类型和主体差异的PPP基建项目风险识别与评估[D].杭州:浙江大学,2012.

[245] 高翠娟,张桦,胡玉清,等.集值统计方法在项目风险概率估计中的应用[J].统计与决策,2012(07):92-93.

[246] 李磊.建设项目技术经济评价敏感性分析[J].改革与开放,2010(24):67.

[247] 庞永师.建筑经济与管理[M].北京:中国建筑工业出版社,2009:142-142.

[248] 宋晓东.PPP模式社会资本退出机制法律研究[D].沈阳:辽宁大学,2017.

[249] 诸葛忆萌.PPP项目资产证券化适格基础资产研究[D].上海:华东政法大学,2018.

[250] 李超.准经营性基础设施 PPP 项目资本结构研究[D].天津：天津大学，2014.

[251] 武春友，郭玲玲，于惊涛.基于 TOPSIS-灰色关联分析的区域绿色增长系统评价模型及实证[J].管理评论，2017,29(01):228-239.

[252] 熊锐，曹馄生.层次分析法在价值工程的功能分析中的应用[J].南京航空航天大学学报，1993(06):805-811.

[253] 崔杰，党耀国，刘思峰.基于灰色关联度求解指标权重的改进方法[J].中国管理科学，2008(05):141-145.

[254] 郑鹰，韩朔.科技成果转化为技术标准的评价模型构建及实证分析[J].科技管理研究，2018,38(23):44-49.

[255] 刘国良，王蕾，刘群英.PPP 模式在城市轨道交通应用的 SWOT 分析[J].工程经济，2018,28(11):64-67.